远东财经

Analysis of International Settlement Cases

国际结算实务案例精析 2016

刘阳 主编

上海远东出版社

图书在版编目(CIP)数据

国际结算实务案例精析(2016)/刘阳主编. —上海：上海远东出版社，2016

ISBN 978-7-5476-1043-5

Ⅰ. ①国… Ⅱ. ①刘… Ⅲ. ①国际结算—银行业务—案例 Ⅳ. ①F830.73

中国版本图书馆 CIP 数据核字(2015)第 252736 号

国际结算实务案例精析(2016)

刘 阳 主编

责任编辑/李巧媚 装帧设计/李 廉

出版：上海世纪出版股份有限公司远东出版社

地址：中国上海市钦州南路 81 号

邮编：200235

网址：www.ydbook.com

发行：新华书店 上海远东出版社

上海世纪出版股份有限公司发行中心

制版：南京前锦排版服务有限公司

印刷：昆山亭林印刷责任有限公司

装订：昆山亭林印刷责任有限公司

开本：710×1000 1/16 印张：15 插页：1 字数：269 千字

2016 年 1 月第 1 版 2016 年 1 月第 1 次印刷

ISBN 978-7-5476-1043-5/F・556

定价：36.00 元

编 委 会

序言

交通银行在1987年重组之初即获监管部门许可开展国际结算业务，可以为对公、对私客户提供进出口贸易和非贸易结算金融服务。近30年来，交通银行历经数轮国际经济金融危机和国内经济金融周期，积累了丰富经验，始终保持持续、快速、健康的发展态势，成为国际结算业务品种齐全、客户基础广泛、具备一定市场地位的商业银行之一。2009年，交通银行提出了“走国际化、综合化道路，建设以财富管理为特色的一流公众持股银行集团”的战略目标，持续提升机构网络、业务结构和经营管理的国际化水平。交通银行国际业务以境内外联动和跨境业务为核心，不断提升跨境跨市场服务能力、服务水平和服务效率，为国际化战略落地提供了强有力的专业技术支撑。

国际结算和贸易融资业务是商业银行的传统优势业务，具有资本消耗低、综合收益高等特点。国际结算业务是传统商业银行国际业务的基础，没有扎实的国际结算基础，国际业务产品创新将是无源之水、无本之木。

与人民币业务相比，国际结算业务具有业务流程长、环节多、业务规则繁复、涉及当事方多、业务操作和处理复杂、业务风险节点多等特点，其发展变化与世界各国政治经济形势、宏观政策、市场经济息息相关，各种不同层次的往来反复和业务纠纷时常发生。只有从实务中不断总结提炼，才能不断完善业务操作标准和管理，提升商业银行国际业务的处理能力。

当前，国际经济形势复杂严峻、监管新政层出不穷、外贸进出口持续低迷、国内经济下行压力加大，对商业银行国际结算业务处理及风险防控能力不断提出新的挑战。交通银行鼓励和倡导员工主动思考问题、积极总结实务经验，提倡精读精析国际惯例和国际贸易规则，不断提升专业技术和风险控制能力，更好地服务于客户和银行的业务发展，实现业务开拓和风险控制的平衡发展。2010年，交通银行开始在总行国际部单证中心推崇撰写案例文章；2013年，交通银行内部印发的案例汇编在全行取得较好反响；2014年，交通银行将国际业务征文纳入全行劳动竞赛项目，成为交通银行国际业务专业化建设的重要组成部分。国际结算业务案例数量逐年增长，质量稳步提升，题材覆盖面不断扩大。为保护和宣传交通银行及其员工积累的宝贵财富，与广大银行同业、企业客户分享业务经验和心得,2015 年,交通银行启动国际结算业务优秀案例文章的出版工作,精选近年来交通银行员工撰写的优秀业务案例分析文章,汇编出版了这本《国际结算实务案例精析(2016)》。

本书分为“实务操作篇”“技术审核篇”和“业务探讨篇”三大部分。“实务操作篇”以国际惯例为本,总结实务操作流程心得;“技术审核篇”以业务案例为纲,精读精解惯例条文;“业务探讨篇”对担保新政、BPO、人民币跨境服务等新的业务规则和业务领域进行了有益的探讨和分析。除此之外,本书还具备以下特点:

一、选编自交通银行总行国际部、国际结算中心以及北京市分行、上海市分行、江苏省分行等 11 家单位 50 位员工的 50 篇优秀原创文章,汇聚了来自业务一线人员的专业思考和心得。

二、聚焦国际结算单证业务,并包含最新业务动态探讨。针对传统信用证、保函、转让证、汇款、国内证等业务,结合具体案例对国际惯例、实务处理、争议解决和风险防控等方面进行了比较全面、深入的剖析和探讨。

三、基于真实业务案例,具有典型性、代表性和可借鉴性,适合银行国际结算人员、客户经理、产品经理和从事国际贸易的企业客户参考学习。

本书是交通银行国际结算业务领域最新业务分析案例的集成,出版本书的目的,更多的是抛砖引玉,倡导广大国际结算和国际贸易从业人员勤于思考、精于研究、重于落实,提倡从实践、到理论、再到实践的有益转化和提升,共同提高国际业务的专业技术水平,跟上我国作为当今世界最活跃经济体的发展步伐。

交通银行股份有限公司副行长

2015 年 11 月 30 日

目录

1. 实务操作篇

2. 技术审核篇

3. 业务探讨篇

1

实务操作篇

开证行擅改申请，申请人借机索赔

案例经过

业务类型：跟单信用证

开证金额：EUR739 200

运输路线：货物从德国经中国 XX 港运至中国 YY 港。XX 港为海港，YY 港为内河港口

一、第一阶段——开证、修改

1. 20××年 10 月 16 日，开证行受理即期信用证开证申请，开证申请书相关内容表述为：

装货港：欧洲主要海港

最终目的地：中国 YY 港

运输单据条款为：海运提单

价格条款：CIF 中国 YY 港

2. 鉴于申请人要求的是海运提单，开证行业务人员依据提单应规定装货港和卸货港的惯例，将开证申请书中的最终目的地 YY 港移至卸货港栏位，信用证(MT700)运输区间规定为：

44E(装货港)：欧洲主要海港　44F(卸货港)：中国 YY 港

此变化申请人不知晓，开证行在开出信用证前未联系申请人，开证后 MT700 的 ACK 电文也没有反馈给申请人。

3. 10 月 22 日，申请人要求改证，在其开证申请书的基础上进行修改表述。修改申请书写明——卸货港：中国 XX 海港。申请人的意图是在原先空白的卸货港栏位加入中国 XX 海港。

4. 开证行收到修改申请后，以 MT700 电文为基础缮制 MT707 电文。故在

MT707 电文中将 44F 卸货港栏位用“中国 XX 海港”替换了原来内容。

同时，开证行业务人员基于信用证卸货港“已修改”的事实，未经与申请人商洽，直接将价格条款改为“CIF 中国 XX 海港”。修改后，开证行未将 MT707 的 ACK 电文反馈给申请人。

二、第二阶段——交单、付款

1. 12 月 23 日，开证行收到申请人反馈，声称由于开证行未按其申请书开证和改证，改变了货物运输区间和价格条款，导致受益人只将货物发运到 XX 海港，而没有运往 YY 港。

(1) 经过开证和修改，申请人的本意是提单运输区间显示如下：

装货港：欧洲主要海港　卸货港：中国 XX 海港　最终目的地：中国 YY 港

价格条款：CIF 中国 YY 港

(2) 实际开出的信用证运输区间表述如下：

44E(装货港)：欧洲主要海港　44F(卸货港)：中国 XX 海港

价格条款：CIF 中国 XX 海港

XX 海港至 YY 港之间的运输责任未体现在信用证中。

2. 开证行收到申请人反馈的当天发出更正电，但受益人已于 12 月 18 日交单。

3. 12 月 28 日，开证行收到单据，审核发现有不符点，当日向交单行发出拒付通知。

4. 货物预计于第二年 1 月 18 日抵达 XX 海港。因买卖双方的基础贸易合同并未更改，申请人支付的货款包括了从德国运到 YY 港的运费，受益人有义务将货物运往 YY 港，申请人也愿意接受不符交单。后经联系，受益人愿意通知承运人继续将货物运往 YY 港，但申请人执意前往 XX 海港提货并自行安排货物运往 YY 港。鉴于申请人的上述要求，受益人也同意减少信用证下支取金额(扣除后续运输费用)，但申请人要求开证行全额对外付款。

5. 信用证付款后，申请人向开证行提出了远高于受益人同意减额数的高额索赔，理由是：(1)在 XX 海港报关的税费比在 YY 港高；(2)单独内河运输运费高于海洋直转内河运输运费。

案例分析 ▶

本例中，开证行对价格条款的改动，最终改变了贸易双方运输的责任与义务。修改申请书并未要求改动价格条款，申请人也没有提供更新的合同，但开证行仅凭申请人对卸货港的修改，就擅自修改了价格条款。此外，开证行在开证时对运输区间的变动虽然符合国际惯例，但没有将此变动告知申请人，造成双方开证信息不一致。申请人填写修改申请书和开证行处理修改的依据不一致，引起偏差。

开证(修改)申请书是开证行与申请人之间的合约，也是开证行开立(修改)信用证的依据，不能单方擅自改动。开证行单方面改动开证(修改)申请书，可能要承担此行为造成的后果。

如果开证行对申请书的内容有异议或疑问，应联系申请人，征得申请人同意并取得申请人加盖有效签章的申请书补充修订意见或重新递交一份新的申请书后，方可按改动后的内容对外开证或修改。

开证行承担的独立付款责任，是基于基础贸易和申请人的书面申请。开立信用证的条款要符合贸易背景和贸易项下的操作要求，同时也要符合国际惯例的要求，而开证行对贸易背景和贸易实务的了解不及贸易双方，贸易双方对国际惯例的了解不及银行。信用证业务的以上特点以及银行、贸易方间的信息和知识的不对称，使得开证行与申请人之间充分的交流沟通尤为重要。

信用证条款、单据和惯例来自实务，也最终服务于实务。信用证及其项下单据均要为贸易双方的实务操作所用，而信用证条款规定不符合贸易双方要求，提交的单据不符合实务要求，就极易引起纠纷。

进口信用证业务风险大，对操作的规范和人员的素质要求都很高。需要业务人员做到：(1)充分了解这项业务的性质、自身的地位和需要承担的责任；(2)能够融会贯通地掌握和运用国际惯例，能够预判开证条款将导致怎样的来单，能够预判开证条款将对审单、结算和贸易实务产生什么样的影响；(3)具有优良的沟通和解决问题的能力，能够根据申请人的真实意图，给出有效的解决方案，帮助其拟定条款。

结论与启示

1. 开证(修改)申请书是开证行和申请人之间签订的正式合约，开证行不能擅自改动合约的条款和内容。如果开证行认为申请书条款存在问题，应与申请人联系，了解真实意图，待充分沟通后，再确定是否更改及如何更改，并取得申请人加盖有效签章的开证(修改)申请书补充修订意见(或者要求申请人重新递交一份新的申请书)。即使开证行对申请书的改动肯定是正确的,也需要知会申请人,以免造成双方信息不一致,影响后续单证操作的准确性。

2. 银行代客户对外发出的信用证或担保 ACK 电文,发出后务必作为回单反馈给申请人。反馈给申请人的 ACK 电文应包括:MT700、MT701、MT707、MT720、MT721、MT760、MT767 等。

反馈以上 ACK 电文给申请人的必要性如下:首先,正式通知申请人信用证或担保已发出并生效;其次,将银行作出的承诺内容告知申请人,如果条款有问题,银行还有可能及时作出更正;其三,申请人办理后续修改时,需要在发出的 ACK 电文基础上进行改动,否则申请人依据申请书填写修改申请,开证行却依据 MT700 等电文作出修改,如果两者内容有差异,势必造成双方表述和理解的偏差,引起操作上的错误。

3. 进口信用证业务来源于、依赖于、服务于基础贸易,但信用证一经发出又独立于基础贸易,所以开证行在开证前,需要充分了解基础贸易,兼顾基础贸易和国际惯例,切忌在两者间失去平衡。

4. 不论是银行国际结算人员,还是企业国际贸易人员,都需要加强对国际惯例、贸易实务操作和相关贸易法规的学习,理解和掌握规则的精神实质,并将其转化为最佳操作实践。

交通银行总行国际部　袁洋

火山喷发迟交单，做好预防可避免

案例经过

20××年4月14日，冰岛一火山开始连续喷发。由于航空安全受到严重威胁，欧洲大部分机场在此后几天关闭，我国飞往欧洲的航班全部取消，发往欧洲地区的邮件大量积压。

冰岛火山喷发的当天，受益人在国内C银行办理信用证项下出口交单。该证由意大利V银行开立，在20××年4月25日开证行柜台截止，V银行以付款方式兑用，发运日后15天内交单。

4月15日，C银行将交单通过快递公司寄往V银行。

4月27日，C银行收到V银行的拒付通知，通知中指出的不符点为"迟交单"。

经查询，因冰岛火山喷发导致航班取消，快递公司虽然在4月15日就收取了邮件，但实际发往意大利是在4月22日。4月23日傍晚(当地时间4月23日中午)，V银行签收邮件。

基于以上事实，受益人认为自己已经履行了合同项下的责任，也及时向V银行提交了相符交单。一般情况下，单据完全可以在4月22日(发运日4月7日后的第15天，快递公司收件日4月15日后的第7天)之前或当天提交到V银行柜台。只是因为发生了火山喷发(V银行不可能不知晓该事件)这种人力不可抗拒的自然灾害，交单邮件才没有在受益人预期的时间内送达。因此，V银行不能仅因为这一点就拒付交单，并应立即履行付款责任。

然而，V银行始终坚持拒付。后经过受益人与国外客户协商，受益人于6月2日收到信用证款项，但仍被扣不符点费125美元。

案例分析

从合同履行和交单时点来看,受益人认为交单相符的观点并不为过。实际上负责任的开证行在判断交单是否相符时,也应根据银行的独立判断和价值取向,适当考虑一些交单之外的客观因素。但是,受益人的上述期待并不构成开证行必然如此行事的义务。就本案而言,受益人的利益在目前的信用证游戏规则下无法得到有效保护,V 银行的拒付符合国际惯例。

UCP600 第 2 条,交单指向开证行或指定银行提交信用证项下单据的行为,或指按此方式提交的单据。上述定义表明,交单相符实际包括两层含义,即提交的单据是否相符和提交的行为是否相符。提交的单据是否相符,取决于单据包含的数据;提交的行为是否相符,取决于行为发生的时空。因此,所谓"迟交单"不符点,就是指提交的行为晚于信用证允许该行为发生的时空要求。下面,我们简要分析一下,本案中信用证对交单行为的具体规定。

一、交单的时间要求

本案中信用证涉及交单时间的主要是两个节点:一个是截止日,20××年 4 月 25 日;一个是最迟交单日,20××年 4 月 22 日,即 20××年 4 月 7 日(发运日)后第 15 天。

问题是,到底哪个日期最终用于确定单据是否"迟交"呢?从逻辑常识来看,判断是否迟交单的标准,应是最迟交单日和截止日中在前的日期。显然,如果交单日期在前者之前或当天,那么自然也就满足日期在后者的要求;反之,则不一定。

因此,根据信用证的相关规定和交单的实际情况,本案中用于判断单据是否构成"迟交单"的时间节点应是 20××年 4 月 22 日。

二、交单的空间要求

20××年 4 月 15 日,也即发运日后第 8 天,受益人的交单邮件就被快递公司收取。客观地讲,受益人的制单、交单是比较快捷和及时的。但是,受益人忽略了一点,信用证项下的交单不仅仅有时间上的要求,还要同时满足空间上的要求。

本案中信用证涉及交单空间的规定主要有两处:一个是截止地点,V 银行柜台;一个是兑用银行地点,V 银行。显而易见,这两个交单地点在空间上是重合在一起的。

因此，根据信用证的相关规定，本案中用于判断单据是否构成“迟交单”的地点要求应在 V 银行。

综合以上分析，本案中信用证对交单的时空要求是：受益人的交单必须于 20××年 4 月 22 日(发运日 20××年 4 月 7 日后第 15 天)当天或之前提交到 V 银行。而单据实际上是在 4 月 23 日提交到 V 银行，因此交单未满足信用证的要求，V 银行提出的“迟交单”不符点成立。

结论与启示

根据信用证和 UCP 的相关规定，判断和认定本案交单存在不符点并不困难。更为关键的是，受益人可以从本案吸取怎样的经验教训以及如何更加有效地解决已经发生的问题。

第一，“迟交单”不符点可以避免，即使发生无法预料的火山喷发事件。通过前面的分析，我们知道，假设本案中信用证的截止地点在国内，那么在 4 月 14 日单据交给国内 C 银行的那一刻，受益人就已经完成了相符交单的提交行为，而不论此后 C 银行何时将单据交给快递公司、快递公司何时将单据发往 V 银行以及 V 银行何时或是否收到交单。

如果受益人收到信用证后，立即联系申请人，要求开证行将截止地点修改为受益人国家(当然，兑用银行须对应修改)，那么之后的交单就不会存在“迟交”的问题。因此，国内的出口企业在使用信用证结算时，应尽可能争取国外申请人开立截止地点在国内的信用证，若接受截止地点不在国内的信用证，则应意识到此项要求对日后交单的影响以及可能带来的风险。

第二，问题发生后，受益人应根据基础贸易合同，积极与申请人联系，通过双方协商解决。受益人援引不可抗力原则来维护自身利益，有一定道理。但所谓不可抗力，是指在货物买卖合同签订以后，不是由于订约者任何一方当事人的过失或疏忽，而是由于发生了当事人既不能预见，又无法事先采取预防措施的意外事故，以致不能履行或不能如期履行合同，遭受意外事故的一方可以免除履行合同的责任或延期履行合同。不可抗力的概念，UCP 中确有提及，但内容与此案无关，而且其意图显然也是为了保护相关银行的利益。因此，受益人不可能在 UCP 的框架内，应用不可抗力的免责原理来对抗开证行。

本案中，受益人主张权利的对象是申请人，而不是 V 银行。受益人已经履行了基础合同，只是由于火山喷发的原因，造成信用证项下单据“迟交”。V银行可以免除付款责任，但是申请人没有拒绝向受益人支付合同项下货款的理由，依据基础贸易合同和双方当事人之间的有效协商，才是解决问题的途径。

交通银行总行国际部　张明伟

限制议付非理由，通知审证很重要

案例经过

20××年 3 月 5 日，开证行 I 开立一份议付信用证，通过指定议付行 T 转通知，同时在 MT700 的 53 场规定 T 银行为偿付行。该证提供了开证行的寄单地址而无指定银行的地址。

6 月 5 日，受益人向交单行 P 提交了全套相符的单据，P 将 T 银行经常有意挑剔不符点且扣费很多的情况提示给受益人，并告知受益人由于 T 银行和开证行分别位于不同的国家，如将单据提交到 T 银行继而由其交给开证行，邮程和相关费用等都会有所增加。受益人经过考虑，授权交单行将单据(其中包括全套海运提单)直接邮寄给开证行。交单行注意到了 T 银行不仅是指定银行同时也是偿付行的特殊身份，但考虑到信用证只给出了开证行的寄单地址而没有指定银行的具体地址，而且该证到期地点在国外，交单期已非常临近，于是就按照受益人的指示将单据寄给了开证行。

6 月 16 日，开证行以“信用证限制在 T 银行议付”为由拒付；同时，申请人也通过邮件直接联系受益人，称因为单据被寄错了银行，开证行已决定退单，由此产生的滞港费将由受益人承担。受益人非常着急，要求交单行催促开证行承付。

收到开证行的拒付后，交单行立即发电文进行反驳，称开证行所提的不符点不成立，理由如下：

1. UCP600 ART 6 A 规定：“在指定银行兑用的信用证同样可以在开证行兑用。”

2. UCP600 ART 6 DII 规定：“……除规定的交单地点外，开证行所在地也是交单地点。”

3. 在 ICC 第 R150 意见中，国际商会也表达了下列观点：在受益人不向指定行交单而直接向开证行交单时，信用证交单的适用地点及时间自动转移到开证行。只要开证行在信用证的交单期限内收到相符单据,则必须付款。此意见清楚表明开证行不得将未通过指定银行交单视为不符点。

4. 单据相符,开证行应该立即履行其承付责任。

三个工作日过去了,开证行没有作出任何回应,交单行再次发报,要求其立即履行承付职责。

6月20日,交单行收到从开证行退回来的全套单据,退单面函上要求受益人将退单费50美金汇至其指定账户。

几经周折,交单行终于直接与开证行的信用证部门负责人取得联系,通过电话向其强调UCP的相应条款:适用于指定银行的信用证同样适用于开证行,开证行应该履行其承付责任而无权将单据退回。该负责人解释他们和指定银行T有融资协议,信用证项下的付汇都是从T银行汇出的,要求交单行将单据寄给T银行。交单行认为如果单据再寄至T银行,将过截止日和交单期,指定银行还是会将不符单据寄到开证行去承付。最终开证行同意交单行将单据再度寄回开证行,但要求以后再碰到类似的信用证,单据一定要寄到指定银行,不要绕过指定银行而直接寄给开证行。

交单行随即将全套单据寄回给开证行,寄单面函注明了回寄单据的快递费及交涉电文费等共计105美金由申请人承担。

6月27日,交单行收到从T银行付出的该笔信用证项下的款项。经核算,开证行没有扣除退单时要求受益人承担的快递费50美金和不符点费用,但也没有补偿所要求的105美金费用。

交单行再次发报给开证行,要求其支付快递费和电文费共计105美金。

隔日,交单行收到开证行直接支付的105美金。

案例分析

本案的关键点在于信用证限制在指定银行议付时,该如何选择收单行——是寄指定银行还是直接寄开证行?

交单行将单据寄往指定银行再由其转寄给开证行,肯定会多增加一层银行费用,所以交单行应受益人要求,绕过指定行直接寄单给开证行的做法,在实务中比较常见。首先这不是不符点,正如我们前面讨论的那样,UCP规则和国际商会的意见明确指出开证行不应以此作为拒付的理由。但直寄开证行,同样可能会带来收汇的延迟。

在本案中，交单行P在收到开证行拒付和退单后及时采取了积极有利的行动：一方面，第一时间反驳开证行提出的“信用证限制在T银行议付”的不符点，向开证行声明适用于指定银行的信用证同样适用于开证行，交单相符则开证行有责任承付；另一方面，交单行收到开证行退单后，没有乱了方寸，即刻与开证行进行了沟通，坚决不将此时即将过有效期和交单期的单据寄指定银行，而是直接联系开证行要求其接受单据并承付，最终单据在开证行处得到承付，保护了受益人的利益。

本案信用证的开立存在不足之处：既然规定限制指定银行议付，且开证行也意在通过指定银行偿付资金，却没有在信用证中明确指定银行的具体邮寄地址，而是给出了开证行的地址。交单行注意到了指定银行的重要角色，但因为信用证没有明确给出指定银行的邮寄地址，故交单行最终按照受益人的要求，将单据绕过指定银行直接提交至开证行。

结论与启示

一、指定银行通常扮演以下几种角色时，建议按照信用证要求，单据通过指定银行交单：

1. 指定银行是开证行的单据处理中心或者代理其处理单证业务的，开证行并不处理具体单证业务。

2. 指定银行在第三国。开证行的所在国家、地区外汇管制较严，开证行自身无法直接付汇或直接付汇存在较大风险，故绕道将资金偿付业务安排于指定银行。

3. 指定银行同时也是保兑行。开证行可能自身信誉较差，保兑行提供独立于开证行的责任。

4. 远期信用证项下，指定行可提供融资业务，而且受益人有此需求。

5. 信用证同时给出指定银行和开证行的寄单地址时，如果信用证有“单据必须通过指定银行交单，否则后果自负”等措辞严厉条款，则要求单据必须寄往指定银行。

二、重视信用证通知环节的审证处理

如果在收到信用证时，就发现信用证条款中指定银行地址的缺失，并即刻联系开证行提供指定银行地址，就不会出现到交单时才发现缺少指定银行地址，因交单期临近而来不及交涉的窘境。所以,信用证通知环节的审证非常重要,因其能够及早发现信用证条款中存在的问题,而可及时与开证行交涉并澄清解决。

三、不能通过其他渠道选用银行地址

如果在交单环节才发现地址缺失,交单行不能轻易按照银行年鉴、SWIFT网站等查询到的开证行地址寄单,因为实际地址有可能已经变更,如此处理可能会造成单据错投、延误、丢失而引发退单或迟收汇。

四、出现问题积极应对

若交单行根据受益人指示绕过指定银行寄单给开证行,开证行因此不履行付款责任时,要积极采取有效措施保护自己和受益人的权益,促进问题的解决。如果单据相符,就要与开证行据理力争,要求其履行承付责任。同时,交涉手段不能仅仅限制于电文,应该多管齐下,利用多种渠道如电话、邮件等非正式但更直接的方式进行沟通,可能会取得意想不到的效果。

交通银行总行国际结算中心　曹旭华

索偿操作遇风险，细定方案促服务

案例经过

S银行收到受益人A公司出口信用证下交单，相关信用证包含偿付安排。S银行审核后，发现单据存在实质性不符点，A公司同意表提不符点并出具担保书。S银行经办人员按照常规做法，在面函上表提不符点，并将单据直接寄往开证行；同时扣除不符点费后，寄单当天即向偿付行索偿，偿付行于三个工作日后付款。收到偿付行汇入的该笔头寸后，S银行当日即解付入A公司账户。

寄单日后的第七个工作日，S银行收到开证行发来的拒付通知，拒付该笔交单并要求S银行退回偿付行先前已偿付款项及利息。根据UCP600第16条G款的规定，S银行立即将此电文抄送给A公司，并要求其办理相关退汇手续。但A公司已将该笔收汇申报核销。按当时外汇管理政策规定，已核销业务办理退汇，需提供外汇局核发的《已冲减出口收汇/核销证明》(编者注：最新政策为对于非因错误汇入产生的退汇，应当审核原收入申报单证以及原出口合同)。由于该证明办理较为复杂，A公司不愿进行退汇操作。与此同时，开证行几次发电向S银行催讨款项。后经A公司与国外客户反复协调，国外客户才同意接受单据，本案纠纷才最终得以解决。

案例分析

按照UCP600以及URR725的相关规定，偿付行无须理会交单是否相符，只需根据开证行偿付授权书的内容以及索偿行的索偿指示见索即付即可。偿付行的偿付与信用证的条款和条件无关，它根本无法判断也没有义务判断索偿行是否有权获得偿付。实务中，对于有偿付安排的即期信用证项下的不符交单，某些议付行会在先扣除不符点费的情况下,先行向偿付行索偿。这一做法,固然可能会提高收汇的速度,但很多时候这些银行将要承担被追索的风险。

偿付行处理索偿要求的时间为不超过其从收到索偿要求翌日起三个银行工作日,而开证行审核单据却有从其收到单据翌日起五个银行工作日的时间。因此,偿付行的偿付通常会早于开证行对不符交单的拒付。而一旦开证行拒付不符交单,议付行就有责任退回偿付行先前已偿付的款项及由此产生的利息。

本案中,偿付行的偿付就先于开证行的拒付,S银行也已收汇并贷记客户账户。S银行要把该笔款项退回,须先从A公司账户中将款项划出,再解决申报核销问题,手续相当繁琐。一旦遇到客户不愿意、不合作或者根本无力退款的情况,S银行很可能承担垫付资金的风险。

在本案的解决过程中,由于受益人坚持不愿意退汇导致S银行无法向偿付行退还款项,开证行不断向S银行催讨,甚至动用了其在上海的分行以及偿付行在上海的分行来向S银行催讨,致使S银行商誉以及国际业务专业形象受损。

一般而言,带有偿付安排的信用证项下交单,在受益人对单据不符点出具担保书并要求索偿的情况下,遭到开证行拒付的可能性不大。因为受益人一旦愿意出具担保书,通常是与国外客户之间经过协商并达成一致,开证行及国外客户才会接受不符点。然而按照UCP600,受益人的利益只有在单证相符的情况下才能得到保障;只要交单不符,开证行即有拒付的权利。本案对S银行处理后续有偿付安排信用证项下不符交单的索汇业务,提出了一个具有现实意义的问题:应如何防范因开证行拒付导致被要求退汇的风险?

为从根本上规避此类风险,交单行可以采取单寄开证行并要求其授权索偿的做法。即:在交单不符的情况下,交单行不直接向偿付行索偿,而是将单据寄开证行,并在面函上声明"ACCORDING TO THE L/C INSTRUCTION, WE WILL CLAIM REIMBURSEMENT FROM THE REIMBURSING BANK, PLS AUTHORIZE US TO CLAIM REMINBURSEMENT ASAP",并将偿付联预留底卷,等开证行发来授权索偿的电报后,再寄出偿付联进行索偿。

结论与启示

S银行认真总结了一段时间内的索偿业务,并进行深入分析、思考后发现,上述做法有利,但也有弊。利在于:等待开证行授权索偿,可规避偿付行先偿付款项,开证行拒付后要求退款带来的退汇风险;弊在于:增加了开证行授权索偿的环节，必将延长收汇时间，降低业务效率。若客户急需资金，还很可能对S银行的处理效率提出质疑。综合考虑上述利弊，S银行决定对此类业务具体情况具体分析，并根据以下三点来判断是否直接索偿，力求达到风险与效率的平衡：

1. 金额：大于1万美金，按待开证行授权索偿处理。小于1万美金，扣除不符点费后，直接向偿付行索偿。

2. 银行：根据以往的业务经验，韩国的许多银行，如友利银行（Woori Bank）、韩亚银行（Hana Bank）、韩国外换银行（Korea Exchange Bank）等，其开立带偿付安排的信用证项下的偿付行往往不是见索即付，而是必须等开证行的授权后再付款。对于这些银行开立的此类信用证，即使交单不符，S银行也可直接将偿付联寄出，而不必等开证行授权，以免影响收汇速度，同时也可以确定开证行不会因单证不符而追讨索偿款项；还有部分日本银行，在开立的信用证条款中会加入"无论受益人交单有无不符点，都可直接向偿付行索偿"等类似条件，如此S银行便可直接向偿付行索偿款项，而不必担心UCP600第16条G款的规定。

3. 担保书：修改S银行原有不符点担保书内容，加入"如果本笔单据我司入账款项为偿付行的偿付款时，我司将凭贵行提供的开证行拒付电，立即将本金连同利息和各项费用偿还贵行，并授权贵行借记我司账户"的语句。通过此方法，在客户提供不符点担保书时，S银行即向其提示若开证行拒付则客户应承担的索偿风险，同时也能降低受益人拒绝退汇的风险。

实务中，银行肯定会碰到这样或那样不合常规的问题，控制风险与提高效率本身就存在一定的矛盾。就本案而言，银行既要控制退汇风险又要兼顾收汇速度，力求给客户最好的服务。这就要求银行在实践中不断摸索，不断总结，提出解决方案。同时，在确定方案后也不能停滞不前，银行还要继续观察总结、分析利弊，进一步优化、改进方案。唯有如此，银行才能不断提高国际结算服务水平，实现银企双赢、共同发展。

交通银行上海市分行　徐雯婷

交单行提示不符，开证行拒付败诉

案例经过

20××年2月11日，开证行I银行为申请人C公司开出一笔信用证，购买气煤，金额为300万美元(10%浮动)。后日本受益人B公司通过指定银行N银行交单，单据金额为300.08万美元。

信用证中包括如下的货物特性指标和相关条款：

+TOTAL MOISTURE (ARB)：25PCT MAX

+INHERENT MOISTURE (ARB)：13PCT APPROX

+SIZE 0～50MM：90PCT MIN

TOTAL MOISTURE：TOTAL MOISTURE IN EXCESS OF 25PCT WILL BE DEDUCTED FROM THE B/L WEIGHT FOR INVOICING.

SIZE：USD0.01/MT DEDUCTION OF INVOICE VALUE FOR EACH 1 PCT BELOW 90PCT.

4月1日，I银行收到N银行MT742索偿电文，表明单据存在不符点(货物湿度、内水及粒度三项规格超标)；4月6日，收到全套单据，面函显示单据存在三项不符点(同MT742)，具体如下：

+TOTAL MOISTURE (ARB)：26.0PCT

+INHERENT MOISTURE (ARB)：9.5PCT

+SIZE 0～50MM：83PCT

I银行经独立审单，认定发票和分析证所显示的货物特性三项指标与信用证条款不符；经洽C公司确认拒绝接受单据后，于4月6日发MT734拒付；4月15日，根据C公司书面授权办理退单。4月26日，N银行发来MT799转述B公司强烈抗辩立场：货物的三项指标值与信用证规定仅有微小差异，不构成不符点，要求立即付款并保留采取法律行动的权利。I银行当日将抗辩电文反馈C

公司并督促协商解决，但C公司拒绝接受且要求对再次来单立即做退单处理。4月29日，I银行二次收单后直接办理退单。

5月，B公司聘请律师先后三次向I银行发来律师函要求付款。8月，B公司使用信用证项下单据提货并低价处理货物，损失巨大；12月2日，B公司选择通过本地法院起诉I银行在当地的海外分行，主张开证行支付来单金额并按年利率6%支付利息等权利。

之后，受益人所在地法院一审判决I银行胜诉；二审判决I银行败诉，撤销一审判决，判开证行向B公司支付来单金额并按年利率6%支付迟付利息；最高法院最终驳回I银行上诉，维持二审判决。

案例分析▶

本案例的争议焦点有三项：一是不符点是否成立；二是受益人所在国法院对上述诉讼是否享有司法管辖权；三是受益人已使用信用证项下单据，即使单证相符，能否向开证行主张索偿。现逐项分析如下：

一、关于货物特性指标不符点是否成立问题

1. 开证行坚持不符点的理由：一是关于总水分和粒度两项指标，信用证在货描45A中明确规定了指标的最大、最小值；在附加条款中的惩罚条款为单独列示。信用证条款如此设计表明惩罚条款只有在开证行接受相应不符点后才能适用，用于在接受不符点的情况下确定支付金额，这并不改变信用证对单证相符的本质要求，更不意味着开证行放弃拒付相关不符的权利。受益人实际提交单据总水分和粒度分别为26%和83%，均突破信用证规定的极限值，因此不符点成立。此观点得到法院一审判决支持。二是关于内水指标，根据UCP600第30条A款，“大约(APPROX)”用于信用证规定的数量时，应解释为允许相关数量有10%的增减幅度，货物指标也是数量，因此同样适应10%的增减幅度限制。信用证规定内水指标为“大约(APPROX)”13%，因此按惯例该指标可接受的范围为13%上下浮动10%，即11.7%～14.3%，而实际交单显示该指标为9.5%，显然突破UCP所允许“大约(APPROX)”的变动范围，因此不符点成立。同时，指定银行同样将上述三项指标提示不符。

2. 受益人抗辨不符点的理由：

(1) 关于总水分和粒度两项指标：一是对于煤、铁矿石等大宗商品，可以事

先预料货物的标准质量与实际交付货物的质量存在差别,只要将该差别通过增减货款的方式进行调整并反映在请求支付金额中,就不会发生不符;二是信用证货描条款与惩罚条款虽然分别记载于45A和47A两个不同栏位,但由于该内容是决定买卖价款计算公式的重要规定,因此不能认为是单独规定,须把45A和47A结合起来解释才合理;三是指定银行虽电提、表提不符,但并不能认为是受益人对不符点的承认。因此该两项指标不符点不成立。

(2) 关于内水指标"大约(APPROX)"10%的适用:一是UCP600第30条A款关于APPROX适应10%的对象事项仅为货物数量,包括金额、数量和单价,而不适应于货物质量指标;二是以13%为标准的"大约(APPROX)"数值范围存在多种解释,属模糊表述,应作出对开证人不利的解释。因此该不符点不成立。

针对该争议焦点,法院二审判决支持了受益人的主张。

二、关于信用证纠纷的国际裁判管辖权问题

1. 受益人坚持当地国法院国际裁判管辖权的理由:信用证规定的效地和指定银行均在受益人所在国,所以信用证债务的义务履行地在受益人所在国;同时开证行在当地设有分行。因此当地法院进行案件审理不会妨碍迅速正确的判决,不存在否定受益人所在国法院国际裁判权利的特定因素。

2. 开证行否认受益人当地法院国际裁判管辖权的理由:案件相关业务与其海外分行无关,海外分行拥有的营业机构并不会为应诉带来便利,相反负担极重。因此,受益人在开证行所在地开展诉讼更合理。

针对该争议,受益人当地法院一审、二审判决均肯定其对该案件的国际裁判权,理由:一是信用证的债务履行地为受益人所在地,当地法院对其拥有管辖权,所以也拥有对涉及该信用证案件的国际裁判管辖权;二是开证行在当地设有分行,有充分能力应对诉讼。

三、关于信用证项下单据已被使用,即使单证相符,受益人无单据能否向开证行索偿的问题

1. 开证行认为在提交本案单据之前,可以拒绝履行信用证项下债务,理由:依照UCP600第7条A,开证行的承付以相符单据提交到指定银行或开证行为条件。虽然受益人曾经一度提交单据,但在其再次提交完整单据前,开证行有权拒绝履行信用证项下义务。

2. 受益人认为，两次向开证行出示相符单据，已完成了信用证项下义务的履行，开证行不能拒绝付款义务。

针对该争议，法院判决受益人已提示和交付了相符单据，客观上完成了义务的履行；开证行的任意退单不影响受益人提示单据合法的效力，受益人不负有再次提示单据的义务。

结论与启示

解读本案例，我们可以得到如下启示：

1. 高度关注并深入分析贸易背景。根据信用证惯例，银行处理的是单据，而不是单据所反映的货物或服务；但在实务操作中，银行不能因此放松对基础合同的审核，在基础交易正常的情况下，绝大多数不符不会发展到拒付退单的状况。因此，加强贸易背景审核对于开证行具有特别的意义：一是在开证环节，要高度关注并深入把握贸易背景，以此为基础设计信用证条款，准确反映客户的真实贸易意图；二是在信用证执行环节，应把握信用证结算功能的实质，在出现不符点情况时督促开证申请人和受益人协商解决，作为开证行尽量避免卷入买卖双方贸易纠纷中。

2. 严密、完善地设计信用证条款。信用证条款的设计和逻辑，是单证结算人员惯例掌握和经验积累的全面体现，只有完善、严密地设计信用证条款，才能避免因含义模糊而承担不必要的损失。本案例中，关于货物特性指标，如果开证行能够加强与申请人的沟通并明确其真实意图，将更有利于对自身的保护，如在45A 添加条款明确拒付的情形：IF × CONTENT BELOW THE MIN X% OR ABOVE MAX Y%, THE DOCS SHALL BE REFUSED TO HONOR AND THE CARGO SHALL BE REJECTED BY THE APPL.

3. 深刻学习领会惯例及其本质精神，不放过任何细节。UCP 是国际商会制定、银行间普遍遵循的信用证商业规则，必须全面、深刻地理解规则并按国际标准银行实务行事，才能享受其便利并获得保护，即使细枝末节也容不得半点含糊。UCP600 第 30 条 A 款的“大约(APPROX)”，仅适用于货物的数量、金额和单价，而不适用于货物规格、品质等指标。在实务操作中，如果信用证使用该词语修饰货物规格、品质等非惯例指标时，幅度须有明确界定。

4. 开证行应牢记独立审单原则，不能因交单银行主动提示了不符点，就认为不符点一定成立,就能以相关不符点对外拒付。开证行收到单据后应独立审单,自己最终确定不符点有哪些,并确定是否能以此对外拒付。

交通银行山西省分行　于甫贵

提早交单致不符，遗失单据陷被动

案例经过

20××年4月19日，B银行开立一份由N银行通知的信用证，申请人为C公司，受益人为E公司，金额为NOK10 103 520.00，截止日为第二年4月29日，最迟发运日为当年7月7日，进口机电产品。信用证款项支取分两部分执行：70%主款部分，E公司通过N银行于20××年6月13日交单支取，B银行6月19日付款结清；10%尾款部分，信用证要求提交E公司出具的商业发票、银行出具的履约保函以及C公司和E公司共同签署的验收证明(THE TAKE OVER CERTIFICATE)支取。如果没有验收证明，可提交E公司出具的受益人证明替代，但需表明最后一批发动机发运日距交单日已经满9个月，同时，还需提交最后一批货的提单复印件。对尾款部分交单期的规定是信用证截止日交单。

当年12月6日，B银行收到E公司通过N银行提交的10%尾款的单据，但仅提交了E公司出具的商业发票和S银行开立的正本保函。B银行审单后发现由于最后一批货物的发运日期为5月13日，距离交单日期未满9个月，按照信用证规定，应提交双方签署的验收证明，因此，B银行将此不符点提示给C公司。在付款截止日之前，C公司表示不能接受不符点，要求B银行对单据作出拒付。由于B银行之前将单据快递给C公司的过程中单据丢失，因此C公司无法将全套正本单据退还B银行。考虑到单据确实存在不符点，且与C公司的长期合作关系，B银行同意拒付，并于12月13日对N银行发出拒付通知。

B银行拒付后，C公司立刻与E公司联系，E公司承认自己索赔尾款尚未到期，提早向B银行提交了单据。经买卖双方协商后，E公司同意按照C公司要求重新开立正本保函，补制其余单据并通过银行交单，C公司同意按照合同约定于次年2月10日付款。

经买卖双方达成一致后，B银行于第二年1月22日向N银行发报声明单据丢失，1 月 23 日向 S 银行发电报证实原正本保函丢失，声明原保函失效，同时要求重新开立合同项下规定的保函。

1 月 30 日，B 银行收到 N 银行提交来的单据，单据内容包括：商业发票、S 银行重新开立的正本保函、双方签署的验收证明以及最后一批货物提单复印件，符合尾款支取要求，B 银行于 2 月 10 日支付该笔款项，履行其付款责任。

案例分析

本案例值得探讨的争议点在于 B 银行在未持有正本单据的情况下是否应该拒付，笔者将从以下两个方面进行分析：

分析一，B 银行不能拒付。首先，根据 UCP600 第 16 条 C 款有关拒付通知声明中 III 规定：(1)银行留存单据听候交单人的进一步指示；或者(2)开证行留存单据直到其从申请人处接到放弃不符点的通知并同意接受该放弃，或者其同意接受对不符点的放弃之前从交单人处收到其进一步指示；或者(3)银行将退回单据；或者(4)银行将按之前从交单人处获得的指示处理。上述条款可以这样理解：开证行决定拒绝承付单据，对单据的处理或者留存在自己处等候申请人或者受益人指示，或者直接退还交单行。其次，第 16 条 F 款规定：如果开证行或保兑行未能按照本条行事，则无权宣称交单不符。本案中，正本单据丢失，开证行未留存单据，无法按照 UCP600 的规定行事，并不具备拒付条件。如果坚持拒付，则违反国际惯例。在极端情况下，如果 N 银行坚持要求退单，B 银行无法兑现，最终只能偿付来单金额，既影响了作为开证行的国际声誉，也可能导致银行垫款风险，因此不能在丢失单据的情况下同意 C 公司的拒付申请。

分析二，B 银行可以拒付。首先单据确实存在实质不符点，是 E 公司违反合同规定提早支款，造成交单不完整，并非 B 银行无理拒付。其次，单据丢失是发生在快递递送过程中，无法判断是 B 银行还是 C 公司的责任。再次，C 公司长期以来与 B 银行有非常良好的合作关系，双方的合作是建立在诚实互信互利的基础上，正常情况下会一直持续下去。如果 B 银行拒绝 C 公司的拒付申请，必然会给双方的合作带来严重负面影响，甚至会导致银企合作的终止，由此将造成 B 银行大客户的流失和相应的经济损失。并且，B 银行了解到 C 公司与 E 公司之间的商业合作建立在长期诚实可信的基础上，C 公司与 E 公司协商后，E 公司也明确表示会积极配合重新开立保函并补寄丢失单据，C 公司则会相应地按照合同规定在到期日偿付信用证下尾款。综合考虑上述几个方面因素，B 银行可以对单据作出拒付。

本案中，B银行综合考虑了上述两种分析，权衡利弊，最终决定拒付单据。在同意拒付的前提下，要求C公司作出如下书面保证：

1. 会尽快联系E公司重新开立保函，一旦收到新保函，到期后立即解付。

2. 如受益人不接受补寄遗失单据，只补充提交信用证要求的其他单据，根据信用证规定，到期后公司将履行付款责任。

3. 如受益人不同意协商一致的付款日期，要求退单或要求立即付款，公司将按国际惯例立即解付。

通过严谨的分析判断和及时沟通获取单据后，最终B银行比较圆满地解决了存在争议且紧急的难题，既履行了银行的职责又较好地协调了与客户之间的关系，既帮助客户解决了棘手的问题，也按时履行了其付款责任，保证了贸易正常进行。

结论与启示

从以上分析可以看出，本案关键所在是单据交接方式存在漏洞，操作方式上存在风险。开证行必须从本案中吸取经验教训，考虑如何更加有效地解决已经发生的问题，笔者认为，以下几点应该引起开证行的反思和注意：

第一，严格规范放单处理，申请人付款或承兑后方可放单。作为开证行，不能根据与申请人的合作程度来判断如何放单、何时放单，应严格放单流程、规范放单时间点，按照国际惯例处理业务。在国内，各家银行确实存在放单较为随意的现象，尤其对本行的大客户，由于业务占比高，综合贡献度表现突出，为争揽客户资源、维护客户关系、避免客户业务流失，业务人员尤其是客户经理在操作方面会更多地考虑其所服务客户的想法和要求，在实际处理业务时，往往会不顾内部操作流程的要求和国际惯例的约束，按照客户要求执行，造成后续争议和风险的发生。

第二，单据是在快递交接的过程中丢失的，如果不使用快递，而是由开证行的工作人员亲自递送单据上门或客户自己前往银行领取，当面签收，应该不会发生上述问题，也不会产生责任不清的纠纷。因此，开证行在此方面需梳理工作流程，既要保证单据能够及时交接，也要保证交接的质量，有效防范操作风险。尤其像贸易单据这类非常重要的文件，一旦丢失将会给收寄双方带来不必要的麻烦。幸亏此案中丢失的单据不涉及具提货功能承担物权凭证的运输单据，否则将有可能延误申请人提货,造成货物滞港,产生滞港费用,严重的还会影响货物的品质,开证行有可能还会承担意想不到的法律后果。

第三,发生问题后,开证行应结合贸易实际背景,积极与申请人联系和沟通,通过买卖双方协商来圆满解决。虽然开证行未持有正本单据作出的拒付行为不符合国际惯例,但是开证行基于真实贸易背景和不符点成立的原则,在与申请人协商采取一定风险控制措施的前提下,先行拒付单据也是有一定道理的。从银行实务角度来看,不符点确实成立,而且是在开证行审单的过程中提出的,受益人也确实未按合同约定而提前向开证行及申请人索偿。本案中,如果一味地以单据的存在与否作为处理业务的唯一判断标准,那将陷入机械化思维陷阱,无法灵活处理实务问题。当然,作为银行国际业务的从业人员,应深刻理解 UCP600 和 ISBP 条款的精神本质,在处理信用证交易时必须严格行事,明晰银行的责任和风险,审慎对待每一个细节,将风险降到最低。

国际惯例是准则,实务是每天要面对的纷繁事件。如何协调好惯例与实务之间的平衡,既控制风险又能够提高效率,既遵守银行行为准则又协调好与客户之间的关系,是一个长久的话题,需要银行不断地去摸索与实践。就如同上述案例中的情况,作为开证行,在力求向客户提供高质量服务时,既要履行开证行职责又要兼顾客户利益,这就要求银行在实务中不断地探索总结,发现新情况、解决新问题、总结新经验,同时,还要加强从业人员的专业知识培训,加深对国际惯例、实务操作以及贸易法则的学习和理解。唯有如此,才能不断地提高单证人员的业务技能,提升客户服务水平。

交通银行北京市分行　王婷

先收后支转让证，恪尽职守是根本

案例经过

20××年2月15日，A公司（第二受益人）收到国内T银行（转让银行）转开的信用证，第一受益人为国内E公司。T银行在转让证中加入“先收后支”条款，即“WE WILL ONLY EFFECT PAYMT TO YR ACCOUNT AFTER RECEIPT OF THE TOTAL PROCEEDS UNDER THE MASTER LC”。

3月11日，A公司向N银行交单。同日，审核无误后，N银行将单据寄往T银行。此后，N银行没有收到T银行任何关于单据的信息，也没收到货款。

3月31日，N银行向T银行发出催收电文，但未收到回复。

4月9日，N银行再次向T银行发出催收电文。T银行终于回复，称“我们正联系开证行付款”，同时声明作为转让行本身对单据的最终付款与否不负责任。

4月18日，N银行收到了T银行的部分款项，于是致电T银行追索余款。T银行回复称，其从开证行处只收到部分款项，并重申其作为转让银行只负责资金的转递，不承担第一性付款责任。

后N银行通过各种渠道，了解到该笔转让信用证业务背后的真实情况如下：T银行收到N银行递交的单据后，通知E公司（第一受益人）换单，并将替换发票和汇票后的单据寄往I银行（开证行）。

之后，T银行收到I银行要求减少交单金额的电文，称申请人已联系E公司，重新提交新的汇票。收到电文当天，T银行将I银行的该电文通知E公司。E公司在与申请人交涉后同意降价要求，T银行遂根据其要求向I银行发电确认。收到款项（已降价）后，T银行将余款支付N银行（扣除E公司的差价）。

了解到上述情况后，N银行立即指出T银行转让证业务处理不当，T银行单方面放弃自身权利，仅凭第一受益人同意就接受降价，导致第二受益人不能全额收汇的责任，只能由T银行自己承担，并要求T银行立即支付差额，并赔偿利息损失。

几经交涉，T银行自知理亏，于4月30日付清余款及利息损失。

案例分析

当前国际贸易实践中，转让信用证的使用比较广泛。转让信用证是中间商用来做转手买卖赚取差价，同时又能防止买家与卖家直接成交订约泄漏商业秘密的有效工具。银行在办理信用证转让业务时，往往加列"PAYMENT UNDER THIS TRANSFERRED CREDIT WILL BE EFFECTED BY US ONLY AFTER RECEIPT OF FUNDS FROM THE ORIGINAL CREDIT ISSUING BANK(在收到开证行付款后方向第二受益人付款)"等类似条款。这个条款使办理信用证转让业务的银行(即转让银行)自身不承担任何付款责任，而只是在收到开证行付款后才支付第二受益人的货款和第一受益人的利润差价。因该条款对转让银行是非常有利的，故常被称为"先收后支"保护条款。

然而，"先收后支"保护条款是否能真正起到对转让银行的保护作用呢？本案涉及的"先收后支"保护条款较具典型意义。下面，就本案中该条款的法律问题进行探讨。

一、"先收后支"条款是否具有法律效力

众所周知，在国际贸易中采用信用证方式结算，其优势在于以银行信用代替买方的商业信用并对卖方作出保证，可以解决买卖双方在付款和交货问题上的矛盾。转让信用证属于信用证，银行应承担第一性付款责任，但银行在办理信用证转让时却加入"先收后支"条款，使其免除了第一性付款责任。这种做法是否违背了信用证交易原则而不具有法律效力呢？

要回答这一问题，我们首先要了解转让信用证业务不同于一般信用证业务的特殊性。一般信用证业务的各当事人均围绕同一份信用证进行处理，而转让信用证业务的特殊性在于它涉及两份信用证业务的处理，一份是可转让信用证(下称原证)，一份是已转让信用证(下称子证)。前者是指银行(开证行)根据进口商的申请，开出的特别注明"可转让(TRANSFERABLE)"字样的信用证。后者是指银行(转让银行)根据可转让信用证的受益人(即第一受益人)的要求，以原证为基础开出一份可由第二受益人使用的信用证。

虽然看似是两份信用证，但因子证是原证的延续，不是一份独立的信用证，故两份信用证实质上是一份信用证。在该信用证项下承担第一性付款责任的银行是原证的开证行，而子证的开证行只是原证开证行的指定银行，自然不承担第一性付款责任，除非其保兑了信用证。因此，银行在办理信用证转让，即开出子证时加入“先收后支”条款，并没有违背信用证项下银行承担第一性付款责任的原则。国际商会银行委员会在其官方意见 R375 和 R482 中针对转让信用证加入“先收后支”条款的分析也指出：“这种条款是在转让银行没有加具保兑的情况下的典型条款”；“从某种意义上讲，仅仅是转让银行不希望在收到开证行付款之前做出议付而已”。

由此可见，转让行在转让信用证中完全可以加入“先收后支”条款。本案中 T 银行加入的“WE WILL ONLY EFFECT PAYMT TO YR ACCOUNT AFTER RECEIPT OF THE TOTAL PROCEEDS UNDER THE MASTER LC NO”条款是有效的，表明 T 银行不对第二受益人承担独立的支付责任。

二、“先收后支”条款发生保护效力的前提

既然转让证业务中“先收后支”的条款具有法律效力，那么该条款是否可使转让行免责呢？不可否认，在实务操作中，确实有许多银行在转让信用证的业务处理中存在误区，认为转让信用证有“先收后支”条款的保护，转让信用证业务跟 D/P 托收差不多，任何情况下，转让银行本身对单据的最终付款与否不负任何责任。但本案却颠覆了这种错误认识。从本案我们看到，T 银行虽有“先收后支”的保护条款，但最终仍然不能免除付款责任。可见“先收后支”条款并不是万能的。本案中 T 银行之所以未能受到“先收后支”条款的保护，主要原因在于其未能恪尽职守。

根据 UCP600 第 38 条及国际商会的相关意见，转让银行的主要权利可以概括为三点：(1)转让银行有权选择办理还是不办理转让。(2)转让银行办理信用证的转让时，有权向第一受益人收取与转让有关的各种费用或其他开支。(3)在惯例规定情况下，转让银行有权将其从第二受益人处收到的单据向开证行提示，并不再对第一受益人负责。同时，转让银行应承担的义务主要包括：(1)严格按照 UCP 的规定转让信用证。(2)审核单据的责任。(3)有责任立即通知第一受益人替换单据。(4)向开证行交单索偿并向第一受益人支取差价，将余额支付第二受益人。(5)在业务处理过程中履行注意和谨慎义务，确保第一、第二受益人的利益。

本案中，T 银行在业务处理过程中恰恰未能履行注意和谨慎义务，主要表现在以下几方面：其一，当T银行收到一份并非拒付的电文时，并没有向I银行主张单证相符必须付款的权利。其二，未能保护A公司的利益。开证行提出降价，T银行仅仅通知并获得E公司的同意，而未能征求A公司的同意。正是因为T银行没有有效行使自己的权利及尽到应尽义务，造成了第二受益人收汇不足，其最终不得不承担相应的责任。

由此可见，尽管已转让信用证上列有“先收后支”条款，但这并不代表转让银行可以不行使自己的权利或对第二受益人不尽其应尽的责任，也不能成为转让行自身过错、失职时的挡箭牌。综上，只有当转让银行切实行使了其权利并履行了其职责后，“先收后支”保护条款才能真正产生作用。

结论与启示

通过本案分析，我们可以看到，转让银行在转让信用证业务处理中不规范、不谨慎，将给自身带来风险。因此，作为转让银行，不能仅仅依赖于“先收后支”条款对自身的保护，而应采取积极谨慎的业务处理原则来应对风险。在业务处理过程中不仅要顾及第一受益人利益，还要顾及第二受益人的利益，同时也要保护好自身利益。这就要求转让银行在业务处理过程中切实履行对两方受益人的告知义务。

实务中，为了维护好客户关系，转让银行难免发生违背UCP600第38条规定进行业务处理的情况。如进行超范围转让信用证且无法控制额外变更内容，则转让银行应在转让后的信用证上加注“此证超越UCP600第38条G款规定”，以此提示第二受益人该证存在的潜在风险。若第二受益人选择接受此条款，则由此产生的风险将转由第二受益人承担。又如转让银行发现第二受益人单据存在不符点，且第一受益人的换单无法更正这些不符点，转让银行应提示第二受益人或其交单银行，同时也应将不符点告知第一受益人，由其根据不符点的情况以及与进口商的关系，决定是否联系第二受益人修改单据。

在第一受益人换单后，转让银行提交给开证行期待付款的是两方受益人的单据。因此，转让行收到开证行电文，应检查是否会影响第二受益人正常收汇。如有影响，则在告知第一受益人的同时，也必须及时通知第二受益人。如需对外回复，必须获得两方受益人的同意后才能对外回复开证行。

此外，转让证业务流程长、环节多，转让行加强业务案卷管理是规避风险的有效方法。转让证业务案卷应与一般信用证案卷分开管理，专门设立转让证业务台账,跟踪转让业务处理的各个环节,最大限度地避免后续单据处理环节的操作风险。同时,转让行办理原证转让后,应在原证上批注“此证已转让”以及转让号、转让金额等信息;在转让后的信用证上注明此证系某证的转让等信息。

交通银行总行国际结算中心　陆敏

超范围申请转让，依惯例拒绝办理

案例经过

某出口企业收到以其为受益人的可转让信用证。信用证要求提交如下单据：发票、装箱单、产地证、提单、船公司证明及受益人装船通知。

该企业(以下称“第一受益人”)向指定转让行(以下称“转让行”)提交转让申请，要求将信用证货物部分转让给第二受益人，并提出：(1)换单时，将用自己的汇票、发票和提单替换第二受益人的对应单据；(2)转让行无需转出原证中规定的产地证、船公司证明和受益人装船通知，届时由第一受益人直接提交。

转让行审核原证和转让申请后提示第一受益人：第一，提单是重要的权利凭证，替换提单非惯例允许。第二，第一受益人不转出部分单据的要求和请求替换的单据种类超越了国际惯例允许的范围，第一受益人应说明原因，如果转让行审核后同意叙作，则第一受益人需落实风险缓释措施，保证单据替换后不影响第二受益人的权益。

第一受益人就转让行的意见反馈了不同的观点：(1)转让行没有权利干涉其换单，如果不进行某些单据的替换，就没有转让信用证操作的必要。由于原证申请人只认定与第一受益人的合作关系，所以不愿意接受第一受益人以外的人作为 SHIPPER 的提单，故第一受益人决定更换提单。(2)第一受益人不需要第二受益人提供船公司证明、装船通知和产地证，决定由自己提供给申请人，故不予转出。

转让行在了解了上述情况后答复第一受益人：该转让申请超越惯例要求，存在诸多风险，请其审慎考虑。经过沟通，第一受益人同意仅替换发票、汇票，但又提出了新的要求：转让证中不允许显示原证中申请人的名址信息。因为第一受益人不愿意第二受益人和申请人互相了解彼此信息，而且他们认为转让信用证中隐去或删除所有关于原证申请人的信息是合理的。转让行针对此要求进一步向第一受益人解释：原证中规定提单通知方和装船通知的接收方为原证申请人，转让行在转出时必须用申请人的具体名称替换原证中“APPLICANT”字样，以使第二受益人的单据满足原证要求。最终，第一受益人接受了转让行的意见，此笔转让证得以开立。

纵观该笔转让证的叙作过程，转让行就一些基本问题与第一受益人进行了反复沟通、解释。第一受益人原来的转让申请超越国际惯例的要求，隐藏着诸多风险，留待银行从为客户服务和把控风险的角度思量、权衡，其中有很多值得探究之处。

案例分析▶

转让信用证作为信用证的一种形式，便利了以中间商为中介的三方贸易结算，简化了支付程序。在办理信用证转让业务的过程中，转让行自始至终充当的是开证行与第一、第二受益人之间的信息传递媒介，无需承担付款责任。然而，信用证转让业务因涉及多方当事人，实务操作环节较复杂，任何一方的操作出现问题都会给其他当事人造成不必要的损失。实务中，第一受益人在向银行申请叙作信用证转让时可能会提出一些表面上看似合理却超出国际惯例的要求，对此，转让行应明确自身的权利、义务，综合考虑各方利益，审慎处理。

首先，本案反映出实务中一些客户对转让信用证业务的操作机制缺乏深入理解，对转让银行的权利和责任也存在一定程度的误解。实务中，第一受益人认为既然是信用证指定的转让银行，那么转让行就应该按照转让申请书的要求进行转让。然而，UCP600 第 38 条 A 款已有明确规定：“银行无办理转让信用证的义务，除非该银行明确同意其转让范围和转让方式。”此外，国际商会的相关意见也对此做了进一步的阐述。例如，国际商会意见 R482 就提到：“一个银行可以被指定为转让行，但是它没有义务一定要接受转让委托。然而如果它同意转让，它也仅仅是在第 48 条其他款项以及 UCP500 其他相关条款的范围内，以其所愿意的方式，在其所愿意的范围内办理转让。”所以，转让业务能不能做、以什么样的方式叙作，转让银行完全有权利独立作出决定。对于那些不熟悉转让信用证业务的客户，银行应重视对其进行基本原则和知识点的普及和解释，帮助客户更好地理解转让操作的原理和机制。

其次，客户对原证可以更改的内容和范围的理解有失准确。通常第一受益人要求替换发票和汇票，一般是出于赚取差价的目的，同时为了保护商业秘密，不让第二受益人和原证申请人知晓彼此，因此在转让证项下要求替换的单据中不出现申请人的名字是可以理解的，转让行也应配合满足其要求。但是，本案中第一受益人要求不转出关于产地证、船公司证明、装船通知等条款内容，这实际上就等于对第二受益人隐瞒了原证的要求。根据 UCP600 第 38 条 G 款规定，转让信用证必须准确转载原证的条款及条件，且“如果原信用证特别要求开证申请人名称应在除发票以外的任何单据中出现时，则转让信用证必须反映出该项要求”。由此可见，本案中转让行对于用申请人具体名称替换原证中条款“APPLICANT”字样的操作提示是完全符合惯例和情理的。同时，转让行也有权拒绝第一受益人不转出某些条款的请求，这在相关的国际商会意见中也可以找到支持。例如意见 R297 就指出：“除了第一受益人可以根据 UCP500 第 48 条 H 款的规定而要求做的改动之外，第二受益人收到的是和第一受益人条款相同的信用证。第二受益人必须按照转让信用证的条款和 UCP500 所有规定办理。”从惯例规定和商会意见的精神不难看出，信用证按原证条款转让，旨在保护第二受益人能了解原证的原貌和要求。倘若按照第一受益人的意愿处理，那么第二受益人收到的转让信用证和原证内容就存在出入，将对第二受益人的制单产生不利影响。遇到这种情形，转让银行有责任和义务将其拟采取的操作方式提示第一受益人。面对惯例规定和实务要求的冲突，转让行在这个时候往往都只能按照国际惯例处理，第一受益人若想保护商业秘密，只能试图与申请人协商修改原证。

再次，客户对于单据的替换模式存在理解误区。国际惯例对转让证的换单做了具体规定，第一受益人和转让银行都必须遵照执行。UCP600 第 38 条 I 款规定：“如果第一受益人应当提交其自己的发票和汇票(如有)，却未能在收到第一次要求时照办；或第一受益人提交的发票导致了第二受益人提示的单据中本不存在的不符点，而其未能在收到第一次要求时予以修正，则转让银行有权将其从第二受益人处收到的单据向开证行提示，并不再对第一受益人负责。”在本案中，第一受益人不仅要求替换发票、汇票，还要求不转出关于产地证、船公司证明信、装船通知等条款内容，而由其自己提供，而且客户关于替换提单的要求和操作方式也较为罕见。假设本案中转让行是照转原证条款而不是删除，届时由第一受益人替换那些他原本打算替换的单据，则如果第一受益人提供的单据存在不符点，转让行依旧可以将第二受益人的单据寄往开证行索偿，第二受益人也仍然有收汇的机会。然而，倘若真如第一受益人要求的那样，对原证的条款做了删除而不是照转，那么第二受益人提交的单据必然是不齐全的，在原证项下一定会产生不符点，其权益就无法获得保障。

其实，即使银行根据内部规定控制了单据替换的风险，也必须审慎考虑客户欲替换的原因，审查贸易背景，判断客户行为是否符合常理和逻辑。众所周知，提单是重要的物权凭证，客户提出需要替换提单，作为转让银行，此时应先从多方面了解原因。第一，本案中第一受益人要求替换提单的初衷根据其解释是出于申请人方面的考虑"迫不得已"而为之。实务中，一个信用证既然允许被转让，那么申请人就应该意识到这背后会出现的种种问题。如果确实不允许第三方作为提单的发货人，那么转让行可以建议第一受益人与申请人商议，要求在原证中就明确规定"SHIPPER ON B/L MUST BE BENEFICIARY XXX(即第一受益人名称)"，以此也让第二受益人了解该情况，留待第一、第二受益人双方协商去解决此问题。第二，转让行应意识到，虽然转让行在没有保兑信用证的情况下不负有付款责任，但鉴于其身份的特殊性，应保护第二受益人的利益，避免出现操作风险，承担不必要的责任。根据客户说明的替换提单的流程，可以明显看出其中的不合理。国际商会意见 R484 就指出："转让行如果没有获得第二受益人的明确同意，不应处分其符合要求的单据，第二受益人可以向转让行就其单据的状态要求某种形式的保证。由于转让行显然没有保兑信用证，转让行没有义务就第二受益人提交的相符单据付款，然而转让行负有注意义务。"所以，一个负责任且熟知换单操作原则的银行，不能随意将第二受益人的单据交予第一受益人去处理。更何况，提单、保单是信用证项下的重要单据，一旦被替换，转让行在得到开证行付款前必然得先替第二受益人保管，在这过程中如有意外发生，那转让行就不是单纯地介入业务，而很有可能卷入纷繁的经济和法律纠纷中了。

结论与启示

通过以上案例的分析，结合实务中频繁出现的各种问题，转让银行应有意识地培养识别风险的敏锐嗅觉，及时发现并规避操作中潜在的风险。那么，如果转让行遇到第一受益人超越惯例要求叙作信用证转让业务时该如何综合把握处理呢？建议转让行可以考虑从以下几方面考量和防控：

转让银行一方面应重视对客户进行业务基础知识的教育，另一方面也需结合客户的实际需求，实现在对基本问题达到共识的基础上进行妥善操作。实务中很多第一受益人不熟悉转让证的运作，提出超常规的要求，其赚取的仅仅是货物差价，而转让行若操作不慎将承担第二受益人的收汇风险。转让行应正确引导客户理解转让证机制，在客户对该业务具有一定了解的前提下，再进行个案的个性化处理,以缓释风险。

转让银行应坚持自己的原则和立场,如遇客户超惯例范围处理的申请,更应加强合规性审查,提高风险防范意识,建立例外应对机制和处理办法,在风险可控的前提下办理。如本案中第一受益人需要替换提单,在业务叙作的前期应深入调查,理解客户的真实意图,从而寻找其他的替代处理方式。

其实,国际商会意见 R375 早已明确表明了对于替换惯例规定之外单据的立场:“UCP 只是涉及发票及汇票的替换,然而银行可以根据自身决策决定是否允许进一步替换单据,且风险自负。但 UCP 不支持该做法。”意见 R488 也提到:“UCP 规定了在转让信用证时可以减少或缩短的条款细节,即信用证金额,信用证中规定的货物单价、到期日,根据 UCP500 第 43 条规定确定的最后交单日期、装运期限等。UCP 不授权其他条款的改变。如果转让人要求转让行加入其他修改,那就是 UCP 范围之外的事情了。”既然 UCP 不支持,国际商会也是“置之度外”地把难题留给银行自己去处理,那么银行如果允许以如此方式叙作业务,就得自己把好风险关。比如,银行可以在转出的信用证里明确提示第一受益人欲替换的单据,让第二受益人知晓具体情况,从而留待第二受益人自己考虑是否接受这样的信用证。或者,银行也可以在第一受益人申请开立转让证时,便要求其提供已缮制好的符合原证要求的单据,以控制换单的主动权,降低风险发生的概率。

银行拥有自主选择和处理权,也有义务制定严格的内部操作指引和风险防控制度,尽量将风险缓释、化解。实务中,当遇到超越国际惯例的转让时,在操作层面,建议在转让行的操作指示中加入“PLS NOTE THAT THIS TRANSFER GOES BEYOND THE SCOPE OF UCP ARTICLE 38”,以提示第二受益人转让行的特殊处理。当银行认为有必要时,也可以让客户落实各种形式的担保措施。总之,无论采用什么样的方式,转让银行切不可因自身的操作不得当而影响相关当事人的利益。

配合客户做好事前预防、事中沟通、事后处理工作,以利业务正常且顺利运转。

实务中,转让信用证的很多操作问题都是基于原证条款规定不适合转让证操作而产生的,本案就是一个典型。为预防原证内容必然会透露申请人信息的情况出现,银行应建议第一受益人与申请人签订合同时或开出信用证之前就做好协商,并在收到信用证后仔细审核,考虑信用证转让后的各种可能情况。如有必要,应该在办理转让之前寻求对原信用证进行修改,删除或更改相关条件。在受理了客户的转让申请后,银行打算办理的,应本着“发现问题、解决问题”的态度,向客户解释,力求让其明白银行的“可为”与“不可为”,并在合理、合规的前提下为客户指定应对方案。在开出转让证后，银行内部也应建立档案流转机制，让各环节操作人员了解每笔转让证的注意细节和特殊要求。例如，应重视转让证与原证之间的条款变更，不可应第一受益人的要求随意换单；对于第一、第二受益人单据差别之处，应仔细审核原证和转让证的具体要求等。

综上，相关国际惯例涉及的对转让信用证的规定，某种程度上约束了转让行和受益人诸多实际需求的可行性。面对客户的个性化需求，银行应在遵循原则的基础上，既不生硬地简单说"NO"，也不逾越风险的雷池，灵活制定应对方案，审慎控制业务风险，以利于转让证业务的良性发展。

交通银行总行国际结算中心　张欣

深究信用证惯例，保驾超范围转让

众所周知，信用证是开证行对相符交单予以承付的确定承诺；受益人在信用证下获取“确定承诺”的前提条件是：交单相符。因此，在信用证转让交易中，为充分保护基础交易当事人的利益，规范转让行的转让行为，UCP600 第 38 条 G 款规定：“已转让信用证必须准确转载原证条款……但下列项目除外……”

但问题也随之产生。UCP600 中列明的除外项目，能够满足第一受益人的全部现实需求吗？回答无疑是否定的。实务中，应第一受益人的要求，转让行超越 UCP 规定范围办理转让的情况屡见不鲜。国际商会 R488 号意见指出：“UCP 不授权其他条款和条件的改变。若转让人要求转让行加入其他修改，则属 UCP 范围之外的事情。”对“UCP 范围之外的事情”，一方面，银行没有惯例可以遵循，只能根据内部政策和自身判断，自担风险地决定对超越 UCP 规定范围的转让业务是否办理及如何办理；另一方面，如果能为客户的此类业务需求提供优质、高效的结算服务与技术支持，那么银行在客户营销、惯例研究、实务分析和风险控制等方面的综合能力将会得到全方位展示和提升。

案例经过

20××年 7 月 25 日，BIG 公司向 L 银行提出信用证转让申请。经审核，L 银行发现该转让申请的内容比较特殊，即除了 UCP600 规定的信用证金额、单价、截止日和交单期等项目外，BIG 公司还要求调整原证的货物成分含量及奖励/惩罚规则。具体情况如下：

可转让信用证规定：矾土，相关成分含量要求——Al_2O_3 为 46～47PCT，SiO_2为4.5～5.5PCT；基础价格为 USD59.00/DMT，奖励/惩罚规则如下：

若 Al_2O_3 含量在 46.00PCT(含)到 47.00PCT(含)，无奖惩；若 Al_2O_3 含量高于 47.00PCT，每高 1PCT，基础价格增加 USD0.70/DMT，按比例计；若

Al_2O_3 含量低于 46.00PCT，每低 1PCT，基础价格减少 USD0.70/DMT，按比例计；

若 SiO_2 含量在 4.50PCT（含）到 5.50PCT（含），无奖惩；若 SiO_2 含量高于 5.50PCT，每高 1PCT，基础价格减少 USD0.70/DMT，按比例计；若 SiO_2 含量低于 4.50PCT，每低 1PCT，基础价格增加 USD0.70/DMT，按比例计。

转让申请要求对货物成分含量及奖励/惩罚规则进行调整：

矾土，相关成分含量要求——Al_2O_3 为 47～49PCT，SiO_2 为 3.0～5.0PCT；基础价格为 USD58.00/DMT，奖励/惩罚规则如下：

若 Al_2O_3 含量在 47.00PCT（含）到 49.00PCT（含），无奖惩；若 Al_2O_3 含量高于 49.00PCT，每高 1PCT，基础价格增加 USD0.70/DMT，按比例计；若 Al_2O_3 含量低于 47.00PCT，每低 1PCT，基础价格减少 USD0.70/DMT，按比例计；

若 SiO_2 含量在 3.00PCT（含）到 5.00PCT（含），无奖惩；若 SiO_2 含量高于 5.00PCT，每高 1PCT，基础价格减少 USD0.70/DMT，按比例计；若 SiO_2 含量低于 3.00PCT，每低 1PCT，基础价格增加 USD0.70/DMT，按比例计。

鉴于以上特殊情况，L 银行要求 BIG 公司说明相关交易背景。

BIG 公司回复称，其已与上下游客户分别签订合同，主要想法是希望上游客户能够提供更高品质的货物，以便从下游客户处获得额外的奖励收益，因此需要将原证货物成分含量及奖励/惩罚规则进行调整。

L 银行仔细审核了 BIG 公司提供的两份合同，确认可转让信用证的内容与其和下游客户签订的合同条款一致；转让申请的内容与其和上游客户签订的合同条款一致。L 银行还进行计算，进一步证实 BIG 公司背景解释的合理性：

1. 假设转让未调整相关内容，无论最终货物相关成分的含量如何，BIG 公司能够获得的中间价差固定为 USD1/DMT。

2. 假设转让已调整相关内容，最终货物 Al_2O_3 的含量为 X，SiO_2 的含量为 Y，BIG 公司能够获得的中间价差为 USD(1＋A＋B)/DMT，A 为 Al_2O_3 按实际含量调整后的中间价差/DMT，B 为 SiO_2 按实际含量调整后的中间价差/DMT，其数值范围是 $1\leqslant 1+A+B\leqslant 3.45$。

由此可见，通过调整可转让信用证的货物成分含量及奖励/惩罚规则，在货物名义单价降幅仍为 USD1/DMT（第二受益人更容易接受）的情况下，BIG 公司不仅获得不变的中间价差，还极有可能从奖励/惩罚规则调整中获得大量超额收益（最高可达中间价差的 245%）。

案例分析

作为中间商,BIG公司充分利用了其与上下游客户之间,在货物品质和价格调整方面信息不对称的优势,并以此实现自身利益的最大化。就两份合同而言,BIG公司的商业运作是非常成功的。

BIG公司要实现自身利益最大化的意图,还需取得L银行的支持,即L银行同意按其申请内容叙作信用证转让。而L银行是否同意叙作,在具体业务中还存在很大的不确定性。笔者印象中,20××年曾有过一起类似的案例:中间商在与上下游客户的买卖合同中约定了对自己有利的不同的成分含量及奖励/惩罚规则,但其申请信用证转让时,国内某银行拒绝了其与本案类似的转让要求,理由是转让申请超越UCP允许的范围。虽经多次交涉,该银行始终不同意办理。无奈之下,中间商只得修改转让申请,指示该银行"准确转载原证条款"。最终,中间商只得按信用证的约定,将本应属于自己的额外收入拱手送给了上游客户。同样道理,如果L银行不同意叙作转让,那么BIG公司很可能面临类似的窘境。

那么BIG公司的转让申请是否超越了UCP允许的范围呢?要回答这个问题,L银行必须深入研究UCP600第38条G款,相关规定是:"已转让信用证须准确转载原证条款……但下列项目除外:信用证金额、规定的任何单价、到期日、单据提交期限或最迟装运日期或规定的装运期间。以上任何一项或全部都可减少或缩短……"

若仅从字面上理解,调整原证的货物成分含量及奖励/惩罚规则,确实很难将其归结到惯例列明的具体除外项目。这正是某些银行认为此种转让要求"超越UCP允许的范围"的根本原因。

但是考察"准确转载原证条款"的背后意图,L银行认为,惯例之所以如此规定,实际是要求转让行在信用证转让业务中切实保护第二受益人和申请人的利益。简言之,第二受益人的利益是通过发运已转让信用证要求的货物,收到自己在已转让信用证下应收的款项;申请人的利益是通过支付原证预期的款项,收到自己在原证下应收的货物。因此,只要无碍第二受益人和申请人的利益,原证某些内容的调整,与"准确转载原证条款"的背后意图并不冲突。而对除外项目中的单价,UCP600不但未限制单价减少的程度和范围,甚至还使用了表述非常模糊的"规定的任何单价"措辞。从广义上理解,原证的"奖励/惩罚规则"就其影响而言,与单价并无本质区别,应属于"任何单价"的范畴,至少应为货物"单价"的一部分。

本案中，原证要求货物 Al_2O_3 的含量为 46～47PCT，SiO_2 的含量为 4.5～5.5PCT。相关奖励/惩罚规则明显表明，申请人期望收到 Al_2O_3 含量更高、SiO_2 含量更低的货物。转让申请要求货物 Al_2O_3 的含量为 47～49PCT，SiO_2 的含量为 3.0～5.0PCT。假设第二受益人按此发运货物，既符合原证对货物的要求，又符合申请人对货物的期望。至于相关奖励/惩罚规则的调整，最终都体现在货物的单价中，而转让申请相对原证来说，区别仅在于：有些奖励规定奖而未奖，有些惩罚未言罚而竟罚。但这些对第二受益人和申请人不会造成任何的损害，甚至在某些特定情况下还可能从中受益。

基于以上分析，L 银行认为 UCP600 已经为 BIG 公司的这种转让预留了足够的操作空间，在确定相关贸易背景真实的情况下，可叙作信用证转让业务。但为防范万一申请人或第二受益人获悉具体操作而引发不必要的纠纷，除一般风险控制措施外，L 银行要求叙作该业务还需具备以下办理条件：

1. 转让与贸易合同相一致。BIG 公司与上下游客户之间签订的基础合同，必须包括货物相关成分含量及奖励/惩罚规则，并与原证及转让申请的内容一致，确保转让申请无碍第二受益人和申请人的利益，防止信用证内容与基础合同不一致，引发当事人对信用证转让操作的不满和质疑。

2. 企业具有制单换单能力。BIG 公司业务人员应具有较高素质，有能力制作并及时替换第二受益人的发票等单据，确保递交到开证行的替换单据符合原证要求，最大程度地避免出现必须将第二受益人单据直接递交开证行的情形，防止货物成分含量及奖励/惩罚规则调整的信息外泄。

3. 当事人间结算记录良好。BIG 公司与其上下游客户之间必须无任何不良交易记录，过往收付汇情况正常，辅助评估交易对手的信用和履约风险。同时，开证行也必须具有一定的资质，拥有信用证交易中按国际标准银行实务行事的信誉。

4. 货物市场价格走势平稳。即 BIG 公司参与交易的货物，应为市场价格稳定、易于销售的商品。若货物价格波动过大或销售对象单一，当事人之间的违约风险加剧，已转让信用证中货物成分含量及奖励/惩罚规则调整的问题，有可能成为违约方的借口。

5. 企业知晓并能承担风险。BIG 公司必须意识到，某些特定情况下，如其无法做到替换单据相符或第二受益人直接向开证行交单，开证行和申请人有可能会发现转让过程中调整原证的货物成分含量及奖励/惩罚规则的情况，并进而坚持以此为由无理拒付。BIG 公司必须同意并有能力承担由此导致的一切风险和损失。

结论与启示

在全面调查了BIG公司的交易背景和实际需求、深入研究了UCP600相关规定和内在精神、准确分析了转让申请的潜在风险和发生概率以及严格落实对应风险控制措施的基础上，L银行最终同意叙作该笔业务，并于7月28日处理完毕。后第二受益人在已转让信用证下的交单，BIG公司在原证下的换单、交单、收汇等，都非常顺利地完成。业务处理过程中，各当事人均未提出任何异议。至此，L银行叙作信用证转让业务完美收官，BIG公司追求自身利益最大化的意图也得以实现。

交通银行总行国际部　张明伟

区内企业办转让，国际收支巧申报

案例经过

本案例背景如下：

A 公司：注册于保税区内的中间商，从境外采购货物后转卖到境内

B 公司：境外出口商，转让信用证项下的第二受益人

转让行：从境内采购商的银行收到可转让信用证，并依照 A 公司申请为其办理转让的银行

注册于保税区内的企业 A 是境外公司 B 在中国境内组织销售的总代理。A 公司与境内公司签订购销合同后，从境外公司 B 买入货物再转卖给境内采购商。境外公司 B 负责将货物由境外直接运至境内目的地，货物报关手续由境内采购商办理。A 公司与境内采购商采用可转让信用证的方式进行结算，A 公司收到境内采购商开来的可转让信用证后向银行申请将信用证部分转让给境外公司 B，A 公司从中赚取一定的差价利润。

收到境内采购商在信用证项下支付的货款后，A 公司的银行即转让行，对该笔收汇及后续支付给境外公司 B 的跨境付汇应该如何入账和申报产生了疑问。因进口货物的报关完全由境内采购商负责，所以根据“谁进口谁付汇”的原则，与该笔进口货物流相匹配的资金支付是境内采购商在信用证项下对区内企业 A 的付款。如果转让行按照 A 公司的实际差价收入和向境外第二受益人 B 支付的货款金额向外汇管理局报送相关贸易外汇收支信息，由于第一受益人 A 向境外第二受益人 B 的支付没有相应的货物流与之匹配，会造成 A 公司贸易外汇收支与货物进出口的信息不一致，影响 A 公司在外汇管理局的货物贸易外汇总体核查记录。

为了不影响 A 公司在外汇局的核查记录，并遵照外汇局有关国际收支申报和贸易外汇收支信息申报的规定为客户办理有关业务，转让行必须针对该笔业

务的特殊性对现有转让信用证项下国际收支申报的通常做法作出调整。

案例分析

我们以往遇到的转让信用证业务,贸易背景通常是境外进口商向境内采购货物,转让证项下的第一、第二受益人同属境内区外企业,第一受益人仅是赚取差价的中间商,出口货物的报关手续由实际出口商第二受益人负责办理。我行的会计账务处理根据业务的实际贸易背景进行处理,仅将差价收入转入第一受益人账户,转让证项下的货款划至第二受益人的银行。根据“谁出口谁收汇”的原则,第一受益人仅需对赚取的差价收益在“一般贸易”下进行国际收支申报,第二受益人则必须对收妥的出口货款全额办理贸易外汇收支信息的申报,第二受益人收妥的出口货款(资金流)与海关出口报关信息(货物流)相一致。

然而在前述案情中,中间商 A 公司向境外出口商 B 支付货款属于跨境支付,依照有关国际收支申报和贸易外汇收支信息的申报规定,必须进行“一般贸易”的国际收支申报。如果仍按以往账务处理的惯常做法,A 公司向境外支付的大额货款就缺乏正常的货物流相匹配,将影响 A 公司在外汇管理局的总体核查记录。因此,参照外汇管理局汇发〔2011〕49 号文“境内居民(包括机构和个人)之间通过境内银行办理的外汇收付款以及货物贸易核查项下人民币收付款应按要求填报境内收付款凭证,报送相关信息”的规定,中间商 A 公司通过境内银行收到的由境内进口商支付的转让信用证项下款项,也必须办理全额收入申报。银行的账务处理应调整为,收到进口商的付款后,先全额转入第一受益人账户,然后马上将应支付给第二受益人的款项扣划出账,向第二受益人支付。第一受益人账户内资金流显示为一笔货款流入和一笔货款流出,两笔资金同时做数据报送,分别为货物贸易项下境内收入和跨境支出,在收入申报时注明其中的差价收入金额。这样处理,A 企业的收入和支出申报可以相互抵消,不会发生一笔大额货物贸易项下的资金支付没有货物流相匹配的情况。

结论与启示

保税监管区域的外汇管理及操作一直有其特殊性,因此银行为区内企业办理外汇业务时要特别注意区别对待,以保证银行和客户端操作的合规性。

另外，银行在操作转让信用证业务时，首先必须做到谨慎审查原始信用证的条款，依照国际惯例及相关银行操作准则办理转让手续，合理保护第一、第二受益人在转让信用证项下的收款权。但单证业务审查仅是银行专业化服务的一部分，依照国家外汇管理局的规定，境内经营结售汇业务的金融机构还必须承担对企业贸易外汇收支的一致性进行合理审查的职责，并对办理贸易外汇收支业务的合规性与报送相关信息的及时性、完整性和准确性承担相应的责任。所以，转让行在安全收汇后，面对多样化的贸易方式，保证银行和客户按国家外汇管理局的有关规定合规准确地报送信息，为客户提供外管政策方面的专业化服务也是银行服务的重点，这也是提升银行对外形象和保证客户忠诚度的重要手段。

交通银行上海市分行　杜黎

拒付表述须谨慎，电提不符非全策

案例经过

交单行在审核受益人的出口交单后认为不符，以 MT799 的电文通知开证行。开证行收到电报后于第二天通知申请人，申请人按照要求提交接受不符点的书面确认。开证行于当日发报告知交单行，交单行据此为受益人办理议付的同时将单据寄送开证行。

开证行收到单据后于第二日通知申请人，申请人以进口货物的质量问题正与受益人交涉为由，要求延期付款或减额付款，但是遭到拒绝。申请人向开证行提出拒付的书面申请。

开证行收到申请人的拒付申请，对申请人进行劝阻，理由是交单行已经电提不符点，而且内容涵盖单据中的所有不符点，同时申请人已经接受不符点，并授权交单行办理议付。但是申请人不顾劝阻而执意拒付，开证行进行了细致、全面的审核，发现交单行之前电提的一个不符点与单据的实际情况不完全一致，因此拒付交单。

交单行收到开证行的拒付后，指出开证行的拒付并未与其先前的电提不符点报文有实质的冲突，而且其在开证行接受不符点的授权下，已经为受益人办理议付，故请开证行尽快付款。在与申请人多次沟通后，开证行最终支付全部货款。

案例分析

本案的关键点是，交单行电提不符点的表述是否存在争议。

本案中信用证要求提交由印度尼西亚的商会出具的产地证明（THE

CERTIFICATE OF ORIGIN ISSUED BY CHAMBER OF COMMERCE IN INDONESIA）。

实际提交的产地证：产地证右上角有预先印就的“ASEAN CHINA FREE TRADE AREA CERTIFICATE OF ORIGIN”字样，而右下方出具者则加盖了“PROVINCIAL OFFICE IN SAMARINDA（三马林达省的办公机构）”的印章。

交单行提出的电提不符点电文对不符点的表述为：“CERT OF ORIGIN ISSUED BY ASEAN CHINA FREE TRADE AREA DIFFERENT FROM L/C（产地证由东盟-中国自由贸易区出具，与信用证规定不符）.”

开证行最终发出的拒付电文中描述的拒付理由是：“CERT OF ORIGIN：ISSUED BY PROVINCIAL OFFICE IN SAMARINDA，WHICH DIFFERS FROM L/C STIPULATION AND YOUR MT799 DD20110329（CERT OF ORIGIN ISSUED BY ASEAN CHINA FREE TRADE AREA）.”

交单行针对开证行的拒付，解释称由于其原来的报文并未否认所提交的产地证是由三马林达——印度尼西亚的政府机构出具这一事实，只是表明产地证出具与信用证的规定不符，与开证行的结论一致，不能作为新的不符点进行拒付。

那么，如何正确理解上述争议呢？

第一，交单行电提不符点的表述是不准确的。从前面的事实介绍可知，该产地证实际上是由三马林达省的办公机构按照“东盟-中国自由贸易区”原产证格式出具。“东盟-中国自由贸易区”本身并非特定实体，而只是一种合作机制的称谓，不可能成为单据的出具人。正是由于交单行不符点的表述不准确，在一定程度上给了开证行拒付的借口。

第二，电提不符点的表述不准确是否构成拒付的理由，这要根据具体情况，具体问题具体分析，不能一概而论。本案中，信用证要求产地证应由印度尼西亚的商会出具，而实际上是由三马林达省的办公机构出具，不符合信用证的规定。交单行就此电提不符点，虽然表述上有些问题，但不能否认其对产地证出具人与信用证不符的单据判断，也看不出其有隐瞒产地证实际出具人的任何主观意图。如果申请人/开证行已经接受不符点，接受所谓的“东盟-中国自由贸易区”出具的产地证，那么其没有理由不接受（表面上看）官方机构按照“东盟-中国自由贸易区”原产地要求与格式出具的产地证。

结论与启示

电提不符点，就是出口交单银行在审核单据发现不符点后，为保证安全收汇或融资的需要，将不符点以电报形式通知开证行，待得到开证行授权后再行寄送单据或融资的一种有效降低风险的实务处理方式。但若电提不符点处理不当，开证行收到单据后仍可能产生拒付风险。为了有效防范相关风险，相关银行应做好以下工作：

一、出口方银行(议付行或交单行)

1. 电提不符点的形式。电提不符点的形式可参照银行拒付通知的形式。通过 MT750 或 MT799 加押 SWIFT 报文格式，出口方银行一次性将单据中存在的所有不符点准确、清楚地向开证行进行提示。

2. 不符点的表述准确。电提不符点首先应能准确地表述不符所在。内容全面、语言准确，对于其有效性至关重要。如果不谨慎对待，就会产生类似本案的风险。本案例中，若交单行按照信用证条款准确表述不符点，例如"CERTIFICATE OF ORIGIN NOT ISSUED BY CHAMBER OF COMMERCE IN INDONESIA DIFFER FROM L/C STIPULATION"，应不致产生后续争议。

二、进口方银行(开证行)

1. 审核报文。进口方银行在收到出口方银行发来的电提不符点报文时，应首先审核其报文格式是否使用有效的 SWIFT 加押报文，例如 MT799 或 MT750 等。如果仅使用了 MT999 无押格式报文，则需要立刻发报要求出口方银行证实，同时可以先行通知申请人；其次审核报文内容是否清晰、完整，报文所标明的信用证号码是否正确，如有异议，应及时要求出口方银行澄清。

2. 业务处理。进口方银行审核无误后，应及时书面通知申请人，告知其尽快进行书面答复。收到书面答复后，以加押 SWIFT 报文通知出口方银行。

3. 拒付处理。进口方银行在收到申请人的拒付书面申请后，应首先拒绝申请人对已接受的电提不符点再行拒付；其次要认真审核单据以确认是否存在电提不符点以外的实质不符点。如不存在，则立刻告知申请人按照规定时限付款。如存在，可以按照操作规程办理拒付。

此外，进出口方银行处理业务时，还应考虑以下因素：

一是必须关注贸易背景，避免信用证之外的因素影响信用证的正常功能。

二是银行需要谨慎处理大宗货物项下业务，避免信用证之外的因素对业务操作产生不利的影响。

三是银行要充分了解客户风险，避免他们阻碍正常业务的办理。

四是银行要严格按照内部操作流程行事。

五是银行要审慎处理客户的业务要求，一方面要做好客户服务，最大程度取得客户的理解和配合，另一方面要坚定保持而不是损害自身应有的良好的国际银行声誉。

交通银行北京市分行　詹子明

惯例条文滥排除，拒付风险共防范

案例经过

20××年10月27日，I银行开立信用证并由指定银行N银行转通知给交单行P银行。信用证要求提交清洁已装船(CLEAN ON BOARD)提单，并在附加条款中规定：排除UCP600部分条款，包括第14I，14K，18A IV，18B，27和30B条。

12月10日，受益人B公司通过P银行寄单给N银行。

12月17日，N银行向P银行发送MT734拒付电文，所列不符点如下：

1. 发票、装箱单和重量单的出具日早于信用证开立日。

2. 提单未显示清洁已装船(B/L NOT SHOWING CLEAN ON BOARD. AS PER L/C, ARTICLE 27 OF UCP600 IS NOT APPLICABLE)。

N银行所述的情形属实：B公司提交的发票、装箱单和重量单显示出具日为10月22日，早于信用证开立日；提单仅在预先印就的已装船栏位处打印了"22－NOV－20××"，未显示"清洁已装船(CLEAN ON BOARD)"字样。

N银行拒付后将单据转递I银行，I银行收到单据后发出MT734拒付电，所列不符点包括：迟交单和提单未显示"清洁已装船(CLEAN ON BOARD)"。

后经过买卖双方协商，申请人接受不符点，开证行于次年2月14日付款给受益人。

案例分析

本案中，指定行所提的两个不符点是否成立是值得商榷的。N银行所提的不符点在没有排除UCP的情况下显然不成立。因为UCP第14条I款明确规定："单据日期可以早于信用证的开立日期，但不得晚于交单日期。"UCP第27

条也明确规定："银行只接受清洁运输单据。清洁运输单据指未载有明确宣称货物或包装有缺陷的条款或批注的运输单据。'清洁(CLEAN)'一词无需在运输单据上出现，即使信用证要求运输单据为清洁已装船。"然而，在信用证排除了UCP 第 14 条 I 款和第 27 条时，N 银行所提不符点又是否成立呢？N 银行认为单证不符的逻辑可以推测为：第一，由于排除了第 14 条 I 款，单据的出具日就不得早于信用证开立日期；第二，由于排除了第 27 条且信用证规定要提交清洁已装船提单，因此提单上必须显示"CLEAN ON BOARD"字样。

N 银行的逻辑显然存在着问题。就第一条不符点，排除了第 14 条 I 款并不意味着单据出具日不得早于信用证开立日期。这有别于开证中比较常见的对UCP 该条的修改，例如在附加条款中明确规定"单据出具日不得早于信用证开立日期"。本案中开证行在排除该条款后并没有明确新的单据要求，信用证的指示显然是模糊不清的。因为 UCP14I 规定的是"单据日期可以早于信用证开立日期，但是不得晚于交单日期(A DOCUMENT MAY BE DATED PRIOR TO THE ISSUANCE DATE OF THE CREDIT, BUT MUST NOT BE DATED LATER THAN ITS DATE OF PRESENTATION)"。这个条款强调的内容应该是"但是"后面的内容，即"单据不能晚于交单期"，而不是"可以早于信用证开证日"，那么这个条款排除以后，并不能就此认定"单据必须晚于开证日"，完全可以理解为"单据日期晚于交单日也可以接受"。因此受益人提交的任意日期的单据都是可接受的。

关于第二条不符点，在排除了第 27 条后，由于信用证的条款中没有明确要求要显示"清洁"，而受益人提交的已装船提单并没有显示不清洁，因此不能认定该提单与信用证不符。单就排除第 27 条而言，也存在着多种理解。因为 27 条的核心精神并不是提单的"清洁"字样，而应该是"不含有不清洁批注"。如按指定银行的逻辑，那么信用证排除该条后，银行也将接受不清洁提单。而这显然是非常荒谬的。

根据 ISBP745 第 5 段，"申请人承担其开立或修改信用证的指示中所有模糊不清导致的风险；开证行应确保其所开立的任何信用证或者修改的条款没有模糊不清或互相矛盾之处"。显然，该案中申请人和开证行应承担相关单据不满足申请人意愿的风险。UCP 条款的排除与修改，在开立信用证时是一项比较特殊的条款，理应得到开证行和申请人的重视。在排除和修改 UCP 条款时，应措辞严谨，并提供新的明确的单据审核标准或特殊跟单信用证的操作方法。否则信用证对于 UCP 惯例的排除并不同于修改，排除后没有给出新的审核标准就不能以此作为拒付的理由。

结论与启示

惯例条款的排除，往往带来的是指示的不明确，受益人、指定行和开证行都可能对相同的排除条款有不一样的理解。因此，交单行或议付行在遇到排除惯例条款时，应按最严谨的标准审核单据，谨慎认定单据是否符合排除惯例条款后的信用证，在寄单前提示受益人开证行有可能利用信用证中排除部分惯例条款的漏洞进行恶意拒付的风险。

在单据因信用证排除 UCP 条款遭到拒付后，应该依据 ISBP745 对于信用证条款模糊不清的责任承担方的认定原则与对方据理力争，维护受益人信用证下的合理权益。

对于开证行来说，应务必保证所开信用证条款以及指示清楚明确，条款之间互相不矛盾。如果申请人有排除 UCP 相关规定的需求，应抱着合理谨慎的原则询问申请人这样操作的意图，并要求申请人给出明确且合理的单据审核标准作为已排除惯例条款的补充，而不应在不了解交易背景的情况下直接开立排除 UCP 部分条款且不提供新的单据审核标准的信用证。如果做不到这一点，也不应该根据自己的理解随意拒付。

此外，站在受益人角度，特别是在不了解交易对手背景的情况下，如果遇到排除和修改 UCP 条款的信用证，应谨慎对待，在无法准确理解信用证排除惯例条款的意图时，应及时联系开证行或申请人要求澄清或者寻求改证，最大程度地在事前降低单据被拒付的风险。如果无法得到对方的澄清或改证，而又必须在信用证条款不明确的情况下交单，那么制作和审核单据时需要考虑周全，否则万一遇到无理拒付的情况，靠事后的交涉沟通来解决争议并不是一件容易的事情。

交通银行总行国际结算中心　金欣然　杨云

交单行要求被拒，承兑电勿发他人

案例经过

20××年9月5日，B银行应境内M公司要求开出不可撤销360天远期人民币议付信用证，金额为CNY72 309 997.58，兑用银行为ANY BANK BY NEGOTIATION，并经新加坡某银行通知给受益人R公司。

9月9号，B银行收到R公司通过S银行提交的一套该信用证下的单据。

9月10日，B银行收到S银行发来的MT799电文，声称S银行本应将单据邮寄给C银行。为便于C银行议付（TO FACILITATE THE NEGOTIATION），请直接发承兑电给C银行。

收到电文后，B银行与申请人M公司商议，能否进行退单，再重新通过议付行提交。同日，即9月10日，S银行又发来MT799电文，要求不需要退单，只需要直接发送承兑电文给C银行并到期向C银行偿付。

9月10日，受益人R公司打来电话，亦告知，能否把承兑电发往C银行。交单行S银行也打来电话，承认自己所犯的错误，未按照受益人R公司指示将单据转交C银行，要求B银行将承兑电发往C银行，同时表示，愿意按B银行要求出具相关说明。

B银行告知S银行，C银行并未表明其态度（实际S银行告知，C银行也不肯主动联系B银行），故坚持将承兑电发往S银行，若C银行有议付需求，这是S银行和C银行之间的事情，双方可自行协商。若坚持发给C银行，S银行可发电告知已款项让渡，并提供C银行的汇款路线。

9月11日，S银行发来MT799电文，表示接受向其直接发送承兑电。

案例分析与结论

本案的焦点在于两个问题：首先C银行是否可以做议付，其次B银行是否可以将承兑电发往C银行。

一、C银行是否可以做议付?

UCP600中规定议付的定义为：指定银行在相符交单下，在其应获偿付的银行工作日当天或之前向受益人预付或者同意预付款项，从而购买汇票(其付款人为指定银行以外的其他银行)及/或单据的行为。

很明显，议付需要有几个前提，第一该银行应是被指定行，第二要单证相符，第三是预付或同意预付款项。本案中，由于兑用方式是"ANY BANK BY NEGOTIATION"，那么任何银行均为指定银行，在这一点上，C银行可以取得指定行地位。可是C银行在其并未收到单据的情况下，即作出同意议付的表示，却让人费解。它如何判断单据与惯例、与银行实务，乃至单证、单单之间相符？按照UCP600的规定，只有单证相符的单据才受惯例保护，才能得到开证行的偿付。C银行在未收到单据的情况下，显然不具有进行议付的条件。

退一步说，C银行确实在未收到单据下作了议付，如果单证不符，其无法取得向开证行的代位求偿权，并不能得到开证行的偿付。

根据UCP600第39条款项让渡，信用证未注明可转让，并不影响受益人根据所适用的法律规定，将该信用证项下其可能有权或可能将成为有权获得的款项让渡给他人的权利。若受益人与被指定银行有融资关系，确实可将信用证项下款项让渡给银行，被指定银行可以以受让人的身份向开证行索偿。但是这不受UCP600的约束，适用的是某国的法律规定。

因此笔者猜测，虽然根据受益人指示，C银行本可以在信用证下做出议付行为，但在S银行的错误操作后，第一次MT799的电文中的"NEGOTIATION"一词，并不能理解为议付的意思，而变成了C银行对该笔信用证下做的一种款项让渡行为或融资行为，其仅仅取得了信用证下的款项受让人身份，而非信用证下的权利受让人身份。所以不论是否为议付信用证，不论单据是否相符，只是先行垫款融资，C银行不是议付行，从而无权得到开证行的偿付，故此才希望得到开证行授权，再操作之后的流程。

二、B银行是否可以将承兑电发往C银行?

笔者认为,B银行不能仅凭S银行的MT799电文,就转而将承兑电直接发往C银行。

第一,上文提及,C银行在未收到单据的情况下,其在本业务项下处于何种地位并不清楚,而且C银行也未告知其参与到这笔业务中。

第二,如果B银行将承兑电发给C银行,那么就意味着B银行向C银行作出了信用证项下承兑,到期会将款项付给C银行。既然C银行得到开证行付款承诺,它当然可以进行议付或者融资,再向开证行索偿。而S银行才是信用证下真正的交单行,同时也是信用证的指定银行,到期依然有向开证行要求偿付的权利。

第三,根据UCP600规定,开证行的指定人按照开证行的指令善意做出某项行为,那么即使认定有欺诈,也不得裁定止付信用证。因此如果承兑电发给C银行,实际上开证行是认可了C银行的指定地位,认为其所做的一切是受开证行授权的,笔者认为C银行凭借开证行的承兑电做出议付或者融资后,即取得了善意第三方地位,此时一旦出现欺诈,开证行将无权利用欺诈例外原则不付款,因为此时止付的受害者是指定银行而非欺诈者。

三、转口贸易下风险

其实B银行要求M公司退单时,M公司告知该笔业务是转口贸易,它已经同意承兑并已经将单据交给下家,而下家也已经去提货,所以不是不想退单,而是无单可退。

20××年9月5号,开出信用证,9月9号,B银行即收到信用证下的单据,9月10号,M公司即赎单,交给下家。在短短一星期内,即将贸易项下流程全部走完。同时这个消息,对方银行很快就知道,并发电文来说不用退单,申请人也电话告知不用退单,是否意味着申请人与受益人之间关系非同一般,该笔业务贸易背景有待商榷。

人民币升值的今天,在跨境人民币结算有种种贸易便利的多重影响下,贸易商采取转口贸易的动机已经不纯粹关注于贸易本身,而是渐渐向融资套利工具转变。很多企业关注的已经不是能在货物上赚取多少价差、获得多少利润,而是专注于该笔转口贸易中如何能获得较多融资、较多利差汇差。要求提单应提交全套正本,仓单应为正本实名仓单,关注企业贸易背景真实性就成了一个业务流程前后所有手续中的重中之重了。

交通银行总行国际结算中心　於君俊　常崑

慎于通知行选择，防范受益人风险

案例经过

20××年6月，I银行收到C公司递交的一份开证申请书，受益人为俄罗斯B公司，贸易背景是C公司从B公司进口价值数百万美元的废旧钢材。开证申请书中指定的通知行（B公司提供）为英国当地某不知名银行。C公司表示该公司第一次与B公司做贸易，对B公司的资信情况不甚了解，担心贸易欺诈，同时也不想错失这次贸易机会。C公司希望I银行在信用证条款的拟定上，能够比较好地帮助其控制风险。

I银行在了解C公司的需求后，提出以下意见：一是慎重选择通知行，建议选择I银行熟知并有良好合作关系的A银行作为通知行。I银行与A银行在开证行所在地的S银行，平时有很好的合作关系。如有特殊问题发生，I银行可以通过S银行及时向A银行了解情况；二是严谨拟定信用证条款，避免存在漏洞，最大程度地防范单据造假的风险。C公司采纳I银行的意见，如期开出信用证，经A银行通知。

信用证开出后的第三天，I银行收到A银行的MT799电文，内容如下：根据UCP600第9条E款之规定，我行不予通知该信用证并已做闭卷处理。I银行收到报文后，一时无从判断A银行不通知该信用证的原因。I银行第一时间通知C公司相关情况，同时立即与S银行联系，请其与A银行沟通，了解不予通知信用证的具体原因。S银行通过电邮和报文的形式及时向A银行查询原因。几天后S银行的反馈信息表明，B公司虽为A银行客户，但其经营状况和资信情况每况愈下，A银行正在解除与B公司的合作关系。因此，A银行依据国际惯例做出了不予通知的决定。I银行获悉以上信息后，立即将相关情况告知C公司。不久，C公司来电感谢I银行为其防范了贸易风险，同时表示由于对方资信不佳，停止与B公司的业务往来。

案例分析

从以上案例可以看出，申请人在开立信用证时，谨慎选择通知行是何等重要。如果当时申请人没有按照开证行的建议，选择与开证行有良好合作关系的银行作为通知行，那么原来指定的通知行可能不了解受益人的资信情况，或者即使了解，该银行也只是简单地按照惯例通知受益人而已。若此，申请人就无法如本案所描述的那样幸运了，如果不能了解到受益人的真实资信状况，其将会承担很大的受益人信用风险。

开证行还需要提醒申请人，在与不熟悉的客户初次进行贸易的时候，须谨慎开立信用证，尽可能避免一些意想不到的风险。申请人应通过多种途径了解客户的情况，尤其是资信方面的信息，一旦了解到客户资信不佳或经营困难，应及时采取措施，防范或降低交易风险和损失。开证行应给予申请人尽可能多的帮助和服务，避免申请人的风险也是避免开证行自身的风险。

结论与启示

在某些情况下，开证行仅仅按照申请书要求开立信用证是远远不够的，还应尽可能多地了解一些买卖双方的贸易背景，以及其客户申请书背后的真实意图。

谨慎选择有利于信用证通知和交涉的银行作为通知行，可以保证信用证通知前后，就信用证或客户等方面问题，能进行及时有效的沟通和解决。正如本案例，开证行较为充分地考虑了客户的需求，选择了合适的通知行，在突发情况出现时，能够从容应对，协助客户有效地防范受益人的信用风险。

交通银行总行国际结算中心　陆新民

信用证跨境支付，人民币合理安排

案例经过

2013年11月初，B公司通过南非I银行开立信用证给A公司，币种为人民币，偿付行为C银行。A公司于12月底制单后通过我国N银行交单，N银行在核对单证无误后寄单。I银行于2014年1月2日以MT752电文通知N银行，电文栏位23中指出已汇款，付款起息日为1月3日。

直到1月6日，N银行仍未收到相应款项，立即发报给I银行催促付款。由于仍未收到电报，于1月10日再次催收，语气强硬，表明要追讨迟付利息。

1月14日，N银行收到I银行的MT752报文，在栏位23中表明授权索汇，N银行于当日向C银行进行索汇。第二天N银行收到C银行电话，表示既未收到I银行授权，又与I银行无跨境人民币往来账户，所以无法付款。N银行得知后，立刻向I银行进行质询。

为尽快解决问题，N银行与C银行的跨境人民币业务处理中心联系，答复是未与I银行开立跨境人民币结算账户，无法办理相关业务。N银行迅速将情况通知客户，并通过"人民币跨境收付信息管理系统"(下称RCPMIS)查询与I银行跨境人民币账户的关联银行，结果发现C银行南非分行与I银行开立了跨境人民币账户，只要指示I银行将款项汇给C银行南非分行，再由其转汇给I银行香港分行，N银行就可通过大额支付系统收到相应款项。

1月21日，N银行立刻电告I银行要求支付，I银行通过C银行南非分行支付，之后却汇给C银行上海分行，由于C银行上海分行与其南非分行无跨境人民币账户，款项被退回。第二天，I银行又按照正确路径付款，N银行终于收到迟延的款项。

案例分析

本案是银行处理跨境人民币信用证业务的实例，反映出银行在处理业务时缺乏实际操作经验，以及存在知识的漏洞。

本案中南非I银行作为开证行，开立跨境人民币信用证时按照一般国际惯例机械规定偿付行（即C银行），授权受益人银行在单证相符前提下，寄单给开证行同时向偿付行直接索偿，以便达到迅速收汇作用。偿付行与开证行之间应该有账户关系，用于业务往来清算。而I银行与境内C银行之间未开立跨境人民币清算账户，开立信用证时错误指定偿付行，这就使N银行无法正常收汇。说明I银行在办理跨境人民币信用证业务时，缺乏实际操作经验。

本案中N银行作为受益人银行，按照一般国际惯例，在开证行授权索汇时，直接发报给偿付行索要款项。N银行知晓偿付行无法支付时，立刻向I银行质问。由于未得到任何答复，便向C银行的跨境人民币处理中心了解情况，之后使用RCPMIS系统才终于了解到正确的收款路径。这表明N银行对跨境人民币业务结算存在知识空白。如果N银行收到I银行授权时，首先使用RCPMIS系统查找境内C银行与I银行之间是否开立跨境人民币往来清算账户，就会及时了解实际情况，采取相应措施，给开证行提示，使其可以按照正确路径付款，尽可能加快事情的解决速度。

结论与启示

随着人民币在国际中的地位显著提高，使用人民币进行结算的国家和地区增加，促进了跨境人民币业务的迅猛发展。跨境人民币信用证业务与外币国际信用证业务的根本区别实际上就是偿付方式不同。外币国际信用证主要是按照《银行间偿付统一规则》（URR725）规定，在该币种为本币的国家或地区设立清偿机构，只要任一银行总行在该国建立账户行，就可使该行总行或其下属分行在账户行通过清偿机构进行结算处理。例如，美元清算就是在美国选择一个代理行建立账户行，并通过CHIPS系统进行清算；而跨境人民币不仅要参照此要求，还要根据《跨境贸易人民币结算试点管理办法》（中国人民银行财政部商务部海关总署国家税务总局中国银行业监督管理委员会公告）、《跨境贸易人民币结算试点管理办法实施细则》及《关于扩大跨境贸易人民币结算试点有关问题的通知》规定,清算机构只有中国人民银行,清偿方式不是通过总行,而是各自分行之间或分行与其他行跨境人民币处理中心建立的跨境人民币清算账户通过人民币大额支付系统(CNAPS)进行结算。此案就是由于南非I银行忽略跨境人民币结算与外币结算不同,而按照外币信用证结算方式随意指定自己的代理行作为偿付行,导致即使授权索汇的情况下,偿付行也无法支付的结果。鉴于跨境人民币清偿方式特点,笔者建议办理相关业务时,我国客户和银行还需要注意以下几点:

1. 客户之所以使用跨境人民币信用证业务,首先是可以降低涉外企业成本。跨境人民币结算业务能帮助企业提前锁定成本和收益,规避汇率变动风险,节约换汇成本,财务收益明显增加,提高资金使用效率。其次是可以引入境外低成本资金,促进制造业、能源矿产和交通运输体系的建设。客户在办理跨境人民币信用证业务前,应该与对手公司有过成功的跨境人民币汇款业务,对手公司熟悉款项的付汇路径,汇路通畅,以保证跨境人民币信用证项下款项正常收汇。

2. 我国银行作为进口方银行(即开证行)开立跨境人民币信用证时,应清楚跨境人民币业务的结算特点,应提醒申请人注意,对手国是否可以办理跨境人民币的结算业务;应在需要的时候,审慎选择偿付行,不能按照一般国际惯例指定与本行未开立跨境人民币账户的银行,因为这样即使授权后偿付行也无法付款,导致受益人收汇延迟,可能会承担产生迟付利息。

3. 我国银行作为出口方银行(即议付行或交单行),应着重注意以下几点:

第一,营销到位。跨境人民币业务对于我国银行来说是新的业务增长点,我国银行应抓住时机,不遗余力地向客户宣传跨境人民币交易的优势。一是可用人民币锁定汇率,规避远期汇率变动风险;二是可以即时到账,消除由于时差造成的收汇延迟;三是进出口收付款无需兑换,避免由于汇兑产生的财务成本;四是无需办理外汇核销,免除原有环节和手续;五是出口退税手续更加简便,流程更加快捷;六是方便客户办理各种贸易融资,不会给客户增加额外财务负担。

第二,认真把关。我国银行收到跨境人民币信用证时,应首先关注开证行的情况,跨境人民币业务的办理现在主要集中于亚洲、欧洲等国家,如果开证行是非上述国家或地区的,应提示受益人确认是否可以办理;另外如发现信用证中指定国内银行作为偿付行,应及时通过RCPMIS系统查询指定行与开证行之间是否存在跨境人民币清算账户关系,如果没有,应及时查找关联银行同时通知受益人。如果受益人第一次办理跨境人民币信用证业务,应询问其之前是否有相关汇款业务的经验,如果没有,应该协助其查找正确收款路线。

第三,正确指示、及时催收。寄单时,我国银行务必在面函上表明正确的付款路径，表示方法与其他币种的国际信用证不同，因为是通过大额支付系统进行清算，一般与国内信用证类似，需要详细表明本行的联行行号、本部门挂账账号，同时要求国外银行在付款通知中引用本行出单编号，这样才能使国外银行按照正确指示付款。寄单后我国银行应按照国际惯例办理，在开证行收到的第五个工作日后，按时办理催收，如果未得到及时答复，应查询付款路线是否存在问题，同时通知受益人迅速与申请人沟通，尽快查找问题所在，争取款项尽早收汇。

总之，从我国宏观经济来说，跨境人民币业务可推动人民币国际化，继续提升人民币国际地位。从微观经济来说，为客户增加了贸易币种选择，规避了汇率波动风险；对银行来说，增加了业务增长点，提高了中间收入水平，提升了盈利水平。银企需要紧密合作，共同促进跨境人民币业务顺利发展，实现真正意义上的双赢。

交通银行北京市分行　詹子明

通知行未给正本，受益人交单受阻

案例经过

本案例相关背景如下：

业务类型：出口信用证交单

开证行：N 银行

通知行：H 银行(上海)

交单行：C 银行(海南)

修改前受益人：F 公司

修改后受益人：G 公司

20××年 11 月 2 日，C 银行的离岸客户 G 公司提交了一套信用证下出口单据，发票金额为 USD30 617.60。G 公司出示了信用证第一次修改正本，N 银行开出信用证的电文回执副本(电文内容不完整)，未出示信用证正本。

C 银行审核发现，该信用证系孟加拉 N 银行开立，信用证及修改由 H 银行通知。信用证的受益人为 F 公司；信用证修改将受益人修改为 G 公司。

据 G 公司称，交单所涉信用证正本仍在 F 公司处，无法取得；信用证副本是申请人提供；修改正本则是由 H 银行直接寄送 G 公司。

C 银行致电 H 银行就相关情况进行查询。H 银行答复称，在向 G 公司通知修改时，该行并未从 F 公司收回信用证正本，并认为 F 公司应自行将信用证正本交予 G 公司。同时确认，该信用证目前只有一次修改，并且 F 公司已经通过其向 N 银行发报确认同意接受此次修改。

经过综合分析判断，C 银行最后决定有条件接受 G 公司的委托，在该信用证下向 N 银行寄单索汇。条件是 G 公司必须出具交单声明以免除 C 银行的相关责任，即其同意 C 银行在寄单面函上如实注明无信用证正本交单的情况；若 N 银行因 C 银行无信用证正本为由拒付或退单，其将自行承担相应全部风险与费用，与 C 银行无关；若 F 公司与其在此交单下发生任何纠纷均与 C 银行无关。

G 公司出具了上述声明，C 银行则在交单面函上声明：无信用证正本交单，无法批注交单金额；贵行应审慎处理并自行承担风险；若付款，我行将视其为无追索的最终付款。

11 月 9 日，N 银行签收单据，但在 UCP 规定时限内未作出任何反应。C 银行建议 G 公司加强与申请人联系，督促其尽快付款。

11 月 24 日，G 公司收到 N 银行的付款。

案例分析

在信用证交易中，信用证正本的意义在于开证行/指定银行/交单行通过审查其表面真实性及进行适当批注，起到准确记录交单信息，控制受益人重复交单风险的作用。因此，无论信用证是否要求指定银行/交单行在正本上批注交单信息，绝大部分银行都会要求受益人交单时必须出示信用证正本及进行适当批注，并将已批注信息在交单面函中明确告知开证行。这种国际标准银行实务，既是信用证交易安全的要求，又是信用证结算效率的保证。相关银行都应按此标准行事；否则，就可能承担风险，甚至遭受损失。

但实务中，银行有时也不得不处理无信用证正本交单业务。出现这种情况的原因可能有很多，如信用证正本遗失、损毁等。本案中的原因非常特殊，是通知行根本未提供信用证正本。

就本案而言，H 银行信用证通知行为极不规范，表现为以下几个方面：

1. 业务管理存在漏洞。由于信息有限，我们无法知道 H 银行确认 F 公司接受修改的具体依据是什么。但无论如何，在信用证修改将受益人修改为 G 公司，又明知信用证正本存在的情况下，不将其从 F 公司收回，H 银行就确认信用证修改已被接受的依据都是不充分的。因为在 G 公司接受信用证成为受益人时，F 公司仍然持有一份表面上有效的信用证，其仍然有可能进行交单（真实单据或欺诈单据）并从其他指定银行获得融资。发生这种情况，说明 H 银行信用证通知业务管理方面存在漏洞。

2. 操作理解存在偏差。H 银行“认为 F 公司应自行将信用证正本交予 G 公司”的观点是极其荒谬的。首先，这纯属主观臆断，F 公司没有这样的义务。本案中，F 公司事实上也没有将信用证正本转交 G 公司。其次，信用证由 F 公司转交本身是不合适的，不符合银行通知信用证的业务实践。本案中，即使 F 公司愿意并已经转交信用证正本,如缺少 H 银行的证实,G 公司、C 银行等相关当事人仍无法确定信用证的真实性。H 银行的上述观点,说明该行对信用证通知操作的理解方面存在严重偏差。

3. 通知行为严重缺位。对于通知行来说,通知信用证/修改的行为本身,表示其已确信信用证/修改的表面真实性,而且其通知准确地反映了其收到信用证/修改的条款。本案中,H 银行只是将信用证修改正本通知 G 公司,并未将信用证正本通知 G 公司。单独一份信用证修改对于受益人没有任何意义,根本不具有可执行性。因此,H 银行的信用证通知行为严重缺位。

结论与启示

本案中,H 银行业务管理的漏洞、对操作理解的偏差和通知行为的缺位,不仅给自身造成操作风险和信誉损失,而且也给相关当事人的后续处理带来一系列的困难和风险。下面,我们从受益人、交单行和开证行的角度出发,简要分析一下他们在本案中承担的潜在风险并提出相应对策。

受益人没有从通知行获得信用证正本,这是极其不正常的。此时,受益人应意识到三个主要风险:

1. 信用证可能不存在或者不确切。一般而言,若受益人收到的信用证并非正本,也非通过银行渠道传递,那么该信用证的真实性、准确性就值得怀疑了。本案中,信用证修改经由国际知名 H 银行通知,尽管无正本,信用证不存在的风险应该说还是比较低的。也可能正是基于对 H 银行的信任,G 公司才没有要求其必须提供信用证正本。但对 G 公司,无论如何,缺少信用证正本始终是一个不确定因素,不仅是风险问题,而且将直接影响后续业务处理。

对策:G 公司应要求 H 银行提供信用证正本。

2. 交单行肯定无法正常处理交单。如前所述,为控制重复交单风险,交单行都会要求受益人提供信用证正本。若受益人无法提供,则交单行或者在做好风险防范措施的前提下叙作,或者拒绝办理。任何银行(H 银行除外)收到 G 公司提交的单据,都无法按照一般的程序来处理。本案中,C 银行的相关要求,是完全合理的。

在未进行融资、只转递单据的情况下,交单行一般不存在风险。因为,交单相符与否、付款与否,本质上只是受益人和开证行之间的问题。但在特定情况下,交单行若仍按通常的程序处理的话,自己就会承担潜在风险。以本案为例,假设G公司先凭借信用证副本在C银行交单，后又凭信用证正本在其他银行交单并获得善意的融资，N银行偿付C银行后，发现自己还可能要承担对另一家银行的偿付责任。显而易见，N银行必然要向C银行进行追索。也就是说，在此情况下，C银行会承担G公司重复交单并给善意行事第三人/开证行造成损失的风险。

对策：G公司应通过H银行（注：按其之前观点，仍可能要求G公司出示从F公司取得的信用证正本）向开证行进行交单；如通过其他银行交单，应配合交单行要求，积极提供相关材料，促进单据尽早送达开证行，对此类无正本交单信用证不得叙作融资。

本案中C银行的做法相当到位，值得借鉴。总结起来主要有以下几点：

（1）全面了解无信用证正本交单背景。C银行不仅是从G公司处了解情况，并且主动与H银行进行确认。通过两方说法的相互印证，C银行能够更加准确全面地了解到真实背景，有效降低风险。

（2）多方咨询综合考虑制定处理方案。遇到特殊情况，C银行经办人员不是自行处理，而是在内外部多方征求意见，综合考虑客户资信情况、银企关系、H行回复及自身风险等多种因素，制定出具体的处理方案。

（3）客户确认处理及告知开证行实情。C银行的方案概括起来是一确认一告知，即，G公司确认其同意C银行的处理方式，知晓并承担无信用证正本交单的所有风险；告知N银行无信用证正本交单的事实，并请其最终付款。明确告知N银行，C银行能够消除N银行收到重复交单时向自身追索款项的权利；G公司确认相关事宜，C银行可以有效降低G公司与自身发生纠纷或者与他人发生纠纷而导致自身卷入的风险。

3. 开证行可能延迟或者拒绝承付。如果信用证中未明确要求交单必须包括信用证正本，那么开证行无权拒绝承付受益人的相符交单，即使交单时未能出示信用证正本。但我们必须注意到，一方面，发生特殊情况时，很多银行往往偏重维护自身及客户利益而置国际惯例于不顾，开证行有可能拒绝非信用证正本下的相符交单。另一方面，若获悉受益人并非凭信用证正本交单，开证行采取适当措施防范自身风险也不是不合理的，某些措施可能延迟受益人的收汇进程。本案中，G公司的收汇就有所延误。

开证行也存在潜在的风险。银行应仅基于单据本身确定其是否相符并承付相符交单，这是信用证生命力的根本所在，但同时也要求银行必须承担纯粹单据交易可能带来的风险。本案中，N银行的风险在于：在C银行明确告知G公司无信用证正本交单，自己承付的情况下，若有其他指定银行在信用证正本下提交相符交单且告知已承付/议付，那么N银行可能还要向该指定银行进行偿付。这种潜在风险，应是N银行收到C银行交单后，迟迟不回复、延迟付款的主要原因。

虽然事出有因，但N银行不回复、迟付款的行为有违惯例精神。实际上，N银行可以采取一些积极措施来解决问题。

对策：加强与当事人沟通，“积极审单、了解事实、展示姿态、落实保证”。积极审核交单。若交单不符，可先行拒付，解除自身的付款责任，交由申请人与G公司在信用证之外解决。如此，N银行后续处理会更加主动和从容。若交单相符，应积极采取其他行动，避免自身行事超出惯例允许时限，如 与C银行沟通，了解无信用证正本的背景，告知其正在积极处理这一问题。这样既能够获取进一步的信息，又能够展示出负责任的良好姿态，同时也可以取得C银行和G公司的理解，争取更多时间。与H银行沟通，再次确认F公司是否已经接受修改和是否未向G公司提供信用证正本。若C银行传递的信息可以得到证实，风险发生的可能性将大幅降低。与申请人沟通，告知其相关情况，确认承担重复交单风险。

此外，对N银行而言，通过信用证修改来变更受益人的做法本身就有待商榷。这无疑会“增加”信用证的当事人，使得他们之间关系趋于复杂，尤其在缺少通知行和原受益人有效配合的情况下，开证行的风险越发突显出来。因此，本案中N银行的风险很大程度上是由自身的不良行为造成的。开证行处理类似问题的好的做法应是取得原受益人的同意撤销原证，然后向新的受益人直接开立信用证。

交通银行海南省分行　严俊

出口信用证催收，实战好经验总结

案例经过

20××年12月10日，孟加拉国I银行向N银行开立金额为USD11 884.80的不可撤销假远期信用证，开证申请人为孟加拉国T公司，受益人为我行客户Y公司。Y公司是N银行新拓展的客户，由于第一次办理出口信用证业务，因此在收到N银行的信用证通知后十分谨慎，多次询问有关假远期信用证的特点及相关单据的制作等问题。

次年3月28日，Y公司向N银行提交了该信用证项下的全套单据，交单金额为USD11 884.80。N银行认真审核单据，并经Y公司多次修改和确认后，于4月3日向I银行一次寄单。然而，直到4月21日，N银行不但没有收到任何付款信息，而且也没有收到任何不符点反馈。因此，N银行分别于4月21日、29日和30日向I银行展开催收，N银行在催收电文中表明UCP600中规定的5个工作日审单时间已过，而且I银行没有对相关单据提出不符点反馈，根据UCP600第16条，N银行认为I银行已经接受了相关单据，请I银行立即付款。但是，I银行对上述催收均未进行回复。与此同时，Y公司开始不停地发邮件、致电T公司，但T公司始终不回复邮件，不接听电话，Y公司因此倍感焦虑。

随后，N银行开始加大催收力度，分别于5月4日和5日再向I银行发出催收电文，并要求其偿还因到期未付款而产生的逾期利息。5月6日，I银行终于作出回应，表示“将按照信用证条款规定”于远期到期日11月1日付款。对于I银行的蓄意拖延付款行为，N银行引用信用证中明确约定的假远期条款提出坚决抗议，并继续追加逾期利息。同时，Y公司开始向我国驻孟加拉国大使馆商务参赞处求助，我国驻孟加拉国大使馆商务参赞处向N银行和Y公司取得I银行和T公司的联系方式后，马上致函I银行和T公司，要求其按信用证规定立即偿付拖欠Y公司的款项。

5月9日,N银行终于收到从I银行汇来的信用证款项,金额为USD11 669.80,并于当日解付给Y公司,整件事情圆满解决。

案例分析

利用UCP600第16条D款"第16条C款要求的通知必须以电信方式,如不可能则以其他快捷方式,在不迟于自交单之翌日起第五个银行工作日结束前发出"以及第16条F款"如果开证行或保兑行未能按照本条行事,则无权宣称交单不符",出口商银行通常可以在信用证催收中有效地保护自身权益。然而,在国际上,部分银行罔顾国际惯例,对出口商银行的催收电文置之不理,往往导致催收电文如石沉大海。而且,出口商银行实际上可选择的催收方式其实也并不多。其中,当然可以诉诸法律,但采取诉讼或仲裁等方式耗费大量人力、物力,不切合大部分分行实际。因此,事前防范,事中落实应收账款管理,事后加强对拖延付款的打击力度,是提高出口催收管理水平的关键。

结论与启示

信用证是重要的国际结算工具,广泛运用于国际贸易当中。在我国,将近20%的对外贸易都是通过信用证支付的。而在珠江三角洲这样的以出口为主导的地区,出口信用证业务的占比尤为突出。因此,作为出口信用证业务的最后一环,加强出口催收管理,提高出口收汇效率,直接影响银行出口单证的服务质量,也关系到银行国际业务的品牌建设。要做好此工作,我们需要在事前、事中、事后分别做好管理。

一、事前管理

1. 关注世界政治、经济动向。一国的政治、经济因素影响着企业的发展,事实上,拖延付款总是发生在政治、经济局势不稳定的国家。因此,掌握世界政经脉络,提醒客户审慎办理高风险国家业务,能有效防止拖延付款的发生。

2. 关注总行的同业风险提示。总行国际部每个月都会在内部网下发"同业风险提示表",汇总各类有关国际制裁、业务纠纷以及拖延付款的信息。表中内容包括国家地区、银行名称、SWIFT代码及风险因素等,信息丰富而且简单明了。目前，拖延付款主要发生在阿尔及利亚、孟加拉、希腊等国。充分利用此类触手可及的资源，在客户发生交易前及时提醒其做好应对措施，能够大大降低收汇风险。

3. 了解客户的交易对手。尝试通过互联网、商会、信保公司或者银行获取关于国外进口商的信息。通常，是否与银行有长期合作关系且业务稳定，是否在行业中拥有良好声誉，公司网站的设计是否精良和信息是否完整，这些都可以作为评判国外进口商的依据。此外，在日常工作中，我们还可以记录下涉嫌拖延付款的国外进口商信息，当有其他客户与这些进口商发生交易时，我们则可以马上向客户作出提示。

二、事中管理

1. 加强业务台账管理，密切关注未闭卷交易情况。建立完善的业务台账，坚持每天查看每笔业务的收汇情况，对于逾期未收汇的业务要立即向外发送催收电文，同时还应及时向客户反映真实情况。

2. 加强催收电文的催收质量，必要时采取严厉措辞。常用的催收电文只适用于大部分遵守国际惯例的银行，对于少部分漠视国际惯例、无故拖延付款的银行，要坚决在催收电文中加入惩罚条款，迫使其尽快付款。比如，在催收电文中加入罚息条款。以下选自 N 银行在上述案例中所用的催收电文模板，仅供参考："SINCE YOUR PAYMENT SHOULD HAVE BEEN EFFECTED ON OR BEFORE ××××××, THEREFORE YOU ARE KINDLY REQUESTED TO MAKE THE TOTAL PAYMENT FOR USD11 911. 20 AT LATEST ON XXXXXX IN ACCORDANCE WITH OUR PAYMENT INSTRUCTION, WHICH REPRESENTS THE BILL AMOUNT USD11 884. 80 PLUS THE DELAY INTEREST USD26. 40 AS CALCULATED AT THE RATE OF 6. 152 2 PCT P. A. FROM ×××××× TO ××××××."

3. 充分利用第三方力量进行催收，比如华人商会、我国驻外使领馆。华人商会遍布世界各地，他们大多与当地社区、工商业界保持紧密联系。我国驻外使领馆设有商务参赞，负责同驻外外贸部门进行联系和交涉，向本国主管部门报告驻在国的经济、贸易发展情况，准备贸易协定的签订工作并监督其执行，签订或协助签订重要的贸易合同。信用证虽然独立于商业合同之外，但是在出口催收中不要墨守成规，必要时辅以第三方力量的帮助，催收的效力会大大增强。

三、事后管理

1. 对无故拖延付款的银行建立黑名单管理。比如，建议客户今后不要再接纳该银行开立的信用证，让其通知国外进口商选择其他资信良好的开证行；或者，在取得客户同意的前提下，拒绝通知该银行开立的信用证；又或者，在收汇后按拖延付款的实际天数扣罚利息，可引用以下报文格式（范例）："YOU ARE KINDLY REQUESTED TO DRAW ATTENTION REGARDING THE ABOVE BILL THAT YOUR REMITTANCE EFFECTED ON ××××××. HOWEVER IT SHOULD HAVE BEEN MADE ON OR BEFORE ××××××. PLEASE REMIT TO OUR HEAD OFFICE ACCOUNT NO. WITH COMMUS33A DELAY INTEREST AMOUNTING TO USD 59.61 AS CALCULATED AT THE RATE OF 4.233 3PCT P.A."

2. 做好案例分析和经验总结。每一笔出口催收业务结束后，记录下开证行和申请人的名称，若以后遇到同样的开证行或申请人，可以立即提醒客户注意收汇风险，密切关注收款情况。另外，总结经验教训，思考是否还有值得改善的地方，进一步提高出口催收的质效。

综上所述，出口信用证业务流程繁琐，涵盖信用证通知、客户交单、银行审单、寄单、出口收汇、催收等众多环节，每个环节都影响着客户对银行的服务体验。同时，客户对银行的评价也是多方面的，包括服务态度、专业知识、工作效率等。出口催收作为出口信用证业务的最后一环，如何缓解客户由于未能按时收款导致的焦虑情绪，如何利用专业知识为客户提供服务，如何尽早追回应收账款，全面体现着银行的整体服务水平。因此，通过单证业务处理的事前、事中、事后三个阶段，全面加强出口催收管理，不但能提高客户对银行服务的满意程度，还能有效规避收汇风险，保障银行和客户的资金安全。

交通银行广东省分行　罗进港

入侵邮箱改账号，诈骗货款被识破

案例背景

近期国内多省市、多家银行频繁发生外籍人员（主要为非洲籍）持虚假护照开户并接收、转移诈骗资金的案件。其作案手法高度相似，通常通过网络黑客团伙攻击国内外贸企业客户的电脑、邮件系统，恶意篡改受益人信息（如付款发票、账户信息），致使一些本应汇至其他省市地区的汇款，被错误地汇至了网络黑客在境内银行开立的个人账户，并造成资金恶意提取的情况。

诈骗分子通常持虚假护照在多家商业银行开立非居民个人账户，然后利用黑客技术入侵外贸企业电子邮箱，获取其客户相关交易信息，利用该邮箱地址进行诈骗。以该企业名义向客户发送邮件称该公司往来款入账账号、户名变更为诈骗分子事先开立的账户信息，收到款项后，立即全款提现或办理结汇并分散至不同网点取出。

伴随着中国“走出去”步伐的不断加快，中小进出口企业面临着越来越多的机遇、挑战和风险，商业银行如何加强国际金融诈骗案件的风险识别和防范能力，更好地保障企业资金安全，是各大银行亟须关注和解决的问题。

案例分析

一、线索发现

20××年4月，××银行××分行营业部先后收到一位塞内加尔籍客户跨境汇入汇款三笔，资金分别来自英国、印尼和中国香港，且该客户收款信息中所显示的地址完全不同。资金信息的异常引起了柜面人员的警惕，为确保业务背景真实，该行通知了客户资金情况，并告知客户提供相关附件资料。在与客户进行沟通的过程中发现，该客户对其职业的表述前后不符，先说自己是留学导游，后又在核实资金性质时改口说自己是商人;同时在整个过程中客户对工作人员的态度也有别于一般客户,显得异常热情,且全额取现或结汇的意愿表现得非常迫切。

根据《人民银行洗钱风险提示》(2014 年第 1 期[总第 11 期])和中国人民银行反洗钱局下发的《高风险客户可疑交易情况通报》(局函[2011]447 号)中所提示的网络黑客诈骗行为、外籍人员(主要为非洲籍)涉嫌持假护照办理汇入汇款和速汇金汇款业务行为特征,经该行领导商议后决定,由支行柜面接待人员暂时安抚客户,并在其离开后开始进行客户背景资料的真实性调查。

二、可疑交易疑点分析

经过两天的对客户身份信息和背景资料的调查发现,该客户信息疑点重重。

1. 该客户于上年底在××行开立借记卡账户,之后账户一直无任何资金交易,账户余额为零。银行开户信息中所留常住地址为:湖北省××市××大厦,经支行人员实地核查发现该大厦为当地一商品房楼盘,该客户申请开户时该楼盘尚在建设中并未交房;截至 20××年 4 月初该客户收到境外汇入款项时,该楼盘房屋仍为毛坯,据物业介绍基本无人入住。

2. 该客户开户地址为湖北省,但三笔汇入汇款报文中显示的收款人地址完全不同,分别为山东、广东省的不同城市。对此疑点该客户解释含糊,前后不一,故意以语言沟通障碍为由顾左右而言他。

3. 三笔汇入汇款附言中均包含了 CONTRACT\INVOICE NO. 等明显的货物和发票信息,在支行工作人员询问起对应汇款人情况和货物名称等详细信息时,该客户表现惊慌、描述混乱,无法正确提供汇款人国别、名称以及货品名称等信息,并以是帮朋友接收货款的理由搪塞。

4. 在对客户进行身份识别过程中,支行工作人员一边上报分行保卫部并亲自前往出入境管理处进行客户护照信息的核实,等待进一步回复;另一边对客户进行进一步调查,当问起客户职业时,客户先回答说是留学兼职导游,后又说自己是商人,说法前后矛盾,且有故意回避问题的嫌疑。

三、风险处理

根据该客户的交易情况和交易行为,××银行认定此客户的行为高度疑似网络黑客诈骗行为、外籍人员(主要为非洲籍)涉嫌持假护照办理跨境汇入款业务行为,并联同分行风险部、监察室向省人民银行上报了反洗钱重点可疑交易报告。

同时该行主动与境外汇款人联系，要求对方客户再次核实收款人信息，并提示汇款方电话联系收款人进行资金情况核实。最终成功拦截跨境汇款金融诈骗三笔，对汇款资金进行原路退回处理，保证了汇款人资金的安全。

结论与启示

由于此类跨境诈骗存在时间差，被诈骗个人或企业不易立即察觉，作案成功率高，柜面人员应提高警惕、加强防范。

一是加强外籍客户的身份识别，特别是在持塞内加尔、加纳、尼日利亚、安哥拉、莱索托等非洲国家护照的境外人员开立账户时应重点关注，全面排查和了解客户真实身份信息。

二是加大对近期开户的非洲籍客户的监控力度，特别是对于从境外公司收款并急于取现或迅速结汇的客户，要提高警惕审慎处理，支行应对收汇资金做暂不解付或挂账处理，异常情况及时上报。

三是正确选择账户类型进行入账处理。汇款 MT103 报文中 70 项附言栏位如包含有“INVOICE NO(发票号码)”“CONTRACT\ORDER(订单)”“DOWN PAYMENT(定金)”“DEPOSIT(保证金)”或商品名称等明显表示货物贸易项下的字段和要素，如核实确为贸易项下资金收汇，应要求客户开立个人经常项目结算账户并提供相应合同订单、报关单等资料方可办理入账。

四是加大对外贸企业的风险防范的宣传工作，加强客户进出口贸易资金流动的实时跟踪和网络安全防范意识，关注资金流转情况，提高警惕保证资金安全。

交通银行湖北省分行　闫倩

尽职行事保善意，止付令下维权益

案例经过

X银行代理同业Y银行开立自由议付信用证。信用证开证申请人为国内A公司，受益人为境外B公司。信用证MT700电文42C场列明汇票期限为90DAYS AFTER SIGHT，45A场要求提交仓储收据等一系列单据。

在信用证交单期内，B公司向当地Z银行交单议付。Z银行在交单面函上注明其已就此次索汇在正本信用证上进行了批注，确认单据符合信用证的所有条款及条件，要求开证行通过加押SWIFT电文或电传通知其信用证款项到期日。数日后，Z银行向受益人发出付款通知，称其已就该信用证项下结算金额付至受益人账户。

收到单据后，开证行在国际惯例规定的时效内完成审单，并以SWIFT MT799电文格式向Z银行作出付款承诺，明确表示"WE WILL EFFECT PAYMENT FOR ××× AT MATURITY AS PER YOUR PAYMENT INSTRUCTIONS"，并且在电文中明确了付款到期日。

此时，被代理行(Y银行)主张受益人提交的仓储收据项下并无真实货物，本证系申请人、受益人虚构贸易背景开立，其行为涉嫌信用证欺诈。基于该主张，Y银行将A、B两公司作为被告，向当地法院提起诉讼，并申请法院作出止付裁定。法院受理并裁定中止支付。

收到止付令后，X银行及时与Z银行取得沟通，为了维护本行信誉和合作银行的合法权益，X银行向法院主张：其一，X银行已对信用证项下汇票作出承兑；其二，Z银行已经对该证进行议付，具备善意议付行地位，故应适用《最高人民法院关于审理信用证纠纷案件若干问题的规定》(以下简称《规定》)第10条的规定，不应对信用证进行止付。Y银行则以议付信用证项下无承兑之说、承兑方式不合法、议付行非善意等理由抗辩。

案例分析

《规定》第 10 条：人民法院认定存在信用证欺诈的，应当裁定中止支付或者判决终止支付信用证项下款项，但有下列情形之一的除外：(1)开证行的指定人、授权人已按照开证行的指令善意地进行了付款；(2)开证行或者其指定人、授权人已对信用证项下票据善意地作出了承兑；(3)保兑行善意地履行了付款义务；(4)议付行善意地进行了议付。

本案例中，对于能否适用《规定》第 10 条，双方的争议集中在如下两点：其一，该自由议付信用证项下能否“承兑”，X 银行的 SWIFT MT799 报文及其内容能否构成有效承兑？其二，Z 银行的行为是否构成善意议付？

先看焦点一。《规定》第 10 条第 2 款并未对信用证兑付方式进行限制，而仅要求“开证行或者其指定人、授权人已对信用证项下票据善意地作出了承兑”即可满足要件。故在本案中，如 X 银行对本议付信用证项下汇票的“承兑”行为满足法定“承兑”行为要件，该款除外规定即可适用。

X 银行在到单后的法定时间内以 SWIFT MT799 报文格式明确表示了“WE WILL EFFECT PAYMENT FOR ××× AT MATURITY AS PER YOUR PAYMENT INSTRUCTIONS”。这一行为是否符合法定“承兑”要件呢？虽然《中华人民共和国票据法》明确规定了汇票的承兑需在票面上加注“承兑”字样，但基于银行实务和长期以来形成的行业惯例，最高人民法院在“澳新银行(中国)上海分行诉宁波宁兴控股公司等信用证欺诈案”的再审裁定书(〔2013〕民申字第 372 号)中，认可了以电文形式进行承兑的合法性。基于上述判例，笔者认为，以国际银行间通行的电文格式，表达明确的“承兑”意思，并为国际银行实务所认可的承兑行为，即可构成合法有效的承兑行为。本案中，X 银行发出的载明“WE WILL EFFECT PAYMENT FOR ××× AT MATURITY AS PER YOUR PAYMENT INSTRUCTIONS”的 SWIFT MT799 电文，其承兑的意思表示和效力已被国际银行实务所普遍接受，故这一承兑行为应具备法定的承兑效力。

再看焦点二。Z 银行在寄单面函中表示该行已根据国际惯例就此次索汇在正本信用证上进行了背书，并向受益人发出付款通知，将信用证项下结算金额付至受益人账户。那么以上行为是否能够构成有效议付呢？根据 UCP600 之规定，议付是指定银行在其应获得偿付的银行日或在此之前，通过向受益人预付或者同意向受益人预付款项的方式购买相符交单下的汇票及/或单据的行为。在本案中,Z 银行如需无瑕疵地证明已经议付,除在面函中表明议付行为并提交付款通知外,还需提交与本信用证议付行为相适应的付款会计科目账务明细。

至于该银行的议付行为是否善意,笔者认为,所谓善意,指的是行为人妥善履行应尽之义务且对欺诈不知情。本案中,判定议付行善意与否的标准应基于议付行是否妥善履行了国际银行实务及相关国际惯例之规定,以及在本案中经尽职履行后能否知晓存在欺诈。UCP600 第 14 条第 1 款规定:按照指定行事的被指定银行、保兑行(如有)以及开证行必须对提示的单据进行审核,并仅以单据为基础,以决定单据在表面上看来是否构成相符提示。由此可见,议付行如已认真审核单据间、单证间是否相符,并以一般人之能力和注意由单据表面判定是否存在信用证欺诈后,即可推定其已履行了善意之应尽义务。本案中,受益人提交的单据在表面上完全符合信用证要求并构成相符交单,Z 银行亦履行了议付行对单据表面的审核义务,满足 UCP600 对议付行责任之要求,应推定为善意。如 Y 银行主张 Z 银行在善意上存在瑕疵,应根据"谁主张谁举证"的原则,就非善意承担举证责任。

交通银行总行国际部　俞蕾

法院因欺诈止付，银行循例外解困

案例经过

20××年11月20日，I银行为客户H公司开立金额为115万美元的即期信用证，用于进口生产工业酒精原料，通知行为A银行。

12月23日，I银行收到A银行寄来的单据，金额为125万美元(在信用证溢短装条款允许范围内)。经审核单证相符，I银行准备于12月30日对外付款。

12月30日下午一点半(付款前)，I银行收到法院民事裁定书，称该信用证项下货物到港后，国家质检部门检验后发现货物品质与国家进口标准严重不符。受益人涉嫌货物欺诈。H公司据此向法院申请止付，法院裁定中止该笔信用证下款项的支付。

当天下午四点，I银行发电告知A银行该信用证下交单款项已被法院止付。

12月31日，A银行来电询问具体事项。

次年1月4日，A银行再次来电告知，其已议付该笔交单，要求付款并索要相应的迟付利息。

1月5日和6日，I银行分别去电文说明事情原委并向A银行索要相关议付文件。

1月8日，A银行来电重申其已做议付，但是A银行以不符合其内部规定为由拒绝提交客户的议付文件。经I银行与A银行再三协商后，A银行将议付文件传真给I银行。从该文件的内容看，A银行已对受益人的交单做了议付，期限是从20××年12月22日至20××年12月30日，即A银行在寄单之前已经叙做了议付。经I银行与客户H公司沟通协商之后，H公司同意向法院申请撤销中止支付裁定书，并按照信用证下交单金额和应付利息进行了支付。

分析和启示

一、法院裁定信用证项下中止支付存在一定缺陷

最高人民法院《关于审理信用证欺诈案件若干问题的规定》(法释 2005 第 13 号)规定：人民法院认定存在信用证欺诈的，应当裁定中止支付或者判决终止支付信用证项下的款项，但有下列情形之一的除外：(1)开证行的指定人、授权人已按照开证行的指令善意进行了付款；(2)开证行或者其指定人、授权人已对信用证项下的票据善意地做出了承兑；(3)保兑行善意地履行了付款义务；(4)议付行善意地进行了议付。

以上这些属于欺诈例外的例外原则。法院应在充分调查该笔信用证是否存在欺诈例外的例外后才能作出中止支付的裁定。事实表明该案中确实存在善意的第三方，A 银行已经做了善意的议付，故法院作出的中止支付裁定不够审慎。

为此，I 银行在收到法院裁定书后，第一时间联系 H 公司，告知其 A 银行很有可能已经给受益人 T 公司办理议付，根据欺诈例外的例外原则，法院裁定书存在一定缺陷。I 银行在获得 A 银行提供的其已为受益人 T 公司办理议付的文件传真件后，再次向 H 公司说明其要向法院提出复议，且法院应该会撤销中止支付裁定。经过 I 银行和 H 公司的共同努力，委托 H 公司代理开证的最终用户理解 I 银行和 H 公司所处的局面，表示会积极与受益人协商，争取就赔偿的问题达成一致，使银行方面能够按照国际惯例进行付款。

二、开证行必须承担信用证下第一性付款责任

在此案中，除及时向法院传递 A 银行已经议付的信息和相关证据外，I 银行还全面做好与 A 银行间的沟通交流工作，起到了尽快促成买卖双方就纠纷达成协议的桥梁作用。

在接到法院撤销裁定书的通知后，开证行立即对 A 银行支付交单款项和相应的迟付息，承担信用证下第一性付款责任。与此同时，I 银行还进一步要求做好以下三方面工作：(1)客户经理全面监控客户经营状况和财务信息，对于其进口商品的种类、风险以及价格等方面要有全面了解和有效控制；(2)作为开证行，应对首次合作的受益人提请客户注意相关信用证条款是否恰当；(3)要保持信息畅通和建立相应的应急机制，提前获悉客户诉讼要求以便调查是否存在不利于 I 银行的因素(如存在善意议付行)，并建立和完善包括公司部、国际部和法律合规部在内的应急处理机制，及时有效地处理和解决问题。

三、对申请人预防和避免遭受欺诈风险的建议

预防欺诈的简单方法是，确保受益人发运的货物与提交的单据之间“单货对应”，其中包括货物价值与发票金额的“单货对应”，货物实际情况与货运单据的描述、数量以及检验证明的描述、规格、质量、数量的“单货对应”。就信用证交易而言，关键是：信用证下要求的单据能够全面、准确反映发运货物及其规格、数量、质量和价值等。

1. 可以通过信用保险公司或银行来调查受益人资信。本案中，H公司与受益人是初次合作，对受益人的了解有限。资信调查应成为交易能否达成的先决条件。

2. 可以在合同及信用证申请书中合理增加单据要求。本案中，H公司申请开立的信用证单据要求只包括发票和全套提单(其他单据，如产地证、检验检疫证、熏蒸证明、重量单、质量单均由受益人直接寄给H公司)。信用证下交单无不符点，但是检验证和质量单上均有较大的瑕疵。假如这些单据在信用证下提交，I银行完全可以对外拒付不符交单，UCP600框架内就可以解决问题，不需通过法律途径。

3. 指定国际知名大型检验机构进行货物检验。本案中，检验报告由认证局(BUREAU OF ACCREDITATION)公司的越南分公司出具，限于当地环境，其易受当地出口商影响，检验结果不够公允，更不利于买卖双方日后贸易纠纷的解决。

交通银行江苏省分行　何亚群　陈鑫

基础交易涉欺诈，业务经验须总结

案例经过

20××年2月16日，受益人W公司将一套出口信用证项下单据提交至交单行B银行，B银行审单相符，通过DHL邮寄给开证行I银行，同时用以电代邮方式向偿付行索偿。

2月27日，开证行发来MT734拒付通知，列出以下四条不符点：

1. 发票、箱单、提单显示港口“INCHON, KOREA”而不是“INCHEON, KOREA PORT”(注：INCHON和INCHEON均表示仁川，且INCHON是正确的英语拼法)。

2. 发票、提单未显示唛头(注：信用证未要求单据显示唛头)。

3. 发票、箱单未提交正本(注：单据载有受益人原始签章)。

4. 发票、箱单将受益人名称“W IMPORT AND EXPORT CO. LTD”显示为“W IMPORT AND EXPORT CO. , LTD”(注：CO.后相差“,”符号不足以成为不符点)。

2月29日，办理以电代邮业务的银行向B银行发电称偿付行未及时付款。

很显然，开证行提出的四个不符点均不成立，B银行于2月28日发报逐一予以反驳，并在2月29日、3月1日、3月3日连发三个报文重申观点和催促付款。

3月6日，在B银行的密集催收下，开证行发来长达两页篇幅(SEQUENCE 1和2)的MT799，主要阐述如下观点：

1. 双方对不符点的争议因各自对信用证条款的解释不同，开证行坚持“严格的解释”。

2. 信用证的目的是保护交易双方和解决结算支付问题。

3. 之所以坚持“严格的解释”，是因为开证行认为该笔交易存在异常。

4. 在本信用证开立后四天，开证行失去与申请人的联系，故开证行向通知行发出了撤证申请，通知行随即拒绝接受受益人交单。

5. 货物到港后，开证行发现货物单价为平常进口价的 7 倍，故认为进口商的中国代表与受益人密谋开立此信用证并夸大价格以达到行骗目的。

6. 开证行正着手准备对失联的申请人和受益人提起诉讼。

7. 信用证通知行已表示理解与合作，并拒绝接受单据，鉴于贵行（指 B 银行）是国内的代表性银行，希望贵行能够与开证行合作。

B 银行收到开证行该笔报文后，多方面采取行动。一是积极与受益人联系作进一步确认；二是通过查看历史记录，发现该受益人前一年出口同样的盐水糠虾单价仅为 USD0.65/KG，而本案中的单价为 USD3.80/KG，确实不同寻常；三是积极向通知行了解信用证撤销情况，通知行承认确有此事，但出于谨慎原则未提供开证行撤证申请。

鉴于 B 银行未作融资，在得到更多消息之前，B 银行未再采取其他行动。

4 月 20 日，开证行发来电文称，因确信该笔交易存在价格欺诈，其准备退回单据，要求 B 银行告知受益人货物将滞留码头等待受益人处置至 5 月 6 日，该日之后开证行将不再对货物负责。如受益人要求，开证行可协助退回货物。

开证行于 4 月 24 日、4 月 25 日、4 月 26 日连续来报重复了上述要求。B 银行于 4 月 26 日回复开证行称已告知受益人并等待其指示。

至此，两方银行之间再无电文往来，此事也暂时搁置，直至 12 月 24 日，开证行来报要求将付款金额从 USD129 200.00 减为 USD100 000.00，受益人表示同意，该笔业务终在次年 1 月 4 日收汇，此时距交单已时隔近一年。

案例分析

本案的焦点并非在于不符点是否成立，开证行提出的四个不符点显而易见是不成立的，焦点在于两方银行因货物价格的异常引发的一系列反应和行动值得深思和研究。信用证是独立和抽象的，但信用证因贸易而生，因结算而起，无法摆脱与实际交易千丝万缕的关系，作为银行，关注信用证背后的故事不但是可行的也是必要的。

一、开证行方面

1. UCP600 第 5 条规定：银行处理的是单据，而不是单据可能涉及的货物、服务或履约行为。本案中,货物如期到达港口,开证行仍然无视信用证独立抽象性原则而采取非常行动,一开始并未得到B银行的理解。可以看出,开证行可能在开证阶段未能对货物单价引起足够重视,但信用证开出后申请人的"失联"挑动了开证行敏感的神经。这体现出开证行较好的风险意识。

2. 有理由相信,本案中的信用证撤销请求是开证行独立于申请人发出的。开证行很好地理解了信用证项下开证行承担第一性付款责任以及申请人并非信用证当事人的道理,及时地独立发出撤证申请,至少在通知行方面主动控制了局面。

3. 本案发展到一定阶段后,开证行对货物负责任的态度值得肯定。开证行要求交单行告知受益人货物状况,并表示愿意协助退回货物,体现了一个开证行良好的作风。

二、交单行方面

1. 交单行在最初的据理力争是维护客户利益的表现。收到开证行无理拒付后,交单行第一时间进行了反驳,在更多细节尚未被透露的初期,交单行的做法很好地维护了受益人的利益。

2. 开证行如此挑剔不符点实属罕见,引起了交单行的特殊思考。本案中,面对开证行的无理拒付,交单行连发四份报文予以反驳,只因深知此事不会仅仅为拒付如此简单,其背后很可能隐藏着与交易背景有关的因素。在当时掌握有限信息的情况下,交单行加大了催收力度,是一个审慎行事的交单行的体现。

3. 在了解了事件背后的真相后,交单行采取了沉默的态度。一方面与交单行未叙作融资有关,另一方面因事件已发展到涉嫌欺诈的地步,为了避免在交涉过程中出现漏洞影响日后事态的发展,沉默也许是该阶段最好的回应。

结论与启示

一个异常的货物单价引发了一场历时一年的交涉和纠纷,其中有以下几点值得我们关注,以便总结经验、提高风险防范意识:

1. 自由议付信用证的风险性。自由议付信用证可谓是把"双刃剑",为受益人提供了便利,盘活了信用证融资的渠道,但也因此带来了较大的不确定因素,给不良分子提供了可乘之机。本案中,尽管开证行规定提单收货人凭开证行指示,也及时发出了撤证申请,但无奈受益人不同意撤证,且选择另外一家银行进行交单，有意无意地利用了该证自由议付的特性。开证行收到相符单据，挑剔甚至臆造出四个不符点进行拒付，是拖延时间，亦是无奈之举。作为开证行，一方面应以加强银企间关系为契机，做好客户培训工作，使得申请人理解和正确运用几大信用证兑用类型和结构，一方面也应从具体交易背景出发，选择合适的信用证类型，妥善开立适合交易实际情况、保护和促进信用证结算的信用证。

2. 善于对货物描述进行敏锐观察。首先，无论是进口开证还是出口融资，应了解贸易背景、价格条款、市场行情等要素，善于利用第三方数据来源进行调查，货物价格过高或过低均应引起警惕。其次，应了解货物品名及其包装、储运特点。例如，白糖这一商品并无等级之分，若开证申请出现要求一定等级规格的白糖，就可能是一种危险“信号”。在信用证交易背景日趋复杂的大环境下，单证人员具备一定的相关知识储备是非常必要的。

3. 他行通知信用证的风险性。本案中，受益人故意向交单行隐瞒了开证行的撤证申请，交单行在未知情的情况下接受了交单，所幸的是交单行未叙作融资。由此可见，他行通知信用证潜伏着一定的风险，主要是受益人重复交单、重复融资的风险，交单行能否得到后续信用证修改的风险等，在叙作此类交单的融资时应加倍审慎，从源头控制风险。

4. 规定提单收货人为凭开证行指示。本案中，开证行规定提单收货人为凭开证行指示，有效地控制了货物的处置权，为妥善应对危机赢得了方法和手段。防范信用证结算风险是一项系统工程，多渠道、多角度、多层次地采取各类方式，才能预见风险、缓释风险、控制风险和化解风险。

交通银行总行国际结算中心　陈昊嘉　李华峰

2
技术审核篇

提单卸货港不同,是否为部分发运

案例经过

某银行开立一份远期议付信用证,禁止部分发运,要求提交海运提单,装货港规定为美国任一港口(ANY PORT IN USA),卸货港规定为青岛港及/或赤湾港(QINGDAO PORT AND/OR CHIWAN PORT),租船提单可接受。

发货后,受益人提交了涵盖全部货物的数套租船提单。其中,部分租船提单卸货港显示为青岛港,另一部分显示为赤湾港,所有提单显示同一船名,无航次号。开证行审单人员认为从提单内容表面看来交单存在"部分发运"不符点,提示申请人,后者未要求拒付,同意承兑。随后开证行向交单行发出承兑,提及上述不符点并称将扣除不符点费用。

交单行反驳称不符点不成立,开证行无权扣除相关费用。

开证行内部讨论后认为拒付有一定问题,申请人也无异议,遂撤销不符点。

案例分析

收到交单行的反驳后,开证行内部围绕前述不符点是否成立等问题展开广泛讨论,并引发一系列争议,包括:

1. 本笔交单是否构成"部分发运"?
2. 审单人员如何理解和判定"部分发运"?
3. 审单人员如何理解"港口范围"与"地理区域"?
4. 相关信用证条款本身是否有矛盾?

下面笔者从全面分析业务背景入手,逐一深入探讨这些争议。

首先分析开证行所提的不符点是否成立,即交单是否表明货物"部分发运"。

这是最基本也是最核心的问题。

根据 UCP600 第 31 条的规定,数套运输单据在同一次提交时,只要显示同一运输工具经由同次航程运往同一目的地,将不视为部分发运。换言之,运输工具、航程和目的地这三者中有任一要素不同即构成部分发运。除此之外,UCP600 并没有对其涵盖的七种运输单据各自的部分发运情况另行逐条规定。显然,本条规定里的“运输工具”“航程”和“目的地”因“运输单据”而异。

作为对 UCP 的解释和补充,ISBP 则对各运输单据下部分发运的情况逐条给出了详细规定,明确了审单标准,且从 ISBP681 到 ISBP745,国际商会对这项内容的规定完全相同,仅在措辞上略有变化。根据 ISBP745 第 G17 条的规定,如果信用证禁止部分发运且提交了数套租船提单,只要各租船提单显示相同的船只、航程,并且货物是运往相同的卸货港、地理区域或港口范围,则不构成部分发运。这里的“卸货港、地理区域或港口范围”对应 UCP600 第 22 条对租船提单卸货港的特别规定:租船提单的卸货港也可显示为信用证规定的港口范围或地理区域。这主要是因为租船运输自身的特殊性,在开立信用证时可能还不能确定实际的卸货港,而且租船运输往往涉及大宗商品贸易,需要在多个地点进行卸货和货物交易,因此卸货港可以根据实际情况显示为一个或多个港口或港口范围,并且不因此而被视为部分发运。

以上的惯例规定和实务操作正适用于本案的情形。本案提交的数套租船提单运输船只相同、未显示航程,两个卸货港“青岛港”和“赤湾港”也在信用证规定的港口范围内,根据 UCP600 第 31 条以及 ISBP745 第 G17 条的规定,不构成部分发运。这里有两个可能的争议点:

第一,虽然信用证允许了多个卸货港,但同时又禁止部分发运,受益人发货时没有将货物全部运往其中一个卸货港,而是分两批分别运至两个港口,是否构成了实际上的“部分发运”?质疑者认为禁止部分发运不仅要求发货的完整性,而且要求收货的完整性,即申请人在收货时应收到全部完整的货物,现在一部分货物需要在青岛港接收,另一部分需要在赤湾港接收,虽然港口均在信用证允许之列,但从收货角度看构成了部分发运。

首先应注意到,UCP600 并没有对“部分发运(PARTIAL SHIPMENT)”本身进行明确定义,即惯例并没有告诉我们部分发运是怎样一种发运方式。按照最直白的理解,卖方向买方发货,一次性全部发完就是全部发运,分若干次发货就属于部分发运。但是在实务中,尤其在海洋运输的情况下,运输方式复杂多变,买卖双方往往会在分几次发运的基础上做更多更细致的考量,例如采用何种运输方式、在何处装货、使用什么样的运输工具、运往哪几个目的地等等。因此,国际惯例无需也无法对“部分发运”进行明确定义。事实上，国际商会的做法是结合运输实务和信用证业务的特点对构成部分发运的具体情况进行了明确界定：在海运情况下，要求货物全部发出，而且必须同船、同航程、同目的地，具体到租船提单，目的地可以是信用证允许的港口范围。因此，从收货必须完整的角度理解“部分发运”是片面的，也无 UCP 和 ISBP 相关条款作支撑。

第二个可能的争议是，虽然惯例规定多套租船提单只要满足同船、同航程和信用证规定的同一卸货港范围就不视为部分发运，但若各套租船提单分别显示不同的卸货港是否属于规定中“同一卸货港”的范畴？具体到本案，质疑者认为，信用证规定卸货港为“QINGDAO PORT AND/OR CHIWAN PORT”，则提交的多套租船提单卸货港可以显示为二者之一或笼统显示为“QINGDAO PORT AND CHIWAN PORT”，才属于“同一港口”或“同一港口范围”；否则，部分租船提单显示“QINGDAO PORT”而另一部分显示“CHIWAN PORT”不属于惯例所要求的“同一港口范围”。

应该注意到，UCP 和 ISBP 等国际惯例都是对最基本最核心的问题作出规定，而无法就每个具体问题进行穷举。UCP600 的条款简明扼要，相对而言，ISBP 作为对 UCP 的解释和补充，条款更加详细，举例更加全面，但也仍经常使用“包括但不限于(INCLUDING BUT NOT LIMITED TO)”的措辞。这就要求我们应结合背景和实务全面理解惯例条款，掌握惯例精神，而不能仅局限于惯例字面，舍本逐末。

具体到本案租船提单下的“港口范围”和“地理区域”，ISBP745 第 G17 条的措辞是“同一卸货港、地理区域或港口范围(SAME PORT OF DISCHARGE, GEOGRAPHICAL AREA OR RANGE OF PORTS)”，并没有进一步举例。结合 ISBP745 第 A2 条对逗号的相关规定以及第 G5 条对租船提单装货港范围的举例可知，诸如“ANY EUROPEAN PORT”和“HAMBURG, ROTTERDAM, ANTWERP PORT”的表述都是地理区域和港口范围。那么，本案中信用证规定的“QINGDAO PORT AND/OR CHIWAN PORT”显然也是一种港口范围，只不过这个范围相较惯例中的范例而言要小，只包含两个港口。当信用证规定卸货港为“ANY EUROPEAN PORT”时，租船提单显示“ANY EUROPEAN PORT”，或分别显示“HAMBURG、ROTTERDAM”等港口都可以接受，因为它们都在“EUROPEAN PORT”的范围内。同样地，信用证要求“QINGDAO PORT AND/OR CHIWAN PORT”时，租船提单分别显示“QINGDAO PORT”和“CHIWAN PORT”可以接受，因为它们同属“QINGDAO PORT AND/OR CHIWAN PORT”构成的这一港口范围。

本案中的租船提单显示了实际的卸货港，说明在发货时已经确定了运输目的地，出具提单时据实显示卸货港既符合实务也符合信用证规定。如果为了片面追求字面一致而在租船提单上照打“QINGDAO PORT AND/OR CHIWAN PORT”显然过于教条，且令人费解。一个显而易见的道理是，对于由(A,B)组成的一个集合，仅取值“A”或仅取值“B”都属于这个集合，而同时取值“A”和“B”难道就会属于不同集合吗？

另一方面，信用证业务从来都不是脱离于基础贸易而独立存在的，跳出信用证条款和国际惯例的束缚，结合实际贸易背景进行立体分析，可能更有助于了解本案开证条款和交单方式背后的真正原因。

本案中，信用证第 45A 场规定：“××× MT WHEAT（小麦）TO QINGDAO AND CHIWAN, UNIT PRICE USD××× CFR QINGDAO AND CHIWAN.”销售合同中有如下规定：“(1)PRICE USD××× CFR QINGDAO AND HUANGPU OR QINGDAO AND CHIWAN OR QINGDAO AND XINSHA;(2)BUYER TO DISCHARGE CARGO AT TWO PORTS, OF WHICH FIRST DISCHARGING PORT IS QINGDAO, SECOND IS HUANGPU, CHIWAN OR XINSHA;(3)BUYER TO DECLARE THE SECOND DISCHARGING PORT BEFORE VESSEL SAIL OUT FROM PORT OF LOADING WITH CLEAR DISCHARGING TONNAGE FOR EACH DISCHARGING PORT BY FAX/EMAIL.”

由此可见，运输方式完全由买方即申请人确定，货物分别在青岛港和另一港口卸下，且应在货物离港前由申请人电告受益人第二个卸货港及两个港口各自的卸货数量。因此，受益人在安排海运时完全依照申请人的指示，既要满足合同规定，也要满足信用证要求，因而最终提交数套分别显示青岛港和赤湾港两个卸货港的租船提单是一种必然。不过，信用证的规定也存在一定瑕疵：既然合同规定了全部货物应分别运往两个港口，那么信用证中应该清楚表明这一要求，而使用“AND/OR(和/或)”则意味着货物可以分别运往这两个港口，也可以全部运往其中一个港口，而后者显然违背买方的本意，也与信用证 45A 中“CFR QINGDAO AND CHIWAN”的条款相矛盾。

本案贸易货物为小麦，且数量较大，故采用租船运输，双方约定货物分别在两个港口卸下，并且一次全部发出。相应地，信用证规定卸货港为“QINGDAO PORT AND/OR CHIWAN PORT”，禁止部分发运，要求租船提单，受益人交单也满足这一规定。这一实务反过来也印证了 UCP600 和 ISBP745 相关规定的合理性与指导性。

结论与启示

通过上文的分析可以看出，引起本案纠纷的起因是各方当事人对相关国际惯例的理解存在偏差、观点不一，根源则在于信用证对于卸货港的规定含糊不清，以及卸货港的规定与禁止分批装运条款相矛盾。

如此，要求银行业务人员在信用证的开立阶段全面查看开证申请书及基础合同以了解贸易全貌，更加合理、审慎地拟定条款，避免前后矛盾的歧义表述。

作为出口方银行，在信用证通知审核阶段以及出单时应提示受益人信用证条款存在矛盾。

具体到本案，建议开证行在信用证开立环节与申请人确认卸货港选择的真实意图，在信用证中明确表明货物需要一次性发运，但在两个不同的港口卸货，而不是简单使用不允许分批装运的固定条款。同时，在卸货港的约定方面采用“CARGO TO DISCHARGE AT TWO PORTS SEPARATELY, ××× TONNAGE AT QINGDAO PORT AND ××× TONNAGE AT CHIWAN PORT”或类似表述明确卸货港，代替“QINGDAO PORT AND/OR CHIWAN PORT”之类的争议表述。

交通银行总行国际结算中心　胡捷

提单直寄申请人，背证风险需防范

案例经过

H银行通知了一笔经香港某银行转通知的背对背信用证，开证行为台湾S银行，申请人为台湾Q公司，受益人为J进出口公司。审核信用证后，H银行发现一些不正常条款：第一，可以凭副本提单议付；第二，S银行的付款以收到美国B银行（即主信用证的开证行）的款项为前提。

H银行经向公司了解得知，这是一宗转口贸易。由于关税的原因，该批货物需在台湾卸货重新包装后再运往美国。Q公司凭J公司直接寄给他们的正本提单向船公司交换新提单，再用新提单向S银行交单议付以收回货款。H银行随即向J公司说明其中的潜在风险，并指出其对该证项下的单据将不予议付，而只作为交单行进行单据处理。

但J公司未采纳通知行的建议，坚持出货。单据提交通知行审核无误后寄往S银行。数日后H银行收到S银行电文称，买卖双方已达成协议，货款在信用证外解决，要求H银行授权退单。H银行立即向J公司确认此事，得到否定答复后回电告知，J公司声称其从未与Q公司达成任何协议，并要求S银行按信用证条款付款。之后，S银行又来电称，因为港口拥挤，货物滞留海关，主信用证的截止日已过，故难以收到主信用证开证行的款项，其只得退单。

虽然J公司收到了退回的全部单据，但是经向船公司查询，货物已被申请人全部提走。最终，J公司蒙受了巨大的经济损失。

案例分析

背对背信用证（BACK-TO-BACK LETTER OF CREDIT）又称背证，是银

行应客户要求以客户收到的买方通过另一家银行开出的信用证（主证）为基础，另开一张内容相似的新的信用证。这种信用证在国际三角贸易中的应用非常普遍。作为进出口双方业务纽带的中间商为赚取买卖差价，先与出口商签约进口所需货物，尔后再与进口商签约推销其产品，这就是所谓“三方两份契约”的贸易方式。正常情况下，主证与背证是两个独立的信用证，背证开证行承担一般开证行的责任，与主证无关。由于受到《跟单信用证统一惯例》的保护和开证行无条件的付款承诺，背证对受益人来说有充足的理由收到货款。但是它的前提条件是信用证条款正常。如果出口卖方对背证的不利条款疏于防范，即使有银行信用做保证，风险和损失也会时时存在。

前文是一则典型的利用信用证进行欺诈的案例。本案例与以往多数信用证争议的不同之处在于，一般信用证项下单据被拒付，都是因为单据存有不符点，而本案例中出口方提交的单据表面上是严格与信用证条款相一致的。也许有人质疑开证行以货物而非单据的原因拒绝付款，是否有悖国际惯例。因为按照UCP600规定：在信用证业务中，各方处理的是单据而非货物、服务或其他行为。况且不可撤销信用证构成开证行的一项确定的承诺，以向被指定的银行或开证行提交了规定的单据并符合信用证条款为条件，承担承兑或付款的责任。但是需要引起我们足够重视的是，虽然信用证作为开证行的一项付款保证，其最大的作用是保证受益人的利益，但前提条件是受益人既要提交符合信用证规定的单据，也要遵守L/C所列的任何条款，尤其是付款条件的限制。本案例中买方能轻而易举地利用信用证骗取了卖方的货物，关键在于受益人对信用证的不正常条款未能引起足够的重视，造成了货物被骗的事实。

该信用证要求开证行的付款以收到美国B银行即主信用证的开证行的款项为前提，换句话说就是主证的付款没有保障时，背对背信用证的开证行即可解除付款责任。虽然转让证也有这样的条款，但UCP对转让证有严格的约定，对信用证条款的修改有严格的规定，以此来保护第二受益人的利益。

本案例中，台湾Q公司的背对背信用证是以其收到的美国B银行的信用证为基础开出的，台湾Q公司向银行申请开立背对背信用证时可以修改原证的任何条款，甚至可以更换J公司提交的包括提单在内的任何单据而不受限制。而根据本信用证条款，如果因某种原因难以收到主证项下的款项，即使是本不该J公司承担的责任，Q公司也可以据此拒付货款。故此台湾Q公司以货物滞港造成主信用证截止日已过为由拒绝付款，虽有些牵强，却并不违背L/C条款。

结论与启示

信用证规定可以凭副本提单议付，其本意是指受益人要将正本提单径寄开证申请人，而将副本提单交议付行收取货款。从信用证业务的一般程序看，这类条款对受益人来说，风险无疑是巨大的。目前国际航运界的规范做法是不论一套海运提单有几份正本，收货人只要提交其中的一份正本，并经背书后，船公司或船代理即予放货提货，而不管收货人是否已给付货款。而受益人如按信用证要求将1/3、2/3或全套正本提单直接寄给开证申请人，进口商即可凭此正本提单背书后到船公司或船代理处提走货物。因而对于受益人来说，失去了正本提单，就是失去了物权。那么这类条款是不是受益人一概不能接受呢？笔者认为也不尽然。例如我国货物抵达一些近洋国家的时间较短，而信用证业务单证流转程序太慢，往往货已到港多日，正本提单还未到开证人手中，由此产生货物压港，会增加客户的额外支出，甚至可能因货物不能及时卖出而遭受重大损失。或如在本案例中开证申请人系转口商，需尽快办理转船外运货物手续情况下，“提单径寄开证申请人”的做法也有其合理的一面。有鉴于此，笔者认为在开证行信誉良好，而且受益人能够确保所列各条款及所要求单证都能完全做到，即不存在所谓“软条款”的条件下，这类信用证还是可以接受的。因为信用证一经开立，已基于银行信用。但是本案例中，由于存在受益人难以控制的付款条件，即受益人即使提交了相符单据但仍然有收不着款的风险下，“凭副本提单议付”条款对于受益人来说无疑是雪上加霜。

综上所述，即使背对背信用证与其凭以开出的主信用证之间的贸易背景何其相同或相近，即使二者之间有着千丝万缕的联系，但从信用证本身的角度来说，两证之间应该是完全独立的，两个开证行各自独立承担付款责任。出口商不应接受背对背信用证中诸如“开证行的付款以收到主信用证的开证行的款项为前提”的条款，否则背对背信用证项下所提交的单据实际上已与托收项下单据无异。如果权衡各方得失而接受了此类条款，那么掌握货权就显得尤为重要了。而“副本提单议付、正本提单径寄开证申请人”的做法，使背对背信用证受益人将货权拱手相让。受益人对于一个信用证的上述两个不利条款同时接受或不予重视，极有可能遭遇许多难以预测的风险，甚至会陷入不法进口商布置的陷阱，从而蒙受钱货两空的巨大损失。

交通银行江苏省分行　薛春风

三分一提单直寄，信用证交单被拒

案例经过

20××年，我国某外贸公司（受益人B公司）出口海泡石到韩国，采用即期信用证方式结算，信用证条款要求B公司将2/3正本提单寄给开证行I银行，另外1/3正本提单直接寄给进口商（申请人A公司）。

B公司按照信用证要求将单据交至国内的指定银行N银行，N银行审核了相关单据后告知B公司，提单的装货港为天津而不是信用证所要求的上海，单据有不符点。

鉴于该订单是在互联网上取得，为双方初次贸易，N银行建议最好要求申请人修改信用证的装货港，但受益人对交单行的提醒没有给予充分重视，又因为申请人急着提货，受益人已将1/3正本提单直接寄给了申请人，现在只是希望银行尽快处理单据。于是，单据被寄往开证行。

开证行提出不符点：提单的装货港与信用证的规定不一致。受益人与开证申请人交涉，请其放弃不符点付款，但遭到拒绝，而开证行在等待申请人付款无果的情况下，将不符点单据退回N银行。但此时开证申请人已将货物提走，受益人再也联系不上开证申请人。受益人陷入钱货两空的境地。

案例分析

2/3正本提单在信用证交易中是一个老生常谈的话题，但在实务中，因为理解的不深入而带来的风险和困惑屡屡出现。

信用证是19世纪天才商人的发明和创造，由于银行的付款保证，进出口双方之间的相互猜忌大大降低，但是信用证这一结算方式从产生之日起就带有天生的缺陷，那就是我们在UCP的多个版本里都耳熟能详的一句话，“银行处理的是单据而不是单据可能涉及的货物、服务或履约行为”。

含2/3正本提单条款的信用证，既给出口商以一旦单证相符开证行确定的付款承诺，又给进口商提供了快捷的提货方式。在其他单据仍在银行体系流转的情况下，代表货权的一份提单已由受益人直接寄给了开证申请人。由于进口商可以在付款前先行提货，有利于进口商检查货物是否符合买卖合同的要求，这样就在一定程度上防止了受益人的诈骗行为，一旦申请人发现受益人欺诈，进口商可以在付款之前向当地法院申请止付令，运用欺诈例外原则保护自身权益。从这个意义上说，2/3正本提单在一定程度上解决了信用证抽象性的缺陷。另一方面，这种做法在近洋贸易以及银行办事效率低下的国家，能够解决货物已到而单据未到所带来的因货物清关延迟、申请人承受较高港口费用以及市场变化的风险。从这个意义上看，2/3正本提单的使用也不啻为对信用证交易精彩而巧妙的运用。

但是我们必须看到，在要求2/3正本提单的信用证的链条上，出口商、开证行、出口方银行都存在一定的风险，唯一的赢家是进口商。进口商取得了如前所述的便利——尽快提货和辨明货物真伪，防止贸易欺诈。但这一行为带给出口商的后果是：在未收到货款之前丧失货权。由于丧失了货权，出口商要更加重视信用证下单据的缮制，必须做到单证相符，否则就会导致上述受益人钱货两空的后果。当然，受益人可以将货权交给开证行，将提单的收货人设定为“根据开证行的指示”，申请人尽管事先握有一份正本提单，但其提货还需得到开证行的同意。在非全额保证金开证的前提下，开证行也迫切希望能够通过这种方式控制货权，防范进口商的信用风险。虽然提单可能伪造，货物可能一文不值，并且还可能被卷入基础贸易的纠纷中，但开证行还是希望掌握处理货物的主动权，这对受益人来说是好事。

对于开证行而言，开出一份含有2/3正本提单条款的信用证，而信用证规定提单的收货人又为申请人，这将给开证行带来资金垫付的危险，因货权在申请人手中，一方面申请人凭1/3正本提单提货又不向开证行赎单；另一方面，受益人又提交了相符单据，在非全额保证金开证的情况下，开证行不得不垫付资金。

对于出口方银行，当它仅作为交单银行时，应帮助受益人把握2/3正本提单的风险，加强单据的审核，尽量做到单证相符，以便顺利收汇。

当受益人申请出口押汇，出口方银行作为融资银行时，它应充分意识到融资的风险，一旦由于进口方提货，单据又存在不符点被开证行拒付，货款迟迟得不到支付，而受益人又没有其他还款来源时，融资银行面临的损失不仅仅是利息损失了。因此，融资行除了对单据的审核要谨慎之外，还应该加强对受益人的资信审核，保证其有备用还款资金来源。

作为通知行的出口方银行，在处理含有 2/3 正本提单条款的信用证通知时，应给予受益人必要的提醒，协助受益人谨慎审核信用证。提醒受益人在出货之前尽快决定对含 2/3 正本提单条款的信用证是否接受，对 2/3 正本提单条款的信用证是否需要进行修改，如将提单收货人修改为“根据开证行指示”，拒绝申请人控制货权，或者仍要求提交全套提单，由受益人联系申请人在开证行办理提货担保等方式解决进出口双方贸易进程中的矛盾。通知行对风险的揭示和合理化建议，将有效帮助受益人把握交易过程中的主动权。

结论与启示

2/3 正本提单给信用证相关各方带来了风险和困惑，或许出口商可以不接受含该条款的信用证以规避风险，但是这也会使其失去一些贸易机会，毕竟从贸易上考虑，2/3 正本提单有其合理性。当然，银行可不对含该条款的信用证进行融资，以规避信贷风险。然而对于银行和企业来说，在 2/3 正本提单这一简单的单据条款背后，风险与机遇始终并存，了解其规律并在风险中把握其带给企业以及银行业务增长的契机，“与狼共舞”也将是一种乐趣。

交通银行总行国际部　杨艳

本有资格签提单，双重代理反遭拒

案例经过

20××年9月6日，I银行开出信用证，单据条款要求提交提单，附加条款规定“油轮提单或租船提单可接受”。

10月24日，I银行收到受益人通过N银行提交的信用证项下单据，其中的运输单据为租船提单。此时，申请人通知I银行，若审出不符点，则拒付该笔单据。I行审核后，以如下不符点为由拒付：租船提单由代理人代表承运人签署而非代表船长、船东或租船人之一签署，不符合UCP600第22条AI款。

10月25日，N银行发电反驳，称租船提单亦在单据别处显示了“作为船长的代理人（AS AGENT FOR MASTER）”，AGENT是作为承运人和船长的双重代理。

10月26日，I银行坚持不符点成立，并通过援引ICC第R354号意见，指出代理身份不明，既代理承运人又代理船长，按此方式签发的租船提单不能被接受。

10月27日，N银行发报要求I银行退单。

11月3日，N银行将退回的单据重新提交，此时已过最迟交单期，故单据在原不符点之外，产生新不符点：迟交单。

经买卖双方协商后，申请人放弃不符点。I银行在扣除不符点费后付款。

案例分析

本案争论的焦点在于代理人是否可以以既代理船长又代理承运人的双重代理的身份签署提单？事实上，无论从惯例角度还是从商会意见看，都明确了代理人不能以双重身份代理。以下将从三点分析：

一、UCP 及 ISBP 中对于租船提单签署方的规定

UCP600 第 22 条 AI 款规定：表明其受租船合同约束的提单（租船合同提单），必须看似由以下人员签署：船长或其具名代理人、船东或其具名代理人、租船人或其具名代理人。代理人签字必须表明其系代表船长、船东或租船人签字。

ISBP681 第 118 段指出：正本租船合同提单必须按第 22 条 AI 款规定的方式签署。如果由代理人代表船长、租船人或船东签署租船合同提单，则签字处必须注明其作为船长、租船人或船东的代理人身份。

上述条款明确表明，代理人若要以代理身份签署租船提单，则只能以船长、租船人或船东的代理人身份进行签署，言下之意，代理人以承运人的代理身份签署的提单是不被接受的。

二、ICC 银行委员会对双重代理的意见

在 ICC 第 R354 号意见中，提交的提单预先印就“作为代理，代表船长/承运人签发”，提单是由一名具名代理签发的。ICC 意见分析及结论为：“所提交的提单由代理人签发，应删除‘代表船长’或‘代表承运人’。若提单同时显示两个被代理人，则代理人的代表身份是不清楚的。”

该意见表明，当代理人代理签署提单时，应明确被代理人的身份，不能显示该代理人既代表船长又代表承运人。尽管本意见中讨论的是提单的代理人双重身份，但该原则应适用租船提单，即代理人双重代理的身份是不可接受的。

三、ICC 银行委员会对运输单据上附加印戳取代预先印就签字的意见

该案中“作为承运人的代理人（AS AGENT FOR CARRIER）”的签署是通过附加印戳完成的，而交单行辩称，在别处显示的“作为船长的代理人（AS AGENT ON BEHALF OF MASTER）”为租船提单预先印就的内容。如下所示：

CAPT. BERNABE J. GUTIERREZ JR. MASTER

SIGNED AS AGENT ON BEHALF OF MASTER

（此部分内容为印就）

FOR AND ON BEHALF OF

MAK SHUI CHO AND SON LTD.

自然人签字

AGENTS FOR MISC BERHAD AS CARRIER

(此部分内容为印戳加盖)

ICC 咨询 TA684 的分析和结论为:“用以证明运输单据签署人员名称和身份的附加印戳或其他形式的批注可以取代提单上与之矛盾的预先印就的签字。”

该意见表明,运输单据上附加印戳的效力高于预先印就的内容,当两者矛盾时,以印戳内容为准。由此可见,本案中租船提单的代理人仅代表承运人签署,而非议付行所称的双重代理。

结论与启示

综上所述,代理人不能以双重身份代理签署提单,而是应以 UCP 所明确规定的方式签署。

运输单据是信用证结算方式中极其重要的单据,而运输单据的有效签署更是单据审核要素的重中之重,因此,银行应熟知国际惯例对于运输单据的规定,通过专业化单据审核,确保其符合国际惯例及信用证条款的要求。同时,熟悉商会意见也非常重要。本案中,从惯例看似乎并没有提及代理人的双重代理身份,易使部分审单人员以“惯例未作规定的即为允许”为由误认可代理人的双重代理身份,本案中 I 银行对交单行的反驳引用了相关 R354 号商会意见,成为驳回成功的关键。

交通银行总行国际结算中心　归雯婷

判断空运单发运日，批注措辞应讲究

案例经过

2015 年 5 月，受益人在出口信用证下向 S 银行交单。S 银行经审核发现，空运单显示出具日期为 2015/05/15，但在货描下面加注了一行“FLIGHT NUMBER AND DATE：MU 2015/05/19”。审单人员对于如何确定装运日期产生了如下分歧：

一方认为，空运单的货描处本无需注航班日，现注明“FLIGHT DATE：2015/05/19”，就是“SPECIFIC NOTATION OF THE ACTUAL DATE OF SHIPMENT”，因此 5 月 19 日为装运日期。

另一方则认为，空运单已表明货物被收妥待运，那么出具日期将被视为发运日期，货描处的“FLIGHT DATE”仅仅是其他与航班日期相关的信息，将不被用来确定发运日期，因此 5 月 15 日为装运日。

6 天后，S 银行同时收到 K 银行发来的 MT734 和 MT732 电报，前者列出了唯一的不符点——“INSURANCE DATED AFTER DATE OF AIRWILL BILL”，后者告知扣除不符点后的款项及付款到期日：2015/08/13。S 银行立刻发报驳不符点，表示货描下方的“FLIGHT DATE”—— 2015/05/19 即为 UCP600 第 23 条 A(III)款所指的专门的“DATE OF SHIPMENT”的批注，因此装运日为 2015/05/19，保险单日期 2015/05/18 未晚于装运日，不符点不成立。K 银行也很快作出了回应，强调按照 ISBP POINT H8 B，批注的“FLIGHT DATE”应忽视，空运单出具日期 2015/05/15 为装运日期。

对于以上空运单的发运日，为什么会产生不同的理解？我们在业务处理时又该如何把握呢？本文将就此做一些探讨。

案例分析 ▶

空运单有其自身的特点：(1)单据表明货物被收妥待运，出具日期视为发运日期。(2)印就栏位的航班号和航班日期不能用来确定实际航班号和发运日期，仅作为承运人内部参考信息，对银行和进出口双方没有实际意义，实际发运会因为各种原因而发生变化。(3)如果有了专门批注的实际发运日期，则此时批注中的日期将被视为发运日期。

UCP 第 23 条 III 款的规定正是反映了空运单的上述特征，根据此条款，对空运单据装运日期的确定主要有两种：

1. 在没有装运批注的情况下，以空运单出具日作为装运日。

2. 在有装运批注的情况下，含有实际装运日期(ACTUAL DATE OF SHIPMENT)的特殊批注(SPECIFIC NOTATION)中的日期视为装运日期。

然而，条款中并未对 SPECIFIC NOTATION 的批注形式、常用短语进行约定。

本案中 S 银行对空运单的装运日期的判断可以从以下三方面来理解：

首先，“ACTUAL”字样并非是构成空运单装运批注的必要条件。要求空运单装运批注必须包含“ACTUAL”字样是对 ISBP745 H8 及 UCP600 第 23 条的生硬解读。对照 ISBP745 E7 段对海运提单装船批注的规定，“SHIPPED IN APPARENT GOOD ORDER”“LADEN ON BOARD”“CLEAN ON BOARD”或其他标注 “SHIPPED”或“ON BOARD”都可以构成有效的装船批注，可见装运批注的形式是可以灵活多样的。虽然在空运情况下，载体单据不同，但仅就批注的形式而言，其方式理应不变。实际中，通过批注一个“DISPATCH”“FLIGHT”或“DEPARTURE”的行为，再加上相应的日期，表明货物实际的“SHIPMENT DATE”，即满足了惯例中的要求。

其次，“SPECIFIC NOTATION”的批注形式并不仅仅局限于章印，还可以是文字形式的。这点可从加里先生的一则咨询解答中得到证实，其中明确指出了批注可以以“STAMP OR TEXT”的形式做出：“A SEPARATE NOTATION WILL BE WORDING INSERTED INTO THE BODY OF THE AIR WAYBILL EITHER AS PART OF A STAMP THAT IS ADDED TO THE DOCUMENT OR TEXT THAT IS ADDED OUTSIDE ANY BOX DEEMED TO BE ‘FOR CARRIERS USE’ OR SIMILAR.”

第三，空运单的货描处注航班日，不应理解为“其他信息”，应当就是

“SPECIFIC NOTATION OF THE ACTUAL DATE OF SHIPMENT”。对于“其他与航班号和航班日期相关的信息”，ISBP745 第 H8 条做了进一步说明，但其仅仅是对所谓的“其他信息”的一些罗列，例如当与装运有关的日期出现在“仅供承运人使用(FOR CARRIER USE ONLY)”“要求的航班日期(REQUIRED FLIGHT DATE)”或“路线和目的地(ROUTING AND DESTINATION)”栏位中，用于确定装运日期时，对此将不予理会。仅从这些例子来看，“其他信息”应当就是出现在空运单印就栏位里的。本案中的装运信息出现在货描下方，并不属于上述任何一个栏位，应当就可以理解为专门的批注。加里先生在另一则咨询解答(FAQ23.7)中给出了更明确的引导：“IF A NOTATION IS SHOWN AND IT IS UNDER THE GOODS DESCRIPTION FIELD IT WILL BE ACCEPTABLE AND THE DATE WILL BE TAKEN AS THE DATE OF SHIPMENT.”另也表明“THERE IS NO REQUIREMENT FOR WORD ACTUAL TO APPEAR”。

然而案例中，K 银行把空运单中的出具日期作为装运日期，而把货描下方的航班日信息归入 UCP 23 条中“ANY OTHER INFORMATION”的观点却也并非毫无根据。

UCP600 第 23 条 III 款对空运单批注的规定为：“ANY OTHER INFORMATION APPEARING ON THE AIR TRANSPORT DOCUMENT RELATIVE TO THE FLIGHT NUMBER AND DATE WILL NOT BE CONSIDERED IN DETERMINING THE DATE OF SHIPMENT.”而对于“ANY OTHER INFORMATION”，ISBP 745 中仅对其进行了举例说明，注意其措辞为“FOR EXAMPLE”。从中我们可以明确得知的是，在这三个固定印就栏位内的航班日，肯定不能视为装运批注。然而，除这三个固定栏位外，其他栏位内依然可能会出现关于航班日的“OTHER INFORMATION”，比如出现在“GROSS WEIGHT”栏位、“NATURE AND QUANTITY OF GOODS”栏位。而且从逻辑上说，如果空运单在出具时加载的航班日迟于出具日，那只能是出具人在出具单据时的一种“预期”，而非“THE ACTUAL DATE OF SHIPMENT”，实际发运仍然可能有变化。这种“预期”航班日理应不能构成对实际起飞日的加注，同样应属于“OTHER INFORMATION”的范畴。

ISBP 第 H8 条 A 款对批注日期早于或晚于出具日期早有定论，即在空运单据载有实际装运日期的特定批注情况下，不论其早于或晚于空运单的出具日期，都将被视为装运日期。这里很容易使人逻辑混乱，批注日期早于出具日可以理解为空运单出具时货物实际已经发运，而批注日期晚于出具日期，怎么能确定为实际装运日期呢？如果强调“视为”，那么前面的“实际装运日期”应该改为“装运日期”才合适。

由此可见，两家银行之所以产生分歧，关键在于非印就栏位以文字批注的航班日期应该作为专门的装运批注还是作为其他信息。遗憾的是，现行的 UCP 和 ISBP 版本都没有给出明确的指导。

结论与启示 ▶

1. 透过本案中两家银行对于空运单发运日期争议的剖析，笔者认为争议的根本原因在于 UCP600 和 ISBP745 没有对空运单的“SPECIAL NOTATION OF THE ACTUAL DATE OF SHIPMENT”给出明确的定义，“FLIGHT DATE”是否等同于“DATE OF SHIPMENT”没有明确的约定，容易导致不同的理解。这一点有必要在以后 UCP 的修订中予以进一步的明确。

2. 针对现行 UCP600 和 ISBP745 的相关规定，建议：受益人如希望将空运单的专门批注注明的实际日期作为发运日期，应明确在空运单中注明“DATE OF SHIPMENT：×××××××××(具体日期)”措辞。如试图在空运单中注明“FLIGHT DATE：×××××××××”字样(即使不是出现在空运单印就的 FLIGHT DATE 栏位)，则应考虑交单可能被拒付的风险，出口交单银行有必要通知受益人针对本空运单下的装运日期可能存在争议，特别是类似本例，还影响到保单日期的效力判断时，两种拒付的可能都存在。

交通银行总行国际结算中心　石燕峰

何谓保单可转让，标准实务厘清晰

案例经过

20××年6月1日，I银行开出信用证，经N银行通知给受益人，要求提交可转让形式(IN NEGOTIABLE FORM)的保险单据。

6月15日，N银行将受益人提交的出口信用证项下单据邮寄给I银行，其中包括全套保险单据(以受益人为被保险人并经其空白背书)。

6月20日，N银行收到I银行发出的拒付电文称，保险单据不满足要求，未使用可转让形式。

6月23日，N银行发电与I银行交涉：保险单以受益人为被保险人并背书，满足信用证要求，索赔权利可以转让，不同意I银行所提不符点。

6月28日，开证行I银行发电称申请人同意上述不符点，将扣不符点费，并于当天付款。

案例分析

本案例的关键点是：对于保险单据来说，是否必须将被保险人做成“来人”或“凭指示”才能满足信用证的“可转让形式”的要求呢？

对于可转让的提单而言，收货人栏位须做成“TO BEARER”或“TO ORDER OF ×××”的形式，然后经“SHIPPER”或“×××”背书。提单收货人一旦记名固定为某人，就不可以再流通转让了。

那么，是不是保险单据“可转让形式”同提单的要求一致呢？回答是否定的。《中华人民共和国海商法》第229条规定：海上货物的运输保险合同可以由被保险人背书或者以其他方式转让，合同的权利、义务随之转移。因此，在被保险人为具名实体的情况下，保险单据仍然是可以转让的。

UCP600 对保险单据的可转让形式问题未做相应规定。ISBP745 在第 K19、K20 和 K21 段，明确了审核与保险单据可转让形式相关问题的标准银行实务。

K19：保险单据须作成信用证所要求的形式，如有必要，须由凭指示赔付或以其为赔付受益人的实体背书。

K20：(1)信用证不应要求保险单据出具成“来人”或“凭指示”抬头。信用证应表明被保险人的名称。(2)如信用证要求保险单据出具成“凭(具名实体)指示”，则保险单据无须显示“凭指示”，但须表明该具名实体为被保险人或者赔付的受益人，且没有明确禁止背书转让。

K21：(1)如信用证对被保险人未作规定，则保险单据不得表明信用证受益人或除开证行或申请人以外的任何实体为赔付的受益人，或根据其指示赔付，除非该保险单据由信用证受益人或该实体作空白背书，或背书给开证行或申请人。(2)保险单据的出具或背书须使其项下获得付款的权利在放单之时或之前被转让。

ICC 意见 TA688REV 关于保险单据背书的案例中，ICC 专家在最后的分析和结论中建议：“为了避免一些与本次咨询中相同的问题，保险单据不应显示或被要求显示“TO ORDER”或“TO BEARER”为被保险人”。

从以上来看，惯例强调的重点是货物索赔权利是否可以随同保单一起转让。因此，当信用证要求“CLAIM ARE PAYABLE TO ABC(索赔时赔付给 ABC)”，而未规定保单抬头时，出口人投保时，保单抬头可填写为受益人，并背书给 ABC 公司，或者直接以 ABC 公司为被保险人。

对于本案例来说，所谓保单的可转让形式，强调的是货物损失索赔权利的可转让，与保单被保险人所采用的具体形式无关。在实务中，保险公司以受益人为被保险人来出具保险单据并交由受益人背书转让索赔权利是一种常态，申请人在取得此种单据后，即取得保单项下货物损失的索赔权利，其也可以通过再背书的方式转让保单。

结论与启示 ▶

1. 从以上分析可以看出，受益人提交的保险单满足信用证要求，开证行因此拒付并不合理。

2. 本案例所涉及的保险单据是保险单(INSURANCE POLICY)，对于

UCP600 中提到的另外一种保险单据：预约保险项下的保险证明或保险声明（INSURANCE CERTIFICATE OR DECLARATION）来说，由于预约保险合同项下的每一批货物分别签发的保险凭证代表了一个独立的海上货物运输保险合同，每一张具体签发的保险证明、声明都是在预约保险总合同下的分合同。根据我国《海商法》第 232 条的规定，保险凭证的内容与预约保险单的内容不一致的，以分别签发的保险凭证为准，故“保险凭证具有最终的合同效力”。由此看来，在被保险人指定的情况下，保险证明或保险声明同保险单一样也是可以通过背书或其他方式转让的。

3. 在实务中，如收到开证行要求保险单据“IN NEGOTIABLE FORM”的信用证，则应尽可能采用被保险人做成“TO BEARER”，无需背书的形式；或者被保险人做成“TO ORDER”或“TO ORDER OF ×××”并背书的形式。这样能够有效降低保险单据被拒付的可能性。

4. 延伸：对于保险单据来说，被保险人应尽可能按照信用证要求出具，并经过适当的背书（如需），索赔权利是可以顺利流通转让的。对于开证行来说，在开立信用证时，应避免使用类似不确定、易有争议的表述；而对于受益人来说，在制作单据时，应该站在开证行的角度思考问题，以规避不必要的交涉和风险。

5. 几种常见信用证对保险单据被保险人规定的条款，及正确的背书处理形式总结如下：

（1）信用证规定：“INSURANCE POLICY MADE OUT TO THE APPLICANT”，则保险单据被保险人做成“APPLICANT”，受益人交单时无须背书。

（2）信用证规定：“INSURANCE POLICY ISSUED TO ORDER OF ABC BANK”，则保险单据被保险人做成“TO ORDER OF ABC BANK”，并由 ABC BANK 背书（如 ABC 银行为开证行则无需背书）。

（3）信用证规定：“INSURANCE POLICY MADE OUT TO THE THIRD PARTY”或“INSURANCE POLICY ISSUED IN NEUTRAL NAME”，保险单据抬头可做成“TO WHOM IT MAY CONCERN（致有关当事人）”，受益人交单时无须背书（某些情况下，可能需要当事方背书）。

（4）信用证规定：“INSURANCE POLICY MADE OUT TO ORDER”，这种规定往往是进口商或开证行为保障货物出险后掌握索赔主动权而做的规定，这时保险单据的抬头可开立成“TO ORDER”，受益人交单时应背书。按照 ICC 意见 TA688REV 的精神，进口来单审核时，此种情况下保险单据未背书，也是可以接受的。

(5) 信用证无特殊规定时，保险单据抬头通常被做成信用证的受益人。此时，即使信用证未规定背书，受益人交单时也应空白背书。

交通银行总行国际结算中心　张禹

保险代理有多种，核赔查勘本不同

案例经过

国内D公司向土耳其C公司出口一批货物，信用证46A第6条保单要求：保单应出具成凭A开证行指示，并显示保险公司位于土耳其的核赔代理(CLAIM SETTLING AGENT)名称及电话。

20××年8月5日，D公司将信用证项下的全套单据交单至国内B银行。B银行审核后发现，保单预先印就的代理人栏位显示："所保货物，如遇出险，本公司凭第一正本保险单及其他有关证件给付赔款，如发生本保险单项下负责赔偿的损失或者事故，应立即通知下述代理人勘察。"保单在代理人栏位下方显示了某海外代理人的详细地址和电话。

此保单并未明确显示"CLAIM SETTLING AGENT"字样，B银行认为："CLAIM SETTLING AGENGT"与查勘代理(SURVEY AGENT)功能相同，直接将单据寄往开证行。

8月14日，B银行收到开证行A银行的MT734拒付电，内容如下："CLAIM SETTLING AGENT IN TURKEY IS NOT DEFINED ON INSURANCE POLICY.(保单未显示保险公司于土耳其的核赔代理。)"

同日，B银行发出MT799反驳电文："请你方注意，核赔代理人的信息已打印在保单印就文字'所保货物，如遇出险，本公司凭第一正本保险单及其他有关证件给付赔款，如发生本保险单项下负责赔偿的损失或者事故，应立即通知下述代理人勘察'的下方，因此证实了该核赔代理人的身份。该段印就文字中未包含'CLAIM SETTLING AGENT'字样不构成拒付理由。"

8月25日，B银行收到开证行的回复电文："根据信用证46A第6条规定，保单应显示核赔代理而非查勘代理或其他代理。ICC银行委员会意见R772中已明确表明，在一些特别的国家，如果信用证要求显示核赔代理时，保单仅仅显示查勘代理是不够的。请你方仔细查阅ICC银行委员会意见R772。”

案例分析

保险单据是信用证交易中大量使用的重要单据。但银行审单人员并非保险专业人士，对保单中的一些近似概念易发生混淆，导致国外银行拒付。其中，保单的核赔代理(CLAIM SETTLING AGENT)与查勘代理(SURVEY AGENT)则是典型，两者功能是否相同？如果功能不同，则区别在哪里？

一、UCP600及国际商会相关意见

根据UCP600第14条A款：按照指定行事的指定银行、保兑行(如有)以及开证行必须对提交的单据进行审核，并仅以单据为基础，以决定单据在表面上看来是否构成相符交单。本案保单表面并无“CLAIM SETTLING AGENT”字样，因此B银行并非相符交单。

根据国际商会意见R722(TA746REV)，在该案例中，信用证要求保单显示“THE APPOINTED SETTLING AGENT IN COUNTRY T(T国的指定核赔代理人)”，一份保险单据被提交，在该单据“被保险货物”一栏显示：“THE APPOINTED SETTLING AGENT IN COUNTRY T IS SHOWN BELOW×××(T国的指定核赔代理显示如下×××)”；在代理人栏位显示：“IN CASE OF DAMAGE APPLY IMMEDIATELY FOR SURVEY TO：XX MARINE SURVEYORS [ADDRESS AND PHONE NUMBER IN COUNTRY T] ATTN. MR. YY.[发生损毁时，请立即向(如下机构)申请查勘：XX海事鉴定机构(地址和电话)联系人：YY先生。]”开证行拒付，其理由是XX海事鉴定机构只是被提及作为查勘人，而不是作为指定的核赔代理人。国际商会不同意开证行的拒付理由，对此意见是：“在T国的核赔代理人(显示在下方)是提及的唯一公司。由于单据中没有任何其他公司名称，因此XX海事鉴定机构被认定为同时也是指定的核赔人，该单据是相符的。”国际商会遵循的是UCP600的“表面相符”的原则，因为保单上显示了“CLAIM SETTLING AGENT”字样，且显示了代理人信息，因此认为单证相符。

但是本文的拒付案与国际商会意见谈到的案例并不完全一致，不一致表现在：本案例的保单并未提及“CLAIM SETTLING AGENT”字样，而国际商会意见案例中的保单有“CLAIM SETTLING AGENT”字样。本案中，对方银行看

到了单证不一致，但是却错误地引用了国际商会意见，B银行虽然单据存在问题，但是反驳是正确的。

因此，不管从UCP600还是从国际商会的意见来看，根据表面相符原则，保单应单独显示“CLAIM SETTLING AGENT”，否则，将无法得到国际惯例的支持。

二、保险海外代理人实务

首先，让我们看看国内保单中代理人栏位预先印就的格式条款中代理人身份究竟是什么，是核赔代理还是查勘代理？在调查了太平洋保险公司、中国人民保险公司及大地财产保险公司的保单代理人格式条款后，我们发现人保及大地保险的格式条款基本相同，太平洋保险公司与前两者略有不同。本文以中国人民保险公司的保单代理人格式条款为例：“所保货物如发生保险单项下可能引起索赔的损失，应立即通知本公司或下述代理人查勘，如有索赔，应向公司提交正本保险单(本保险单共有一份正本)及有关文件。如一份正本已用于索赔，其余正本自动失效。”由此可见，保险公司要求显示的都是“SURVEY AGENT”，而非“CLAIM SETTLING AGENT”。虽然在条款中都出现了“CLAIM”字样，但切莫以为此处的含义就是“CLAIM SETTLING AGENT”，两者决不能等同看待。

其次，根据国内某著名保险公司的《出口货运险理赔指引》，其对查勘代理人与理赔代理人作了详细的区别：“(1)查勘代理人(SURVEY AGENT)。这类代理人在保险货物发生损失时，仅代保险公司检验受损货物的损失，不负责处理案件，给付赔款。收货人取得检验代理人出具的检验报告后，附上保单中规定的其他单证自行向出单公司索赔。保险公司指定的海外代理人中，有一部分本身并不提供检验服务或没有检验服务的资质，当收到收货人的索赔申请后，会将检验工作转托给和其有业务关系的检验代理人，因此有时就会出现检验报告的出具方和保单中列明的代理人名称不一致的情况。(2)理赔代理人(CLAIM AGENT)。这类代理人，不仅代为检验受损保险货物，而且还处理赔案，给付赔款。这种代理人也有两种：第一种是没有核赔权的，即没有信用证的代理人。第二种是有核赔权的，即有信用证的代理人。如果保险人开给该代理人一定数额的银行信用证，授权其在一定金额内可以凭规定的单证，则其可以向当地银行就地支取赔款给付收货人。”

无论是本案还是国际商会意见案例中的“CLAIM SETTLING AGENT”，都是这种有核赔权的代理。韩国某家银行在一则拒付电中曾引用保险公司对

"CLAIM SETTLING AGENT"做的定义,即在海运保险中,核赔代理是被授权代理海运保险商支付损失赔偿的人。

为何银行开出的信用证会点名道姓要求显示"CLAIM SETTLING AGENT"?让我们看看保单的海外理赔流程。一般来说这一流程分为出险报案、向有关责任方提出索赔、海外代理人勘察事故、海外代理人提交索赔材料至国内保险公司、赔款计算和审核、支付赔款六大环节。我们可以看到,其流程冗长,过程复杂,如果被保险人对赔付结果有异议,很难直接跟出口国的保险公司打交道,而如果能直接与保险公司在海外的核赔代理沟通交涉,则能减少理赔流程,加快索赔速度,在发生纠纷时也容易解决。

"SURVEY AGENT"与"CLAIM SETTLING AGENT"的区别在于:虽然两者都是代理,但是其履行的职责不尽相同,最大的不同在于"SURVEY AGENT"负责查勘,而"CLAIM SETTLING AGENT"可以支取赔款给付收货人。因此,从保险实务的角度而言,B 银行的交单并不符合信用证要求,A 银行的拒付是符合保险实务要求的。

结论与启示

通过上述分析,我们可以得出这样的结论:"SURVEY AGENT"并非"CLAIM SETTLING AGENT",两者的区别在于是否有核赔权。

因此切莫贸然断定"SURVEY AGENT"就是"CLAIM SETTLING AGENT",不管是银行还是出口商都应认识到出口保单所印就的代理人从表面看来仅为"SURVEY AGENT"。如果信用证要求明确区分"SURVEY AGENT"与"CLAIM SETTLING AGENT",则应该严格按照信用证要求制单,做到既符合国际惯例的表面相符原则也符合保险实务要求。

交通银行总行国际结算中心 陈建宏

发票不符遭拒付，遵守规则很重要

案例经过

20××年2月，Y银行将W银行开立、经H银行转递并加具保兑的一份信用证通知给A公司。

信用证中的货物描述为："SPARE PARTS AS PER PROFORMA INVOICE NO. ×××, PRICE TERM: FOB TIANJIN PORT, INCOTERMS 2010."

信用证规定，发票须经贸促会认证。

发运货物后，A公司向Y银行提交了全套单据。经审核，Y银行发现发票上存在两个问题：

1. 发票未显示"SPARE PARTS AS PER PROFORMA INVOICE NO. ×××"字样。

2. 发票除显示货物本身的价值外，总金额中还包括了单独列出的额外费用（利息2 000美元）。

Y银行立即将上述问题反馈给A公司，同时告知若对发票进行修改，其必须到贸促会重新办理发票认证。但A公司认为：第一，发票上虽然未显示信用证规定的货物描述，但发票的格式确实是按照×××号形式发票制作，内容明细都与形式发票一致。第二，发票显示的额外费用是和申请人协商确定的，并已经在×××号形式发票中列明。同时，信用证的金额中本就包括利息金额，即货物离岸价值加上利息金额等于信用证的金额。

Y银行将信用证项下的审单标准向A公司进行了详细说明，建议其修改单据相关内容。但A公司认为重新办理贸促会发票认证手续复杂，未接受Y银行的建议，要求Y银行将单据寄给H银行。H银行审核单据后，基于上述两个不符点提出拒付。A公司再通过Y银行要求H银行直接寄单给W银行。

案例分析

本案例反映出以A公司为代表的相当多的信用证受益人,对于UCP规则及审核跟单信用证项下单据的国际标准银行实务缺乏了解和重视:

第一,UCP600第4条规定,就其性质而言,信用证与可能作为其开立基础的销售合同或其他合同是互相独立的交易,即使信用证中含有对此类合同的任何援引,银行也与该合同无关,且不受其约束。本案中,×××号形式发票并非信用证组成部分,只是在货物描述中进行了援引。因此,银行没有审核信用证下提交发票是否与×××号形式发票相符的责任;即使A公司将×××号形式发票作为参考单据提交,银行也只会将其视为非信用证要求的单据而不予理会。

UCP600第19条C款规定,商业发票上的货物、服务或履约行为的描述应该与信用证中的描述一致。本案中,既然信用证中已经规定了货物描述为"SPARE PARTS AS PER PROFORMA INVOICE NO. ×××",那么发票中的货物描述应该以与前者一致的形式显示。这是银行审核发票中货物描述与信用证是否一致的关键,而不是看发票上货物是否实际上与XXX号形式发票一致。因此,该发票描述未体现信用证规定描述,构成不符点。

第二,ISBP681第61段规定,费用和成本必须包括在以信用证和发票中标明的贸易术语所显示的金额内,不允许任何超出该金额的费用或成本。此规定有两层含义,一是如果发票显示费用,则该费用必须是相关贸易术语所应包含的;二是任何其他信用证未规定的费用显示在发票上,都是不可接受的。本案中,发票显示了符合信用证规定的货物FOB金额,但额外增加了利息金额。《国际贸易术语解释通则2010》(先前版本的规定也类似)中关于FOB术语下买卖双方费用承担的规定如下:卖方必须在指定的装运港内的装船点(如有的话),以将货物置于买方指定的船舶之上方式,或以取得已在船上交付的货物的方式交货,在完成交货前与货物相关的一切费用应该由卖方支付。本案中发票显示的额外利息金额不是FOB价格条款所应包含的,应属于其他信用证未规定的费用。因此,该发票不符合国际标准银行实务的审核要求,构成不符点。

结论与启示

由于缺乏对银行审单标准的了解,本案中A公司实际上并没有享受到信用证已被保兑的好处，并承担了无法在信用证项下收汇的风险。最终，A 公司不仅承担了不符点费和电报费，还延迟了 20 多天才收到信用证下款项。

综上所述，建议受益人在遇到上述情况时，首先要在发票上表明与信用证货物描述条款一致的货物描述内容；其次，如果有贸易术语所不包含的费用或成本需要在该信用证项下结算时，一定要在信用证条款中予以特别规定。这样才可能避免单据出现不符点，而不可片面认为只要按照与申请人约定制作单据，自然会构成相符交单。

交通银行北京市分行　杨萍

产地证要求不明，收货人竟为卖方

案例经过

开证行I银行开出一份不可撤销即期议付信用证，指定议付行N银行议付。受益人为B公司。

信用证要求的单据包括：

全套正本清洁已装船提单，收货人是“TO ORDER”；空白背书，表明“运费预付”或“运费根据租船合同”，通知申请人。

由当地商会出具的产地证。（注：产地证未规定具体的收货人。）

B公司通过N银行交单。所交提单显示收货人为“TO ORDER”，产地证显示收货人为B公司，发货人为另外一家公司。

I银行收到单据后，认为产地证的收货人显示为“受益人B公司”构成不符。因此，I银行拒付交单，通知不符点为：产地证的收货人信息与提单相矛盾。

N银行不同意I银行所提的不符点。反驳称，根据ISBP681第184段：如果（产地证）显示有收货人信息，则不得与运输单据中的收货人信息相矛盾。但是，如果信用证要求运输单据出具成空白指示、凭托运人指示、凭开证行指示或以开证行为收货人，则产地证明可以显示信用证的申请人或信用证中指名的另外一人作为收货人。如果信用证已经转让，以第一受益人作为收货人也可接受。B公司，作为受益人，当然是信用证中指名的另外一人。产地证显示收货人为“B公司”符合国际标准银行实务。因此，I银行所提不符点不成立。

I银行坚称不符点成立，认为ISBP681第184段规定：如果信用证已经转让，以第一受益人作为收货人才可接受。反言之，当信用证没有转让，那么产地证注明受益人作为收货人是不可接受的。（笔者注：本信用证没有被转让。）

案例分析

本案的关键在于如何正确理解ISBP681第184段的内容。要理解ISBP681第184段，首先要了解ICC作出这样规定的目的和原因。在UCP500时代，很多信用证要求产地证而没有具体规定产地证如何出具，受益人提交的产地证显示的收货人是信用证的申请人或提单的通知方，而提单是按照信用证的条款要求做成空白抬头，或凭开证行指示。于是很多开证行以“产地证的收货人与提单的收货人不一致”而拒绝接受单据，造成拒付的大量增加。

因此，ISBP681第184段在明确规定产地证收货人信息不得与运输单据中的收货人信息相矛盾的同时，也比较好地解决了上述实务中出现的问题，即当信用证要求运输单据出具成空白指示、凭托运人指示、凭开证行指示或以开证行为收货人时，由于产地证不是物权凭证，不会将产地证收货人做成运输单据中“TO ORDER”“TO ORDER OF SHIPPER”或“TO ODRER OF ISSUING BANK”等，这样不可避免地会产生矛盾，针对这种实务中不可避免的表面上的矛盾，ISBP681第184段表明了出现以下几种矛盾的情况是可以接受的：一是产地证显示信用证的申请人作为收货人；二是产地证显示信用证中指名的另外一人作为收货人；三是在信用证已经转让的情况下，产地证显示第一受益人作为收货人。

上述第一种情况，因为包括运输单据在内的信用证下全套单据，最终会由申请人使用或转手，所以产地证的收货人显示为申请人是容易理解的。上述第三种情况也较易理解，因为如果信用证已经转让，原可转让证中的受益人即为已转让证中的申请人，通常称第一受益人。相应地，产地证的收货人显示为第一受益人，其地位相当于申请人，因此是可以接受的。

实务中比较有争议的是上述第二种情况，争议点就是如何理解信用证中指名的另外一人，本案中两家银行的各自意见非常具有代表性，正好代表了两种相反的观点，一是受益人可以作为信用证中指名的另外一人，一是受益人不可以作为信用证中指名的另外一人，除非信用证已转让。参考对第三种情况的理解，笔者认为信用证中指名的另外一人应该不包括受益人，否则上述第三种情况纯属画蛇添足了。那么，究竟谁可以作为信用证中指名的另外一人呢？笔者认为，信用证中指名的另外一人应在信用证中特别指明，信用证中特别指名的人是信用证对基础交易相关安排的体现，该特别指名的另外一人可以是货代、申请人代理人等具名第三人。

结论与启示

根据 ISBP745 规定，就本案而言，该证并未转让，在提单收货人为“TO ORDER”的情况下，产地证的收货人显示为受益人是不符合国际标准银行实务的本意的，而只有将信用证中除受益人以外的任何一个具名实体作为收货人才可以接受。

当前，随着贸易方式的多样化，转口贸易、转卖非常普遍，即便是未开出可转让的信用证，后续也会出现以此证开出的背对背信用证，而在这些情况下，为避免商业秘密泄露，实务中以受益人作为产地证的收货人也是可以理解的。但是，为了避免银行间对于惯例条款理解的偏差而引发的争议，建议在提单收货人为“TO ORDER”“TO ORDER OF SHIPPER”“TO ORDER OF ISSUING BANK”“TO ORDER OF NOMINATED BANK”或者是“CONSIGNED TO THE ISSUING BANK”的情况下，信用证的产地证条款中明确规定需要显示的收货人。

交通银行总行国际结算中心　蓝燕

证明无确切结果，拒付因品质争议

案例经过

20××年1月14日，开证行开立进口铁矿石信用证。信用证货物描述部分(FIELD 45)有以下规定：

COMMODITY：IRON ORE FINES

BASE PRICE：USD88.00/DMT BASED ON 53.00PCT Fe CONTENT

CHEMICAL COMPOSTION：Fe：53.00PCT BASIS

PRICE ADJUSTMENT：FOR Fe CONTENT

1. THE BASE PRICE SHOULD BE INCREASED BY USD1.00/DMT FOR EACH 1PCT OF Fe CONTENT ABOVE 53.00PCT，FRACTION PRO RATA.

2. THE BASE PRICE SHOULD BE DECREASED BY USD4.00/DMT FOR EACH 1PCT OF Fe CONTENT BELOW 53.00PCT DOWN TO AND INCLUDING 51.00PCT，FRACTION PRO RATA.

3. IF Fe CONTENT BELOWS 51.00PCT，THE ISSUING BANK HAS THE RIGHT TO DISHONOR DOCUMENTS.

同时，信用证单据条款(FIELD 46A)要求如下：

1. INVOICE IN 3 ORIGINALS INDICATING CONTRACT NO. AND LC NO. THE GOODS PRICE IS TO BE ADJUSTED ACCORDING TO PRICE ADJUSTMENT CLAUSE IN FIELD 45A BASED ON THE CERTIFICATE OF QUALITY.

2. CERTIFICATE OF QUALITY IN 1 ORIGINAL AND 3 COPIES ISSUED BY QUALITY SERVICES AND SOLUTIONS (GOA)，SHOWING THE ANALYSIS RESULTS OF CHEMICAL COMPOSTION STATED IN

FIELD 45A.

2月25日，议付行电告开证行，其已议付该笔信用证项下单据，相关单据即将寄送开证行。

3月3日，开证行收到单据。经审核，发现不符点：(1)质量证明显示Fe含量为“52PCT MAX”，未按照信用证的规定显示Fe的实际确切的检测结果；(2)质量证明显示Fe含量为“52PCT MAX”，而发票显示Fe含量为“52PCT ACTUAL”，单单之间存在矛盾。

3月7日，申请人通过其他途径得知该批铁矿石的品质存在缺陷，随即要求开证行对外拒付。当日，开证行发送拒付电文。

3月8日，议付行进行了反驳。对于第一个不符点，议付行认为，信用证规定质量证明只需显示“检测结果”而非“实际确切的检测结果”，因此质量证明显示Fe含量为“52PCT MAX”符合单据的要求；对于第二个不符点，议付行声称，质量证明显示Fe含量为“52PCT MAX”与发票显示Fe含量为“52PCT ACTUAL”并不矛盾。

3月11日，开证行致电议付行坚持所提不符点。

首先，信用证条款明确规定，价格调整要依据质量证明的检验结果，同时，价格调整条款亦标明了价格调整或者拒付单据的条件。因此，很自然，也很明显，质量证明必须用“准确确凿的数字”以表明“实际确切的检测结果”，并以此来判断是否调整价格或者拒付单据。质量证明使用了“MAX”的这种“不确定”的方式显示检测结果是不符合信用证要求的。

其次，依据信用证规定，发票显示的检测结果应来源于质量证明，发票以“准确确凿的数字”显示了“实际确切的检测结果”，并且依据此结果进行了价格调整，然而，质量证明却未以上述方式显示检测结果。质量证明上的“MAX”不能等同于亦不能理解为发票上的“ACTUAL”，在文义上，两者截然不同，存在矛盾。

3月23日，议付行发电援引出具质量证明的检测机构的额外声明，该声明认为质量证明中的“MAX”无其他含义可忽略不计，检测结果实为52PCT。议付行称该声明已寄送开证行。

3月24日，开证行回复议付行，银行仅基于信用证规定单据本身确定其表面是否构成相符交单，而对于非信用证所要求的单据将不予理会。

4月4日，开证行收到议付行发送的受益人降价通知，申请人接受降价同意付款。

案例分析 ▶

本案例的焦点在于矿石类信用证中的质量证明的检测结果是否满足单据的功能、信用证的要求及单据间的不矛盾原则。

首先，了解矿石的货物属性，清楚信用证条款安排，有助于深入地理解矿石类信用证的质量证明。

矿石是通过冶炼提取有用矿物的基础原材料。以铁矿石为例，有用矿物是元素铁，含铁量高意味着货物价值高，品位过低则失去了冶炼的基本价值，而元素硫及磷等无用矿物所代表的杂质成分比例则是越低越好。

正是基于矿石的货物属性，矿石类信用证中的货描部分通常会明确有用矿物的基准比例及无用矿物的最大比例，并且规定当有用矿物的含量高于基准比例则单价提高，含量低于基准比例则单价降低，品位过低则将被拒收，无用矿物的含量超出最大比例则将执行价格惩罚或者拒收货物。发票是显示上述矿物品位的重要载体之一，通过审核发票上信用证关于矿物品位的规定，进而判断适用价格调整或者拒收货物。而质量证明是体现矿物品位最为直接的单据，发票所记载的矿物品位正是来源于此。值得注意的是，质量证明所体现的货物品质不是通过普通意义上的优劣之分予以判断，而是运用检测结果反映矿物含量的方式加以区分，其检测数值意味着单据将被接受或者拒付，在单据被接受的前提下，数值的高低将进一步决定货物价值的高低。因此，质量证明应显示信用证规定的矿物成分的检测结果，这正是此矿石类信用证所要求的质量证明应具备的功能。

其次，质量证明以“MAX”的方式显示元素铁含量是否满足信用证所要求的单据应具备的功能?

UCP600 第 14 条 F 款规定：“如果信用证要求提交运输单据、保险单据或者商业发票之外的单据，却未规定出单人或其数据内容，则只要提交的单据内容看似满足单据的功能，且其他方面符合第 14 条 D 款，银行将接受单据。”本案例中，信用证规定质量证明由“QUALITY SERVICES AND SOLUTIONS (GOA)”出具，并且需要显示“THE ANALYSIS RESULTS OF CHEMICAL COMPOSTION STATED IN 45A”等内容，那么提交由该检验机构出具的检测结果为“铁含量 52PCT MAX”的质量证明似乎满足了信用证所要求的单据应具备的功能。

实则不然，以“MAX”的方式显示检测结果的做法恰恰忽视了矿石类信用证最为重要的规定：价格调整或者拒付。如案例所述，当铁含量高于 53PCT 时将价格奖励，铁含量在51PCT(包含)至53PCT范围内时将价格惩罚，铁含量低于51PCT时将拒付。显然，信用证规定了适用价格调整或者拒付的不同区间，进而虚位以待确凿的检测结果予以判断相关条件。那么“铁含量52PCT MAX”究竟适用于51PCT到53PCT之间的价格惩罚还是低于51PCT的拒付？从文义上理解，“MAX”是最高值/最大值的含义，它通常描述某类有高有低的货物的上限峰值。举例而言，同批次铁矿石的三次不同取样检测结果显示为：48PCT、50PCT、52PCT，此时，该批次的检测结果可定义为“52PCT MAX”或者“48PCT MIN”，然而通过加权平均获得的具体检测结果却仅有“50PCT ACTUAL”而已。如果“52PCT MAX”可理解为“52PCT ACTUAL”的话，那么它被理解为“50PCT ACTUAL”又何尝不可呢？一个不确切的接近于区间概念的结果将无法判断信用证规定的价格调整或者拒付适用条件。因此，在含有此类适用条件的矿石类信用证中，质量证明应显示信用证规定的矿物成分的检测结果，而且必须以确凿的数字表明实际确切的检测结果。这正是此类信用证所要求的单据应具备的功能。

再次，质量证明的“铁含量52PCT MAX”与发票的“铁含量52PCT ACTUAL”矛盾与否是开证行与议付行的另一个争议焦点。

UCP600第14条D款规定：“单据中的数据，在与信用证、单据本身以及国际标准银行实务参照解读时，无须与该单据本身中的数据、其他要求的单据或信用证中的数据等同一致，但不得矛盾。”正如前面所提到的，“52PCT MAX”表达的是一个不确定的含有区间概念的数值，它可解释为“52PCT ACTUAL”或者“50PCT ACTUAL”，如果意指前者的话则单据间自然一致，倘若理解为后者，那么单据矛盾也就不言而喻。不确定的检测结果居然能够推导出确切的检测数据，而确切的检测数据也竟然来源于不确定的检测结果，恰恰这种不确定与确切的关系本身就产生了矛盾。在正常做法下，质量证明应当出具在前，随后发票才会基于质量证明援引相关检测结果，进而判断适用价格调整或者拒付，从这个角度上分析，质量证明的检测结果与发票的相关信息似乎不仅仅要做到不矛盾，而更应当保持一致。

结论与启示

单据需要体现哪些内容，有时不仅仅取决于此单据的条款规定，还依赖于信用证其他条款对于此单据的潜在要求，只有真正理解信用证的架构安排及逻辑关系,读懂字里行间的弦内之音,才能确保单据内容满足自身的功能,并且符合信用证的要求。

交通银行总行国际部　于延涛

来证机构非银行，仔细甄别可防范

案例经过

20××年8月，C银行客户H公司与俄罗斯某公司签订出口灯管合同，结算方式为180天远期信用证。9月16日，C银行收到以H公司为受益人的信用证，该证表明适用UCP600，开证人为位于斯洛伐克的CREDIT BOSTON DRUZSTVO。信用证先由乌克兰DEMARK KSC银行以MT798格式转递至乌克兰VABANK银行，再由银行以MT798格式转递。两次转递中，转递行均表示不承担任何责任。

C银行收到报文后审核发现：首先，该证形式和结构混乱，为非正常MT700、MT710等SWIFT信用证格式；其次，通过银行家年鉴、SWIFT官方网站都未能查询到开证人信息；最后，该证表明的基础贸易背景和单据处理要求耐人寻味——申请人在俄罗斯，开证人在斯洛伐克，第一通知银行在乌克兰，卸货港在拉脱维亚，而收单行地址为开证人在英国伦敦的国际业务部门。

为防范开证人信用风险，C银行又通过各种途径进一步探查开证人的身份。根据网络信息判断，开证人CREDIT BOSTON DRUZSTVO只是一家斯洛伐克的注册资本要求最低的"合作公司"。

C银行遂在信用证通知面函中向受益人提示相关风险，向其强调开证人为非银行机构，C银行只负责信用证的表面真实性。此外，C银行还向其提示了该笔信用证交易存在欺诈的可能性，委婉地建议其勿接受该证。

但受益人根据自身判断，仍然安排了信用证项下货物的发运，并于12月和第二年1月先后四次向C银行交单，交单金额合计达58万多美元。单据寄出后，C银行从未收到开证人的承兑或拒付通知。之后，受益人表示已在信用证外收到一小部分货款，余款也将直接通过T/T方式结算，并书面指示C银行电告开证人无偿放单给申请人。

本案中，开证人自始至终未承担过信用证项下的承付责任，货款均在信用证之外结算。据了解，类似案例早有发生，且它们之间呈现出一些共同特征：一是开证人为非银行机构；二是信用证由多家银行几经转递；三是开证人仅支付部分货款或完全不付款；四是开证申请人、开证人、转递行在不同的国家，事后交涉和追讨非常困难。

案例分析 ▶

本案的关键点在于开证人只是一家普通的公司（非银行机构），甚至有可能是"骗子"公司。那么，这样一家公司是如何开出信用证的呢？非银行机构开立信用证合法合规吗？

其一，SWIFT 系统并非银行专用。

目前，绝大部分国际信用证都是通过 SWIFT 系统按其标准电文格式的要求开立。根据 SWIFT 官方网站介绍，SWIFT 用户类别分为三大组，即：

1. 受监管的金融机构。
2. 不受监管的金融业活跃实体。
3. 封闭用户组和企业实体。

最后一组用户类别构成中包括企业。

由此可见，虽然 SWIFT 系统大多为银行等金融机构所使用，但使用 SWIFT 系统的绝不仅限于银行，企业也可以使用 SWIFT。这可能与我们的理解不尽相同。这也正是强调加押电文重要性和审核未加押电文必要性的原因之一。

其二，SWIFT 允许非银行机构开立信用证。

早期，国际上各银行开立的信用证没有统一的格式。SWIFT 组织出现以后，信用证的形式和条款渐趋规范。在实务中，通过 SWIFT 系统开立信用证，已经为大多数国家的银行所接受和遵循。SWIFT 贸易金融维护工作组（TRADE FINANCE MAINTENANCE WORKING GROUP）曾于 2004 年 9 月决定，不可将 SWIFT 第 7 类格式电文用于传输非银行信用证，以免误导接收方。但鉴于非银行信用证这一事实的存在，2006 年 11 月，SWIFT 组织对跟单信用证类报文格式进行升级时，在 MT710 和 MT720 中新增了 50B 场——"NON-BANK ISSUER"和"NON-BANK ISSUER OF THE ORIGINAL DOCUMENTARY CREDIT"，用于显示开证人的非银行身份。工作组提醒 SWIFT 用户，通知和转递非银行信用证时,要特别审慎地澄清开证人的非银行身份,以免承担可能的责任。

其三,法律和国际惯例对非银行信用证的认可。

除SWIFT允许非银行机构开立信用证外,国际商会曾在R505意见中指出,无论是银行技术与实务委员会还是UCP,都不能决定谁有权根据其当地法律开立信用证,也不能决定谁可以发出受UCP约束的承诺。显然,对开立信用证的限制是一个从属于当地法律的问题。例如,美国《统一商法典》第五篇“信用证”中对开证人进行了定义:开立信用证的银行或其他人(A BANK OR OTHER PERSON),但不包括为个人、家人或家庭目的作出承诺的个人。

国际商会认为,非银行开证人应履行与银行一样的义务和行为标准,同时也指出非银行信用证风险较大,受益人应小心谨慎,最终还是要由受益人自己决定是否承担与非银行信用证相关的风险。

那么,非银行信用证的风险在哪里呢?风险主要来自非银行开证人自身因素以及非银行信用证涉嫌欺诈较大的可能性。对比分析几个相似案例,这些涉嫌欺诈的非银行信用证往往具有以下特征:

1. 具有迷惑性。部分非银行信用证以MTN98、MTN99格式开立,再以此类格式转递,信用证结构和形式较为混乱。即便如MT798这类SWIFT自动加押的报文,看似已经满足了表面真实性的要求,但按照SWIFT规定,若使用MT710格式转递信用证,报文中必须出现50B场,而MT798格式无此要求,这给发报人有意模糊开证人身份提供了机会。另外,此类非银行信用证的开证人名称往往看似银行甚至世界知名银行,如带有“CREDIT”“BANK”字样,或看似是一些知名银行的字母缩写,受益人较易受蒙蔽。

我们需看到,无论是MTN98、MTN99格式信用证,还是MT700、MT710、MT720格式信用证,均可存在开证人为非银行机构的情况。其中,只有少数存在欺诈的可能。在更多的情况下,此类信用证仍作为买卖双方贸易往来的正常结算工具。例如MT799是一份由总行代其分行发送的明确由分行承担开证行责任的信用证。又如,MT710的开证人是一家香港财务公司,但当事人与其业务往来已久,收汇记录良好。因此,审核承担承付责任的开证人信息尤为重要。

2. 信用证层层转递,且转递行均表示免责。MTN98、MTN99类非银行信用证往往被数度转递,多数转递行在转递此类信用证时,为在日后可能产生的纠纷中摆脱干系,都在信用证内容中列入诸如银行不承担任何责任和义务的条款。

3. 信用证涉及的当事人处于多个国家。此类信用证的开证人、申请人、转递行、收单行往往不在同一个国家,存在信用证欺诈的可能。一旦受益人回款发生问题,在追讨上存在很大难度。根据目前了解的情况,有不少涉嫌诈骗的非银行信用证由乌克兰境内的银行转递，“信用证由乌克兰的银行转递”成为提高警惕、防范风险的信号之一。

非银行信用证中，最大的风险因素来自非银行开证人自身，主要是信用风险、单证风险和欺诈风险：

1. 信用风险。众所周知，信用证是为解决买卖双方互不信任的问题而由银行介入后逐渐发展起来的。信用证之所以冠以“信用”二字，是由于银行以其金融技能和信誉，开立信用证给予买卖双方各自保障。而非银行机构的资信状况不及银行，担保能力、履约能力较弱，处理业务时有可能采用非独立性原则，易受单据表面是否符合信用证条款之外因素的影响，破坏信用证独立性，受益人凭相符单据获得付款的保障被削弱，因此银行对此类信用证的接受程度普遍较低，受益人较难以非银行信用证进行融资甚至难以通过银行交单。

2. 单证风险。银行设有专门部门处理国际结算业务，具有以专业方式处理信用证项下开立和交单的专业知识，而非银行机构相对缺乏专业技能和操作经验，单据审核不专业，往往不承付也不拒付，或者臆造不符点无理拒付，业务处理不规范，不按国际惯例行事，毫无维护自身商誉的意识。

3. 欺诈风险。以诈骗为目的的非银行机构为了达到其目的，必然要在开证前做一些事先计划，例如采用与世界知名银行相近的名称或名称缩写以冒充银行，掩盖其非银行身份；又如跨越多国来完成信用证的开立和通知，信用证当事人分散在不同国家，故意对受益人日后的交涉和追讨设计迂回曲折的路径。一旦受益人向其提交包括正本提单在内的单据，很可能发生货物被提走而货款迟迟没有被支付的情况。同时，这类非银行开证人往往是“空壳公司”“皮包公司”，即使日后受益人诉诸法律且胜诉，在赔付的执行上也会大打折扣。如遇开证人倒闭，受益人极可能钱货两空，追债无门。

结论与启示

综上所述，非银行机构在当地法律框架内开立受 UCP 约束的信用证并不违反 UCP 规定。但鉴于非银行信用证较高的风险性，通知行在处理出口信用证通知业务时，应合理、谨慎地审核信用证并做好相应提示。对非银行机构开立的信用证，通知行应既不一概拒绝，又要审慎处理，着重做好以下方面的工作：

1. 认真审核信用证真实性，应在核对信开信用证印鉴或核对非加押的电开信用证密押相符后，再将信用证通知受益人。

2. 仔细审核开证人身份，可从以下几点入手：

(1) MT710 和 MT720 电文格式中的 50B 场表明了开证人的非银行机构身份。

(2) 通过银行家年鉴网站 BANKERSALMANAC. COM 和 SWIFT 官方网站 SWIFT. COM 查询开证人信息。银行家年鉴网站可以查询到世界 5 000 多家银行的资料信息，包括地址、联系方式、SWIFT 代码、信用评级、国内外排名等相关信息，并需注意其信息更新的非实时性；SWIFT. COM 网站查询到的信息可说明该机构已接入 SWIFT 系统，但不必然意味着其是银行。

(3) 认真分析信用证条款，仔细甄别真正承担第一性付款责任的一方，以及该方是银行还是财务公司等非银行机构。例如，某些信用证看似发送方为一家银行，但信用证某细节处又说明此证真正由某非银行机构开立，发报行只是不承担责任地代为转递信用证。

(4) 注意识别开证人全称，勿将名称中含有知名银行缩写字母的开证人视为该知名银行。在银行家年鉴网站用开证人名称的关键词查询其信息时，开证人名称与查询结果之间不能完全匹配的就需提高警惕，认真鉴别。

(5) 对非银行信用证各个项目做全面细致审查：逐项检查开证人、转递行、申请人、运输路线、单据要求、收单行地址、特殊条款等，找出“陷阱”，向受益人做必要提示。注意避免遗漏细节，不应以扫视的方式审核此类信用证 47 场的条款，也不应轻视 78 场的条款。

(6) 在通知或转通知时，应在通知面函的显著位置明确披露开证人的非银行身份，提醒受益人注意此类信用证所潜伏的风险。目前，各家银行的通知面函普遍将信用证开证人一栏的名称设计为“开证行”，可能误导受益人以为该栏位中显示的开证人为银行机构。对此应引起重视，做好必要的澄清。

交通银行总行国际结算中心　陈昊嘉

连环来袭信用证，火眼金睛识诈骗

案例经过

20××年2月22日，L银行收到一份以MT798形式由乌克兰的O银行转递的信用证(以下简称A1)。该信用证号码为×××××××，受益人为B公司，申请人为希腊A公司，开证人为一家位于美国的K金融公司。信用证要求货物从中国运往希腊，同时要求寄单至K金融公司在英国伦敦的国际业务部门。同时，O银行在转递电文中还声明，它是从俄罗斯的P机构处收到信用证的，不承担任何责任。

通知信用证前，L银行提示B公司：信用证由非银行机构开立，开证人资信无法保证；申请人在希腊，地区信用风险较高；开证人在美国，货物运往希腊，单据寄往英国，不承担责任的转递行在乌克兰，涉及的交易环节过于曲折，为防范欺诈风险，建议贵公司对有关方的资信进行必要调查；如有必要，拒绝接受该证。

2月26日，应B公司请求，L银行发电至乌克兰O银行，表示L银行决定不予通知该信用证。

3月12日，L银行收到一份以MT710形式由浙江Q农商银行转递的信用证(以下简称A2)。该信用证号码为×××××××，受益人为B公司，申请人为希腊A公司，MT710的50B(NON-BANK ISSUER)栏位显示开证人为英国M机构。信用证要求货物从中国运往希腊，同时要求寄单至M机构。同时，Q银行在转递电文中声明，其未对原证进行修改，并要求支付其转递费用。

L银行指定专门业务人员对此信用证进行了处理，在通知面函上提示客户该信用证为非银行机构开立，注意收汇风险。在确认处理完成信用证通知录入交易时，L银行系统提示：信用证重号，无法录入。后该业务人员在系统档案中查询到信用证A1，经核对发现，信用证A2与A1信用证编号完全一致，且金额、币种、寄单地址等多项信用证要素均相同。经询先前处理A1信用证通知业务的电文交涉人员后，L 银行业务人员除了在通知面函上备注了与信用证 A1 同样存在的问题，另外特别提示受益人 B 公司："该证与贵公司先前通过 MT798 收到的信用证编号、金额、寄单地址均相同，疑似变相重新开证。建议调查有关方资信，如有必要，拒绝接受该证。"

3 月 14 日，B 公司提交信用证拒绝接受申请，表示拒绝接受该信用证。

4 月 2 日，L 银行又收到一份由位于中国浙江 R 城商银行转通知的信用证(以下称 A3)，信用证号码为×××××××，受益人为 L 银行的客户 B 公司。其余相关信用证要素信息与 A2 大致相同，唯开证方在附加条款中指示议付行"为开证方开立一个现金抵押账户(CASH COLLATERAL ACCOUNT)(笔者注：或称保证金账户)，并通过加押电文告知议付行的汇路指示以便于开证方在此证项下汇入一笔保证金。同时，开证方还授权议付行在满足以下条件时可借记该保证金账户：即开证方需要收到议付行发来的加押电文，表明：(1)该信用证项下交单单证相符；(2)已将单据通过快递公司寄往开证方地址，并注明快递公司名称和空运单号码。(下称"保证金账户条款")

L 银行业务人员在 A3 的通知面函上做了与 A2 类似的风险提示。

4 月 10 日，B 公司提交信用证拒绝接受申请，表示拒绝接受该信用证。

案例分析 ▶

从案情经过可以看出，本案中所涉及的三个信用证 A1、A2、A3 存在开证方资信不足、信息传递复杂、交易迂回曲折、相互关联性强等多重问题和疑点，应引起通知行的高度注意和警惕。

首先，这三个信用证都存在非银行机构开证的情况。其中 A1 的开证方为位于美国的 K 机构，A2 和 A3 的开证方为位于英国的 M 机构，其中 A1 和 A3 在信用证中均表明 K 和 M 为金融公司(FINANCIAL COMPANY)，经查银行年鉴，两者均为分类中的"OTHER INSTITUTION"(另外两种分类为 BANK HEAD OFFICE 与 BANK BRANCH OFFICE)，为非银行机构，而 A2 由于采用 MT710 格式在信用证的 50B (NON-BANK ISSUER)栏位显示了 M 的非银行机构属性。众所周知，信用证项下开证行需要承担第一性付款责任，受益人接受信用证是基于对开证方的资信有足够的信任，相信自身只要能够按照信用证要求在规定的期限内提交符合信用证要求的单据肯定能获得开证行的付款。从这个角度说，信用证中的"信用"二字是指银行的信誉保证。随着信用证的普及和世界贸易的增长，越来越多的非银行机构也开立了信用证，但同时它们的信用又不如银行那么可靠，所以非银行机构的风险也就逐渐暴露了出来。这种非银行机构开证应引起信用证各相关方的特别关注：对受益人来说，应在与申请人签订贸易合同时规定尽量避免由非银行机构开证，从而不使自己面临收汇不确定的不利境地；对通知行来说，应加强非银行机构开证的识别能力，及时将潜在风险揭示给客户。本案中，L 银行的电文交涉人员和业务人员均就此风险对客户进行了提示。

其次，这三个信用证均采用了由其他银行转递的形式最后提交给 L 银行，要求 L 银行通知给 B 客户，同时信用证各相关方位于多个不同的国家和地区，交易较为迂回曲折，放大了相关风险。三个信用证显示开证方分别在美国和英国，要求货物从中国运往希腊，却要求寄单至英国，A1 经由乌克兰的 O 银行和俄罗斯的 P 机构转递，且采用 MT798 这种极为罕见的电文格式，经核实，P 机构为一家俄罗斯的非银行机构，同时 O 银行明确表示只是转递该证并不承担责任。A2 和 A3 分别通过规模和知名度相对较小的中国浙江的两家农村和城市商业银行来转递。上述情况不能不引起通知行警觉，何以一家美国的非银行机构要通过俄罗斯的非银行机构、乌克兰的银行双重转递该信用证(A1)？而后位于英国的非银行机构要通过中国的农商行和城商行来转递这份信用证(A2 和 A3)，而且是同一受益人？结合全球金融危机以来，上述各国银行和企业的风险情况，如希腊公司信用风险较高，乌克兰银行的收汇常出现种种问题等，有理由相信，这些信用证随着风险链条的拉长，风险也逐步放大，存在较大的欺诈可能性。

最后，这三笔信用证存在着较强的关联性。一是内容和形式上的关联性。A1、A2、A3 信用证号码基本完全一致(其中 A1 和 A2 信用证号码完全一致，A3 与前两者相比仅在中间加了一个字母 A)，申请人、金额、币种、货物描述、装卸货港、单据条款、寄单地址完全相同，附加条款也基本一致，由于该信用证未通知到受益人(A1)或者未被受益人接受(A2、A3)，比较大的可能性是开证方疑似反复开证，故而在形式和内容上均保持高度一致；二是逻辑和程度上的关联性。在发现信用证未顺利通知到受益人或未被受益人接受的情况下，开证方在信用证形式和条款安排方面采取了若干变通措施，以期获得通知行的认可，具体表现在以下几个方面：将相同的信用证号码变更为具有细微差异的信用证号码；从经过俄罗斯、乌克兰两道转递变更为只经过中国城商行一道转递；从采用较为罕见、容易引起通知行怀疑的 MT798 电文格式转变为采用较为普遍、容易使通知行放松警惕的 MT710 和 MT700 电文格式；在两次均不成功的情况下，在 A3 中特别设置了“保证金账户条款”,希望借此减少通知行的疑虑,等等。上述种种迹象表明,此三笔信用证无论从内容、形式还是逻辑、程度上均存在着高度的关联性,疑似开证方在发现前次信用证通知未能达成的情况下变相重复开证,骗取通知行信任,最终达到实施诈骗的目的。而L银行对受益人充分揭示了相关风险,有效地遏制了可能存在的诈骗行为。

结论与启示

综上所述,这是一宗较为典型的涉嫌信用证连环诈骗案。以往我们也曾遇到过类似信用证欺诈的情况,但大多属于孤立的案件,像本案这样一而再再而三地开立格式、要素雷同的信用证,千方百计希望受益人接受信用证的案例较为少见,值得引起银行业务处理人员深思。本案给我们提供了如下几个方面的启示:

1. 处理单证业务的同时要关注宏观经济金融环境的变化。近些年来,美国次贷危机、欧债危机先后肆虐,一些发达国家和发展中国家受到危机的冲击较大。在后危机时代,这些国家仍处于恢复阶段,经济体运行中面临许多困难,这为银行正常业务经营带来了诸多变数。从目前已发生的案例来看,诸如南欧的希腊地区,受欧债危机影响,银行信用风险频发,且发生了多起托收项下的单据被当地黑社会等不法分子抢走导致中国出口商无法正常收汇等恶性事件;东欧的乌克兰等国的银行,收汇存在一定风险;东南亚的越南某些银行随意利用止付令方式对中国的出口商及其融资银行停止履行其信用证下的付款义务;等等。同时还有一些受到联合国、美国OFAC、欧盟等组织和地区制裁的国家和实体等,也潜藏了有可能因违反相关规定和法律导致单证交易无法正常履行的因素。业务人员在处理相关业务时,如涉及这些敏感国家或地区的银行,应给予充分关注,结合当下的经济金融形势,格外留意业务贸易背景真实性问题以及对方银行和客户的履约能力,从而做出相关业务决策判断。

2. 合理谨慎处理业务,充分揭示相关风险。银行是经营风险的行业,承受一定程度的风险可以获取与其相匹配的收益。寻求风险和收益的平衡状态,是考验银行经营水平和业务能力的标志。然而,当潜在的风险远大于可能获取的收益时,银行就应该及时采取措施控制风险。在处理单证业务中,尤其是像信用证通知这类看起来较为简单的业务时,还是应该本着谨慎的态度,认真阅读相关信用证条款,将条款中的潜在风险充分揭示给客户,尽可能将风险和欺诈消灭在萌芽阶段。在提示风险的时候应尽量完整、准确地叙述每一个风险点，建议客户采取的相关措施，同时写明若客户不作为的可能后果。结合本案，先后存在开证方资信不足、信用证多重传递、交易迂回曲折等问题，这分别对应了可能潜在的风险：非银行机构开证容易引发收汇不确定风险，信息多重转递容易放大各环节风险，交易迂回曲折将造成一旦后续发生问题交涉困难等问题，只有将这些潜在的风险一一提示给客户后，才能有助于客户做出正确的选择和判断。

3. 结合业务实际，灵活运用业务处理原则。本案中，在处理A2的信用证通知时，业务人员原本只准备按照岗位职责和操作规程的要求简单地提示客户："非银行机构开证，注意收汇风险。"后经电文处理人员提醒，才将A2与A1存在的共性风险逐一提示给客户。可以想见，若客户只看到最初的风险提示，可能只了解了非银行机构开证资信不足这一方面的风险，而对A2中其他存在的问题并不了解，也许就此放松警惕而接受信用证，从而发运货物，到头来很可能面临钱货两空的局面。这就对业务处理人员提出了更高层次的要求——不应拘泥于岗位职责和操作规程中的相关业务处理原则，而应结合具体实际灵活运用这些原则来指导自身的业务实践，从而提出自身的解决方案。须知这些业务处理原则是从大量业务中归纳总结出来的具有一般意义的共性要求，而现实业务是千变万化的，业务指导原则并不能适用于每一种业务实际。所以，业务处理人员需不断提高自身的业务水平，因地制宜，将业务原则创造性地运用到业务处理过程中去，实现业务平稳、健康地运行。

4. 开证方在选取转递行、保兑行时应有一定的选择性。本案涉嫌信用证欺诈，从反面给我们提供了一个有益的启示，即若开证方想极力证明其开证行为的正当性和可信度，应尽量选取享有一定国际知名度的大银行来承担转递行、保兑行的角色。本案中开证方自身为非银行机构，却找了两家完全不着边际的地方农村商业银行和城市商业银行来转递信用证，即使本案中的确存在真实贸易背景，申请人与受益人也的确签订了货物买卖合同并通过信用证来结算，但这样的信息转递还是会引起通知行的怀疑。所以，当开证方本身是非银行机构或者规模、知名度较小的银行，而信用证又必须通过转递、要求保兑时，应尽量选择规模和知名度较大的银行来承担这类角色。因为一般国际大银行有较好的银行信誉和知名度，诸如渣打、汇丰、摩根大通等银行，其实施欺诈的机会成本较高，选取它们做转递行或者保兑行可以减少通知行的疑虑，在做转递行的情况下，也可以从某种程度上无形中提高开证方的资信，有助于顺利地将信用证通知到受益人手中并请受益人接受。具体而言，开证方可在内部建立起相关框架评价体系来选取这些银行(转递行、保兑行等)，如具备同业授信额度或者资产规模、利润达到某一标准或在国际银行间排名前多少位等，只有满足这些条件的银行才会被用来承担转递行或保兑行的角色，确保业务顺利开展。

交通银行总行国际部　徐达

扑朔迷离终收汇，抽丝剥茧寻规律

案例经过

本案例相关背景为：

开证行：G 银行(新西兰一家私人银行)

第一通知行：英国一家非金融机构 K 公司

第二通知行：辽宁沈阳的地方性银行 S 银行

开证申请人：阿联酋 A 公司

20××年 3 月 2 日，受益人某公司在国内 C 银行办理信用证项下议付交单，金额为 USD2 398 220.63。该证为 MT710 格式转通知信用证，限制 C 银行议付，期限为提单日后 90 天。审单人员发现该证所涉当事方较多，业务背景颇为复杂，信用证 47A 场包含一项条件：一份证实的电文由 G 银行提交并通过通知行转给受益人银行，内容为证实受益人已履行对开证申请人的承诺。C 银行将上述情况告知受益人，但它表示信任 A 公司仍安排发货。

在受益人要求寄出单据的两周后，C 银行查到 G 银行在 3 月 5 日签收单据，但直到 3 月中旬 C 银行仍未收到 G 银行的承兑电文，随即与受益人联系催收，但受益人表示 A 公司会很快承兑。

4 月 19 日，距离出单日已一个半月，C 银行还未收到 G 银行承兑电，受益人方感事情不妙，因为货物已在汉堡港滞留一个月，并联系不到 A 公司，所以要求 C 银行向开证行催承兑。

4 月 20 日，C 银行根据受益人的指示，依据 UCP600 第 14 条和第 16 条相关内容，以开证行在收到单据次日起 5 个工作日未给予交单行拒付通知为由对外发电催其尽快承付。而接下来的一幕大大出人意料。

4 月 23 日，G 银行发来 MT999 电文："20××年 3 月 8 日我们已通过 K 公司转发 MT999 不符点通知，我们的 TRN：×××××12038.02，电文引述如下：不符点通知：无开证行发来的表明受益人已向申请人履行义务的证实电——G银行。”C银行立即通知受益人，并发电反驳：

“(1) 我们至今未收到4月23日你行999电文中提及的不符点通知，因开证行未按UCP规定时间内发送不符点电文，则无权宣称交单不符。

(2) 47场的证实电文是银行之间的单据，非信用证条款要求的单据，应不予理会。”

4月24日，第一通知行K公司发来MT998电文，在12场标注“734”，在77E场注明“重复转发：我行不承担责任(以下电文已于20××年3月9日通过S银行转递)。引述电文如下：请S银行转递以下不符点通知至C银行。不符点通知：无开证行发来的表明受益人已向申请人履行义务的证实电——G银行。”C银行从受益人处了解到S银行并未收到上述不符点电文，紧接着发电给G银行：“4月24日我们收到K公司表明其通过S银行转递不符点通知的电文，但联系S银行后答复未收到，故请开证行提供通过S银行转递C银行的方式及内容。”

4月26日，开证行发来MT999电文——驳斥C银行的观点：

“(1) 拒付电的签发日是20××年3月8日(在收到单据后的5天内)，该不符电通知通过原信用证通知的路径发出，即通过K公司再经过S银行给贵行。

(2) UCP600第37款第B项——即使银行自行选择了其他银行，如果发出的指示未被执行，开证行或通知行对此亦不负责。

(3) UCP600第35条。(笔者注：关于信息传递和翻译的免责。)

(4) 信用证中的条款视同整体，没有部分是可以不予理会的，特别是47A场表明需要提交该电文时。”

G银行坚持认定未提交电文是不符点而拒绝承付，其欲解除第一性付款责任的态度非常坚决。C银行随即向受益人出具风险提示单。一是告知G银行提出的不符点、与其交涉的结果及其态度；二是提醒受益人及时洽客，相互协商解决，建议退单或保全资产。由于货值约240万美元的商品是A公司专门订制的管道，即使从汉堡港运回也是废铁一堆，同时还要承担巨额的滞港费、仓储费和运费，因此，对受益人而言，退单这条路行不通，只能无奈请求C银行协助，寄希望于通过与G银行的交涉迫使其履行付款责任，但结果G银行的拒付态度非常坚决。

此时的受益人骑虎难下！原来其辗转打听到A公司因抵押不足，当时只缴纳了少量的开证费通过G银行开立此证，G银行为了保护自己的利益才在证中加入一个所谓的生效条款。而A公司下家在受制裁地区，因故未能及时在阿联酋当地开出背对背信用证，所以G银行才不愿向C银行发出信用证规定的电文并拒付，使受益人陷入始料未及的困境。

5月31日，受益人在漫长而焦急的等待中终于等来了解决方案，基于退单会带来更多的损失，受益人被迫接受A公司的提议，即授权G银行将提单放给贷代换取下一程的提单，凭此提单A公司再通过阿联酋的一家当地银行（此证由另一家阿联酋当地银行保兑）开立国内证，待其下家付款后再将款项付给受益人，作为无偿放单的交换条件，A公司承担在汉堡港的50万美元的滞港费。C银行根据受益人指示对外发电同意上述操作。

6月11日，C银行从受益人处了解到双方已谈妥滞港费，A公司已卸货，其在阿联酋的国内证也已开出。

7月30日，C银行从受益人处获悉货已运抵A公司的下家。

9月6日，G银行汇来USD2 397 860.63，扣费USD360，此案终于完结。

案例分析与启示

一笔议付交单从信用证的开立到最终收汇，历经数个环节，涉及各方当事人的利益。结合本案例，对于处理存在复杂交易背景的交单所存在的问题，交单银行应综合反思并总结每个节点操作上的经验与教训，把控业务环节中的风险点，尽最大限度维护受益人与交单银行的切身利益，保障收汇安全。

1. 审单环节交单银行应关注信用证复杂条款背后隐藏的交易背景风险

交单银行以往处理的基本都是银行机构开立的议付交单，条款较为规范，即使开证行拒付最终也是通过贸易双方协商解决。但对非银行机构开证的交单经验不足，通过本案例，其实通过复杂的信用证条款对其业务背景可窥端倪：

(1) 非银行机构开立信用证的申请人往往信用级别低、资信较差且财力有限。据了解，本案中的A公司只是一个空壳公司，根本无资质在银行开证，所以只能通过类似G银行这样的私人银行缴纳少量费用来开证。

(2) 非银行机构与其建立密押关系的代理行较少，因此通过数家银行层层转递。本案例中信用证中的开证行、第一通知行和第二通知行分处不同的国家，各家转递行在通知或电文中均表明不承担责任，这对以后的交涉与追讨带来诸多麻烦与困难。

(3) 信用证47场、48场、72场均藏有“猫腻”。本案中，G银行掌握生效条款的落实，自始至终未在信用证中承担付款责任，却轻而易举地坐收一笔开证费和代理费，反观受益人则耗费大量的人力与物力，经过多方努力和协商，拖了半年才最终收汇。48 场的交单期也是"陷阱"所在。本案信用证规定的交单期为"所有单据"提交后的 21 天，其特殊规定显然与 47A 场要求的电文遥相呼应，足以佐证 47 场的电文是信用证规定必须提交的"全部单据"之一。据此规定，4 月 23 日，当受益人收到不符点通知时，其在效期 5 月 3 日提交该电文，仍能做到单证一致。C 银行以为 47A 场规定的是常规条款而一扫而过，而忽略了这一重要细节。曲折的转递路径会在 72 场出现。本案例中 72 场就表明信用证由 K 公司转递给 S 银行，K 公司不承担责任。

2. 交涉环节中交单银行应抓住问题的关键点，在反拒付中占据主动

本案例中 C 银行与 G 银行就不符点进行交涉数次，针锋相对地阐述各自的论点及论据：

(1) C 银行 4 月 24 日的反拒付电文中的第一个论点(我们至今未收到 4 月 23 日你行 999 电文中提及的不符点通知，因开证行未按 UCP600 规定时间内发送不符点电文，则无权宣称交单不符)运用是否恰当?

当时 C 银行引用的论据是 UCP600 第 14 条 B 款(开证行的审单时间为收到单据次日起五个工作日)、UCP600 第 16 条 C 款(开证行决定拒绝承付时，必须给予交单人一份单独的拒付通知)以及 F 款(如果开证行未能按照本条行事，则无权宣称交单不符)的规定。实务中如果未在 UCP600 规定的时间内收到开证行的不符点通知或其他反馈电文时，C 银行一般会引用上述惯例来催促开证行承付，但本案中 C 银行未获得任何权威的、可确定性的证据来证明 G 银行违反国际惯例行事，所以运用该论点进行反拒付显得苍白无力。

(2) 本案例中 C 银行 4 月 24 日的反拒付电文的第二个论点(47 场的证实电是银行之间的单据，非信用证条款要求的单据，应不予理会)是否存在对信用证条款及国际惯例理解上的问题?

C 银行当时的理由一是该条款出现在信用证 47A 场，与 45 场的所需单据无任何关联；二是系 G 银行发来的电文，且信用证中并未明确要求随附 45 场的其他单据一并提交，所以从主观上理解该条款是银行之间的单据应不予理会。但事实上信用证规定的单据不论其出现在信用证何处必须全部提交。比如有的信用证 47 场要求提交受益人的资信证明，有的信用证 47 场要求提交受益人表明是否接受修改的证明(如有信用证修改)等，尽管本案例中的电文要求确实比较特殊，不合常理，但如果未按信用证要求提交单据，G 银行有权宣称单证不符，因此该论点在此反拒付电运用不甚合理。

(3) G 银行在 4 月 26 日对 C 银行的反驳电文中第一条"此不符点通知是通

过原信用证通知的路径发出，即通过K公司再经过S银行给贵行”的说法是否符合UCP惯例规定？

UCP600第16条D款明确规定：第16条C款要求的通知必须以电讯方式，如不可能，则以其他快捷方式，在不迟于交单次日起的第五个银行日结束前发出。惯例中之所以要求快捷方式，主要是考虑到尽快使交单人了解到单据被拒付的事实及不符点情况，以便受益人及时改单或另行处置单据。本案例中C银行在4月23日收到G银行发来的MT999不符点电文，即说明其完全可以通过直接路径发送拒付通知，否则也可通过快邮通知等其他快捷方式发送给C银行，而不是通过其他银行进行转递。一旦付诸法律，G银行会因无法在法庭上举证说明电讯方式不可能而被视为违反惯例行事，使自己陷入被动局面。

可见C银行在反拒付的环节中并未抓住问题的根本。因此在反拒付过程中交单银行应注意研究、分析对方的电文内容，找准弱点，及时回击，在引用论据时必须能够支持自己的观点，如国际惯例必须恰当，对自己理解不准的论据不要引用；如相关证据必须确凿，没有权威性的证据不要进行推测与臆想。因此交单银行应善于在实践中不断总结经验、教训，检讨自身在业务处理中的错误，纠正对信用证条款、惯例上理解的偏差，不断提升业务素质水平。

3. 交单银行需进一步完善单据流与货物流的跟踪，以便随时调整应对措施

本案例中交单银行密切保持与受益人的联系，掌握业务动向。在与G银行的交涉和后续的各个环节中，C银行均能及时跟进，在获悉G银行的拒付态度坚决时向受益人及时发送风险提示单，并通知所属经营单位予以关注；在受益人要求无偿放单时告知其风险；在业务卷宗上仔细记录每个催收的时间节点、各方态度及催收成效等每个细节，把握证据，积极帮助受益人催讨货款。

4. 在双方协商阶段，交单银行应注意运用惯例保护受益人与自身的利益

信用证的目的在于买方可以从信用证规定的单据中获得安全的保障，而卖方只要提交无瑕疵的单据就可以保证从银行获取货款，对买卖双方都有保障是信用证独有的特征。本案例中G银行的坚持拒付使得买卖双方依托的银行信用转换为商业信用，交易游离在信用证之外通过双方协商解决，此阶段交单人员需注意以下风险点，运用惯例来保护交单行和受益人的利益。

(1) 单据在开证行拒付之前其所有权属于受益人

本案例中当受益人要求C银行对外发电同意将提单交给货代换取第二程的提单时，C银行告知其在单据付款之前，单据仍属于受益人，无偿放单会带来钱货两空、追债无门的风险；如果受益人执意要求无偿放单，必须由其出具书面的承诺函，保证承担因无偿放单引发的一切费用与风险。

(2) 只有受益人有权同意无偿放单而非交单银行

本案例中C银行注意到G银行的来电中要求以其名义同意放单,因此在发电时修改措辞,将主体修改为受益人而不是C银行,以免自身牵扯到基于商业信用的贸易背景中。

交通银行江苏省分行　郭晓玉

信用证保管不当，银行间反复交涉

案例经过

本案例相关背景：

20××年6月10日，申请人向开证行申请开立自由议付信用证，开证金额为USD9 126 000.00，设备总金额USD10 140 000.00，开证担保为100%人民币保证金，进口货物为两台合成气压缩机，信用证款项分3次支付：

第一次付款金额为设备总金额的25%（USD2 535 000.00），要求提交的单据为：未定价发票（UN-PRICED INVOICE）、商业发票、预付款备用信用证（要求受益人的银行以MT700格式电开）以及一份正本的PROJECT SCHEDULE。

第二次付款金额为设备总金额的25%（USD2 535 000.00），要求提交的单据为：受益人出具的项目主要材料收据（照片）、商业发票以及一份正本的PROJECT SCHEDULE。

第三次付款金额为设备总金额的40%（USD4 056 000.00），要求提交的单据为：发票、装箱单、提单等单据。

设备总金额的10%在信用证以外结算。

8月31日，开证行收到该证下第一次来单，来单行面函提示："WE ARE FORWARDING DOCUMENTS TO YOU WITHOUT EXAMINATION, THE BENEFICIARY CERTIFIED THAT THE ORIGINAL L/C IS LOST."

开证行审单发现以下不符：

1. COPY OF THE STANDBY L/C NOT PRESENTED.

2. THE UN-PRICED INVOICE NOT PRESENTED.

开证行首先联系申请人告知此次交单未凭正本信用证，存在其他人拿到正本信用证重复交单的风险，同时通过申请人了解到受益人由于搬家找不到正本信用证。申请人要求开证行从维护双方资金安全的角度妥善解决问题，也表示会督促受益人尽快找到信用证正本。

9月1日,开证行向交单行发出第一份电文,表明:由于未凭正本信用证交单,存在重复交单的风险,开证行不能受理此笔业务,除非交单行能承诺交单的唯一性。

9月2日,交单行回复开证行受益人向其递交了担保函,担保其一旦找到正本信用证会及时提交给交单行,交单行作为通知行又重新通知了一份正本信用证给受益人,要求开证行不要退单并联系申请人付款。

9月3日,开证行在交单期和有效期内收到第一次交单要求提交的预付款备用证和未定价发票,此时单证已相符。申请人表示只要确定不会重复交单,公司不存在重复付款风险即愿意付款。

9月3日,开证行向交单行发出第二份电文,表明开证行可以受理此笔来单的前提是:如果开证行再次收到凭正本信用证的交单,交单行会偿还开证行已付货款。

9月3日,交单行回复,交单行只对由其作出的重复交单负责,要求开证行不理会其他银行递交的凭正本信用证的交单。

9月3日,开证行收到该信用证项下第二次来单,交单行面函未提到正本信用证是否遗失和交单行是否背批。

9月4日,开证行向交单行发出第三份电文,表明鉴于其开出的信用证是任意银行自由议付证,只要收到凭正本信用证提交的相符单据,开证行均有承付责任。

9月9日,交单行再次强硬表示他们不承诺如果出现凭正本的重复交单会偿还款项,并指出开证行有权利拒付其感觉是重复的交单。

9月10日,开证行收到交单行发来的电文,声明受益人已找到正本信用证,并已背书。

案例分析

一、交单行的处理分析

本例中的出口交单行在受理业务时,意识到了无正本交单存在的风险和问题,并将没有正本的事实注明在面函上,表明其身份仅是转递单据,将交单行的责任排除掉,将风险提示和转移给了开证行,此做法保护了交单行。

收到开证行拒绝受理此笔来单的信息后,交单行在受益人承诺如找到正本信用证会及时提交后，即重新通知了一份正本信用证给受益人，并在“DUPLICATE ORIGINAL”上背批。此做法虽然表面做到了正本背批，但重复通知正本信用证，使开证行有两份付款承诺在客户手中，扩大了开证行的风险和责任，如果出现风险后果，作为通知行的交单行要为此承担相应责任。

跟单信用证下，开证行收到凭正本信用证提交的表面相符的单据即要付款，开证行不能凭感觉决定是否履行付款责任。本例中交单行要求开证行凭感觉决定哪笔是重复交单并有权拒绝，是不正确的主张。

二、开证行的处理分析

本例中开证行对存在不符点未凭正本信用证交单的单据，没有选择拒付而是选择不受理业务。很多情况下大家会认为只要拒付了，开证行的责任就解除了。就本例而言，交单行已表面提示交单未凭正本信用证，开证行如果发出MT734拒付单据，即表明开证行接受了未凭正本信用证交单的事实，如果交单行后来重新递交了相符单据，开证行就要付款。

开证行要求交单行承诺如后续出现了凭正本信用证的交单会退回款项，是提示交单行向受益人索要相关担保函，由受益人承担自身过失产生的责任和后果，承诺其不会重复交单，如果发生凭正本重复交单其将会退回款项。

同时，开证行在处理业务过程中与申请人保持着通畅的联系，让申请人了解风险和后果。并且表明申请人也可以付款，但需向开证行担保如果后续有凭正本的交单其仍会偿付，由其做出选择是否付款。其间申请人还协助督促受益人寻找正本信用证，和银行一起促进问题的解决。

结论与启示

跟单信用证业务中的银行信用，不只体现在开证行承担的独立付款责任，还包括业务链中各银行的诚信和规范操作。

1. 作为通知行务必保证只有一份正本信用证在受益人手中，不能有两份有效的正本信用证通知在外，如果信用证撤销，正本信用证要收回至通知行。

2. 作为出口交单行，受理出口交单业务时，务必要求受益人提交正本信用证，并在正本信用证上背批交单情况，防止重复交单。如果决定受理非正本信用证的交单，应要求受益人出具担保函，承诺其不会重复交单；如果后续出现了凭正本信用证的重复交单被开证行追偿，受益人要退回收到的货款，必要时需要将货款冻结一段时间直到信用证失效。对此类业务，交单行不宜为受益人叙办融资。

如受益人不愿意出具以上承诺函仍执意交单，银行也准备受理，在受益人书面表示其知晓收汇得不到保证的风险后，出口交单行可以仅作为传递单据的银行受理业务，同时，在交单面函上写明本笔交单未凭正本信用证交单，由贸易双方协商解决问题。此点提示仅仅是解除交单行的责任，并不能保证款项能正常结算。

3. 作为开证行：

(1) 处理来单业务时，首先应仔细审核来单面函中交单行的指示和提示。

(2) 拒付不能解决所有问题。在来单环节遇到问题，首先分析是单据受理前提的问题，还是不符点的问题。业务受理的基本前提出现了问题，应先解决受理前提；确定可以受理的情况下，才开始审单，决定拒付还是承付。

(3) 无正本信用证的交单，如果申请人愿意接受，应向其提示风险，并要求申请人出具担保函，承诺如果后续收到凭正本信用证的交单其仍会偿付，并做好相应付款担保的控制措施。

(4) 自由议付信用证无法控制交单，应尽量约定信用证只能在指定的银行兑用。本例中，如果信用证约定只能在某一指定银行议付，该银行即可控制重复交单的风险，所有问题都不存在了。

总之，一份正本信用证意味着一份付款责任，是重要的付款凭据，跟单信用证各个环节的参与方(包括银行、申请人和受益人)均应重视正本信用证的保管和使用，不要遗失正本信用证，也不能错误处置正本信用证。以上操作虽未详细和具体体现在国际惯例的文句中，却是银行信用和专业性的体现，也是此项业务能够被人信赖、为人使用的本源。跟单信用证业务的各方当事人，要在理解业务本质的基础上，形成最佳操作实践。否则，即使未提供融资，未承担付款责任，也可能陷入纠纷中。

交通银行总行国际部　袁洋

委托行不愿付款，代理行应当谨慎

案例经过

20××年3月19日，I银行接受W银行委托，代理其开立两笔预付款保函，出口货物为整船，申请人均为国内A公司，受益人均为国外B公司，通知行为国外K银行。保函开立类型为见索即付型，赔付条件为I银行收到B公司书面索赔书，并注明合同已终止，申请人A公司未履行赔付责任。

当年3月25日，国外船东B公司按照保函要求，将以上两笔预付款汇入申请人A公司账户。但是，A公司由于资金紧张、经营困难，未能按建造合同约定向B公司交付船只。

第二年4月29日，I银行收到国外K银行递交的索赔单据，索赔书注明A公司自收到预付款后，未能履行合同义务，一直未开始建造船只，其已依据造船合同相关条款终止合同，但未在规定时间内收到A公司还款，要求I银行履行付款责任。当日，两笔索赔经I银行审核，单证相符，按照保函要求，I银行需在收到索赔单据后的30个工作日内赔付。

I银行立即将保函来单情况通知W银行，并告知其应在6月12日之前准备款项以备支付。5月7日，即I银行收到来单索赔后的第五个工作日，W银行向I银行出具书面《保函拒付声明》，其在声明中罗列了3条针对造船合同层面其认为的拒付理由，其主要观点认为虽然单证相符，但依据造船合同，船东B公司终止合同的理由不充分，因而认为索赔不合理，并要求I银行据此发出拒付电文。I银行立即将该情况反馈相关部门，后经反复沟通，I银行始终认为单据层面不存在不符点，保函中援引造船合同中的条款并未改变银行应按照国际惯例，在单证相符情况下必须履行付款责任的实质，因而不同意拒付。后I银行多次与W银行沟通，告知其应遵循国际惯例，在单证相符的前提下对外赔付，并且告知，如其不能按时履行付款义务，根据双方签订的《代理开立保函业务合同》，I银行将会在垫款后立即向 W 银行追索，不仅会产生严重后果和高额费用，更会影响双方的后续合作，但 W 银行依然对垫付态度不积极。

5 月 28 日，I 银行收到 W 银行书面出具的《不予支付函》，此函明确表示“该保函不具备付款的条件，请 I 银行不予支付。如 I 银行擅自支付，由此产生的一切法律后果由 I 银行自行承担”。收到该文件后，考虑到 A 公司无力赔付的现状，W 银行很有可能拖延垫款甚至不予垫款，I 银行立即组织相关部门组成工作小组，就该两笔业务涉及的业务背景、代理同业法律责任、同业合作关系等进行了深入的讨论，最终形成了一致意见，并将情况汇报给 I 银行省分行，I 银行省分行积极指导，并立即向其总行相关部门做了专题汇报，I 银行总行立即联系 W 银行高层，从总行层面进行交涉。经过多层面沟通，迫于交涉压力，6 月 11 日，W 银行终于同意为 A 公司垫款，并将款项付至 I 银行。I 银行于 6 月 12 日完成对国外赔付。

案例分析 ▶

两笔保函的开立申请人均为 A 公司，保函开立时 A 公司经营正常，但因造船业行业不景气等因素，2013 年下半年以来，该公司处于经营困难、资金链断裂、濒临破产的阶段。而两笔保函项下的预付款在入账后，W 银行并未对资金去向进行监控，A 公司将资金挪作他用，两笔保函项下的船只一直未开始建造。鉴于 A 公司的经营现状，即使 W 银行为其垫款，向其追索的难度也非常大。这也是 W 银行一直不同意垫款的主要原因。

W 银行为地方性商业银行，其国际地位及知名度都较低，国际业务经验较少，对国际惯例的执行力较差。虽然 I 银行多次强调其应按照国际惯例，在单证相符前提下，对外赔付，但 W 银行均不予理会，反而一再强调造船合同层面的问题，向 I 银行施加压力。

根据 I 银行与 W 银行签订的《代理开立保函业务合同》，“I 银行认为索赔符合担保函约定的，可向受益人付款，无需事先通知或征得 W 银行同意”，也即单证是否相符，以 I 银行的审核为准，从合同层面看，W 银行向 I 银行出具的不予支付函中的措辞并不符合代理合同约定，I 银行可完全不予理会。但若 I 银行坚持按照国际惯例赔付，势必会导致双方合作关系破裂，这也是本案比较复杂的地方。

本案中，I 银行作为具备国际知名度和影响力的银行，严格执行国际惯例，利用其专业知识及法律知识，不断对 W 银行进行引导，最终成功完成两笔保函项下来单索赔，其可取之处表现为以下几个方面：

1. 始终坚持单证审核原则。作为开立保函的银行，I 银行承担第一性的、直接的付款责任。I 银行在收到国外来单索赔后，第一时间按照国际惯例审核单据，在确定单证相符后，立即告知 W 银行应准备款项以备支付。I 银行在第一时间表明自身立场，坚持单证相符下必须履行付款责任，为之后反驳 W 银行观点做好了铺垫。

2. 合理利用双方代理合同作为有效的法律依据。当得知 W 银行很可能因为 A 公司经营状况而拖延垫款，甚至不予垫款时，I 银行立即从双方代理合同中找到相应责任条款，并警告 W 银行如不能按时垫款，会造成严重的法律后果并产生高额的费用。这也为后续双方的谈判过程增加了有力的砝码。

3. I 银行决策果断，上级行高度重视，指导协调到位。本案中，I 银行为地级市分行，而 W 银行为地方性商业银行总行，两者层面悬殊，经过多番沟通，发现 W 银行垫款态度仍不积极后，I 银行及时将情况向其省行及总行进行汇报，由其总行进行交涉，交涉层面由分行上升至总行角度，使得谈判过程更加深入有力度。

本案中，W 银行作为两笔保函开立的委托行，并作为申请人 A 公司的开户银行，其做法存在以下不足：

1. 未及时察觉申请人经营风险，未监控预付款去向。两笔保函开立之时，A 公司经营状态处于每况愈下的状态，W 银行相关风险部门曾就是否为 A 公司续作保函展开过集中讨论和分析，但迫于眼前利益及双方合作关系，W 银行在未采取相关风险防控措施的情况下，毅然决定为 A 公司续开保函。W 银行在业务初始阶段，未能准确甄别及严控风险，存在较为突出的重事后、轻事前现象，为后续索赔事件的发生埋下了伏笔。而本案中，W 银行在收到两笔预付款之后，未及时跟进监督，确保资金用于两笔保函项下船舶建造，做到专款专用，使两笔预付款被 A 公司挪作他用，导致其索赔发生时陷入更加无助的境地。

2. 对国际惯例的执行力较差。W 银行被告知来单索赔后，在已知申请人 A 公司无力赔付的情况下，并未按照合同约定及时准备垫款资金以备支付，而是一再通过寻找造船合同层面原因，要求 I 银行拒付，甚至不理会 I 银行坚持国际惯例审单原则，出具不予支付函威胁 I 银行，W 银行在交涉过程中略显笨拙和不专业。在迫于 I 银行交涉压力后，W 银行终于在付款到期前的关键时刻同意垫款，而由于保函中有利息赔付条款，W 银行不得不为自己的一再拖延付出更高的赔付代价。

结论与启示

国际贸易中,涉及买卖双方的贸易背景较为复杂,银行作为在其中传递单据及指示的主体,发挥着维系贸易双方利益关系,连接贸易双方的纽带作用。由于无法深入了解贸易背景,为保护自身利益,避免相应的付款风险,银行普遍选择将审核单证是否相符作为付款的唯一依据,并选择加入全球性的银行组织,自觉遵守其制定的国际惯例,以保证各个银行都能按照统一标准处理单据和指示,使这种复杂的贸易关系也变得有章可依、有规可循。银行在处理业务时,应充分利用好国际惯例这把保护伞,在遇到贸易纠纷,或与同业进行交涉时,更要坚决立足国际惯例,表明立场,把握主动权。

另外,相比总行,分支行由于缺少实践经验,通常在遇到突发情况时会不知所措,甚至做出错误的决策。在遇到特殊问题时,分支行应及时分析,迅速反应,自觉识别风险等级及本行处理问题的能力,当发觉风险级别超过自身处理能力范围时,立即将问题反馈上级行。切忌对问题藏着掖着,错过解决问题的最好时机。

目前,代理同业业务发展迅速,同业业务规模和比重呈逐年提高趋势,金融同业间的合作,已成为实现优势互补和资源共享、提高银行市场竞争力的一个有效途径。为了促成合作,代理行在选择同业合作对象时,较少关注同业资信状况,认为同业信用远远强于一般的商业信用,因而在批复同业授信时大部分均为完全信用保证,缺少相应担保措施,风险敞口为100%。而在办理业务时,由委托行负责审核贸易背景的真实性,代理行无法全面掌握业务风险,代理行所凭借的仅仅是委托行的信用承诺而已,一旦委托行不履行承诺,代理行只能以自有资金维护自身信誉,同业业务存在重大的风险隐患。因此,在选择同业合作对象时,银行应严格执行同业资信调查,尽可能选择一些资信良好、严格按照国际惯例处理业务的大银行,而对那些资信较差、资历浅薄的小银行,则应把握一定的准入原则,并通过要求其缴纳一定比例保证金等措施,严防信用风险。同时,同业双方应重视代理合同在同业合作中的重要作用,并在合同中尽可能明确和细化双方的责任和权利,必要时以法律手段维护自身利益。

交通银行山东省分行　李敏

依提示接受单据，探究竟表达何意

案例背景

开立进口信用证时，实务中不时见到申请人在开证申请书中要求在信用证的附加条款中加入“ACCEPTABLE AS PRESENTED”之类的措辞。

一种情况是，“DOCUMENTS ACCEPTABLE AS PRESENTED”。对此，大部分银行单证人员认为，ISBP745 已经在 A19 段中对“DOCUMENTS ACCEPTABLE AS PRESENTED”进行了定义，上述措辞是要求在不超支和不超过信用证截止日的前提下，应提交每种单据至少一份正本或副本；而有些银行单证人员则认为，根据 A19 段，除满足上述两个前提之外，只需提交信用证要求的任意一种单据即可。

另一种情况是，“×××(注，为某种或几种特定单据，下同)ACCEPTABLE AS PRESENTED”，如“CERTIFICATES ISSUED BY CIQ ARE ACCEPTABLE AS PRESENTED”“RAILWAY BILL ACCEPTABLE AS PRESENTED”等。对此种情况，有观点认为，可以套用 A19 段的定义，但也有人称 A19 段的定义并不适用，信用证中应明确其含义。

对以上两种含有“ACCEPTABLE AS PRESENTED”措辞的条款，为什么实务中会产生不同的理解？日常业务处理时又应从哪些方面注意和改进呢？

案例分析

对于申请书要求在附加条款中加入“DOCUMENTS ACCEPTABLE AS PRESENTED”的第一种情况，我们先来了解下信用证附加条款中出现此条款的原因。

通常，加入这一条款的背景情况可能是：

1. 买卖双方比较熟悉和信任，甚至是上下游企业或者关联公司，进口商希望尽快拿到单据进行承兑，以便出口商在收到开证行发出的承兑电后尽早到银行叙作融资。基于双方的相互了解和信任，贸易双方对于单据处理的时效性要求高，对单据本身的关注度其实并不是很高；

2. 还有一种常见的情况出现于大宗商品交易开证，出口方处于较强势的地位，而进口方迫切需要进口货物，为能敦促出口方尽快装运货物并消除其对单据存在不符点可能被拒付的后顾之忧，进口商在信用证中加列此条款表示其愿意一定程度上“无条件”地接受单据；

3. 还可能因为进口商开证时已掌控了货权，为尽快取得相关单据清关提货，进口商希望缩短银行各方审单等环节的处理时间，单据只要顺利提交即能满足他们的要求。

在了解了上述背景后，结合 ISBP745 关于此条款的解释，可以深入理解和分析该类条款。参看 ISBP745 的 A19 段对于“DOCUMENTS ACCEPTABLE AS PRESENTED”的定义不难发现，这一表达蕴含着三个前提条件：(1)提交一份或多份规定单据(CONSIST OF ONE OR MORE OF THE STIPULATED DOCUMENTS)；(2)在信用证效期内交单(WITHIN THE EXPIRY DATE OF THE CREDIT)；(3)不得超支(THE DRAWING AMOUNT IS WITHIN THAT WHICH IS AVAILABLE UNDER THE CREDIT)。后两个条件是开证行对于单据的底限要求，应该没有争议之处，而关于第一个条件则不尽然。阎之大先生将第一个条件翻译为“提交一份或多份单据”(参见《新 ISBP 解读与例证》)，而林建煌先生则翻译成“提交一种或多种信用证规定的单据”(参见《ISBP745 中文版》)，两位专家对于此条款的不同解读源于理解上的差异，而理解差异的根源在于英文原文的表达本身就有歧义。“ONE OR MORE OF”既可以指信用证所要求的“众多单据中的至少一种单据”，也可以指要求提交信用证规定的“每种单据至少一份”。因此，我们有理由产生如下质疑：信用证规定了这一条款时，若交单时只提交其中几种单据，开证行能否以“其他单据未提交”为不符点进行拒付呢？

针对上述情况，ISBP745 起草组成员金·辛德伯格(Kim Sindberg)先生的观点是：假设信用证规定提交发票、装箱单、产地证、提单和质量证明，那么受益人在效期内仅提交装箱单，是被允许的。(IF A LC CALLS FOR THE FOLLOWING DOCUMENTS: INVOICE, PACKING LIST ..., THE BENEFICIARY MAY PRESENT ONLY THE PACKING LIST.)这样的解释

不禁让人怀疑，如果允许受益人仅提交装箱单，而不需要提交汇票或发票的话，又如何判断交单金额是否超支呢？如此说来，每种单据至少提交一份的理解似乎更符合单证实务。回到申请人开证加入此条款的初衷，如果是金先生解读的那样，那么申请人都有可能得不到他所需要的单据，何以清关、提货和付款呢？显然 ISBP745 的措辞在此处不够严谨，也没有给出非常清晰明确的定义，不得不说这是令人遗憾的不足之处。

金先生认为该条款的使用甚至将使信用证的整个根基发生动摇（THE WHOLE FOUNDATION OF THE LC IS SHAKEN）。我们可以进一步思考，使用“DOCUMENTS ACCEPTABLE AS PRESENTED”条款后会对 UCP600 的哪些条款产生一些意想不到的“排除”。UCP 第 14 条单据审核项下的 D、F、I、J 款将失去效用，而需要注意的是，这一条款的加入其实隐含着一个单据相符的条件，即提交的单据内容需看似满足所要求单据的功能，如此开证行才能判断所要求的单据已经提交；第 17～28 条关于单据正副本及其他内容的审核也无实际意义；另外，根据第 35 条中关于单据中途遗失的规定，如指定行声称单据相符，那么其仅仅提交某份文件的副本给开证行，开证行也必须承付，这可能是开证行始料未及，也不愿看到的后果。

因此，即便 ISBP745 第 A19 段给出了一些条款的定义，金先生仍认为，这些条款可能并没有充分表达出开证行或申请人的意图，意义是不完备的（THEY ARE NOT “COMPLETE”, I. E. THEY DO NOT FULLY EXPRESS THE INTENTION OF THE ISSUER）。开证行应该尽可能避免使用此类措辞，而用更清楚、直接的方式或语言表达其意图，否则像“DOCUMENTS ACCEPTABLE AS PRESENTED”之类的条款开证行只能接受最宽泛的解读（ANY BANK THAT INCLUDES SUCH EXPRESSION MUST ACCEPT THE WIDEST POSSIBLE INTERPRETATION）。如果开证行不接受 ISBP745 的定义，完全有权在信用证中解释其具体定义，例如，开证行完善该条款为“DOCUMENTS ACCEPTABLE AS PRESENTED（AT LEAST ONE COPY OF EACH DOCUMENT IN 46A MUST BE PRESENTED WITHIN L/C EXPIRY AND L/C MUST NOT BE OVERDRAWN）”。

对于第二种情况，即信用证中“××× ACCEPTABLE AS PRESENTED”这一条款也存在理解上的争议。有种观点认为，可以将对“DOCUMENTS ACCEPTABLE AS PRESENTED”的理解“移植”到对“××× ACCEPTABLE AS PRESENTED”的应用中，即同时满足以下三个条件：(1)提交该(些)单据的至少一份副本；(2)在信用证效期内提交；(3)不得超支。对于这样的观点我们不敢苟同。我们认为,对于前者的理解不应"移植"到对于后者的理解,ISBP745 第 A19 段的定义并不能适用于这种情况,而应在信用证下明确其定义。

首先,"××× ACCEPTABLE AS PRESENTED"条款的发生背景和"DOCUMENTS ACCEPTABLE AS PRESENTED"不同,其背景可能是该单据没有审核的必要或者根本无法审核。比如,申请人要求支付大宗商品尾款时受益人需提交 CIQ 出具的副本检验报告,由于该报告通常是由申请人发送给受益人的,所以不要求银行审核此份单据。再比如,信用证要求提交用俄语出具的铁路运单,但鉴于开证行缺乏懂俄语的审单人员,没有能力对其进行审核,所以放弃对该单据的审核,因此在信用证中做出此类规定。

非常关键的是,我们必须注意到 ISBP745 的 A19 段中措辞的表述方式。所有给出具体定义的表达都是放在引号之中的,可依此推理得出如下结论:ISBP745 不是给某个词或短语——比如在本例中的"ACCEPTABLE AS PRESENTED",而是对整个完整的表达"DOCUMENTS ACCEPTABLE AS PRESENTED"给出具体的定义。这样的推理同金先生的观点不谋而合。他认为,任何不同于 A19 段中的措辞可能导致不同的理解。(ANY OTHER WORDING MAY LEAD TO A DIFFERENT RESULT!)如果信用证规定了不同的措辞或定义,则信用证中的定义将优先于 ISBP745 中的定义。

国际商会意见"TA. 790REV"一例中,开证行在信用证中加入了"THE PHOTOCOPY OF BILL OF LADING WILL BE ACCEPTED BY US AS PRESENTED EXCEPT IF NOT COMPLYING WITH THE NEXT TWO CONDITIONS: 1. …2. …"的条款,意见结论指出,"ACCEPTED BY US AS PRESENTED"在 UCP600 下本身没有一个明确的定义,开证行在没有给出其定义的情况下,不应将此类措辞放入信用证中,否则开证行将失去提出除排除项外其他不符点的权利(ISSUING BANK HAS PRECLUDED ITSELF FROM REFUSING THE DOCUMENT BASED ON ANY OTHER DISCREPANCY THAN THE TWO MENTIONED)。

一个有意思的问题是,当信用证在 46A 中要求提交"×× CERTIFICATE ISSUED BY ABC",而在 47A 中"×× CERTIFICATE ISSUED BY ABC ARE ACCEPTABLE AS PRESENTED"时,我们可以思考这样一个问题,提交的单据是否一定要求 ABC 机构出具呢?我们认为,答案是否定的,首先开证行并没有对"ACCEPTABLE AS PRESENTED"进行定义,且退一步讲,如果参照 ISBP745 中的定义,由于信用证没有明确排除"非 ABC 出具"这一不符点,那么交单行完全有理由认为只要提交了满足功能的该"CERTIFICATE"即可,至于是否由 ABC 出具非必要条件，如一定要求由 ABC 出具应明确排除，即加上“EXCEPT THE FOLLOWING DISCREPANCY：THE CERTIFICATE NOT ISSUED BY ABC”。

综上，信用证中规定“××× ACCEPTABLE AS PRESENTED”时，其定义并没有明确，该单据在何种程度上提交即被接受也没有明确的标准。如开证行意图表示将不对该(些)单据进行审核，可以措辞为“AT LEAST 1 COPY OF ××× WHICH WILL NOT BE EXAMINED BY US FOR DISCREPANCY TO BE PRESENTED”。

结论与启示 ▶

本文分析了两种含有“ACCEPTABLE AS PRESENTED”表述的条款的使用背景、具体含义、单证人员的理解，以及开证行使用此类条款的风险和后果。

就“DOCUMENTS ACCEPTABLE AS PRESENTED”而言，ISBP745 中对其的定义本身不够明确，建议开证行在信用证中另行规定其具体含义，否则会造成不可预计的后果。而对于“××× ACCEPTABLE AS PRESENTED”，其含义不能参照 ISBP745 中的规定理解，不适用于同样的标准，应就开证行的真实意图在信用证中另行说明。

最后，我们再回顾一下 ISBP745 在第 V 段中的提示：开证行应确保其所开立的任何信用证或修改书的条款与条件没有模糊不清，也没有互相矛盾(AN ISSUING BANK SHOULD ENSURE THAT ANY CREDIT OR AMENDMENT IT ISSUES IS NOT AMBIGUOUS OR CONFLICTING IN ITS TERMS AND CONDITIONS)。银行单证人员只有在信用证中审慎措辞，明确定义，才能真正防范风险，促进贸易顺利进行。

交通银行总行国际结算中心　张欣　周晋

错解信用证安排，遭遇假假远期证

案例经过

印度A银行开立了一份远期自由议付信用证，受益人为N公司，付款期限及偿付安排的相关规定如下：

1. 汇票为提单日后180天付款（DRAFT AT 180 DAYS FROM THE DATE OF B/L）。

2. 135天利息及贴现费用由开证申请人承担，45天利息及贴现费用由受益人承担（INTEREST FOR 135 DAYS AT MAXIMUM OF PRIME RATE OF INTEREST AND BILL DISCOUNTING CHARGES ARE TO THE OPENER'S ACCOUNT, AND 45 DAYS TO BENEFICIARY'S ACCOUNT）。

3. 请于到期日要求纽约×××银行偿付此信用证下已议付的汇票金额（PLEASE CLAIM REIMBURSEMENT FROM ××× BANK, NEW YORK FOR THE AMOUNT OF BILL NEGOTIATED UNDER THIS CREDIT ON DUE DATE）。

N公司发运货物后通过B银行进行交单。B银行审核无误后，在交单面函上批注到期日为20××年9月14日（按提单日后45天计算），并向A银行寄送单据要求承兑。

A银行收到单据后，来电告知汇票已承兑，到期日为次年1月27日（按提单日起180天计算），同时授权B银行到期向纽约XXX银行索偿。

B银行认为135天利息及贴现费用由开证申请人承担，则提单日起135天应视为假远期信用证，故致电A银行，提出到期日应按提单日后45天计算，即20××年9月14日。

A银行来电称，虽然135天利息及贴现费用由开证申请人承担，但付款期限仍为提单日起180天。汇票到期时你方可按汇票金额加135天利息索偿。

最后，B银行与出口商N公司联系，N公司接受次年1月27日（按提单日起180天计算）作为汇票到期日。

案例分析▶

本案争议的焦点在于对信用证远期性质的认定，即根据“135天利息及贴现费用由开证申请人承担”的规定，我们能否判定该证即为135天的假远期信用证？为此，首先必须清楚了解何谓“假远期信用证”。

国际贸易中，若进出口双方签订即期付款合同，则进口商应开出即期信用证，出口商提交单据后即期收款。然而，有时候进口商虽与出口商签订即期付款合同（出口商不接受远期信用证），但进口商存在资金融通需求；于是，进口商通过银行对外开立的仍然是远期信用证，只是银行在信用证中承诺，交单相符时由银行先垫付资金即期付款。到期后，进口商向银行支付本金、利息和相关费用。

此种类型的远期信用证习惯上被称为假远期信用证。其实质是由银行为进口商融资，而出口商仍能像即期信用证那样即期取得货款。基于以上分析，所谓假远期信用证应具备三项要素：（1）信用证付款期限为远期；（2）贴现利息和费用由进口商（开证申请人）承担；（3）信用证有明确的银行垫付资金即期支付条款。如“DRAWEE WILL ACCEPT AND DISCOUNT USANCE DRAFTS DRAWN UNDER THIS CREDIT（付款人将承兑及贴现远期汇票）”或“USANCE DRAFT PAYABLE AT SIGHT BASIS（远期汇票即期支付）”等类似措辞。

本案中的信用证规定了“135天利息及贴现费用由开证申请人承担”，但没有银行为这135天垫款的规定，如类似于“付款期限虽为提单日起180天，但按提单日起45天付款”的条款。相反，该证却规定到期索偿。显然，开证行并不是提前135天垫付资金的。换言之，虽然信用证规定了“135天利息及贴现费用由开证申请人承担”，但开证行仍将到期履行付款责任。由此可见，该证不具备上述假远期信用证的第三项要素，因此不能视其为假远期信用证。

那么，该证究竟属于何种性质的远期信用证呢？众所周知，远期信用证有“真、假”之分。但除此以外，还有另外一种远期信用证，即规定“贴现利息和费用由开证申请人承担”，但开证行仍按照信用证规定期限付款，只是付款金额超过信用证金额，即按汇票金额加远期利息付款。这种远期信用证被称为远期汇票到期加利息付款信用证。它虽然与假远期信用证一样证上都规定了“贴现利息和费用由开证申请人承担”,但两者又有着很明显的区别:在假远期信用证项下,开证行是先垫付资金即期支付出口商,汇票到期后才向进口商收回。而在远期汇票到期加利息付款信用证项下,开证行是不予垫款的,汇票到期时才履行付款责任。对于远期汇票到期加利息付款信用证而言,虽然开证行(即进口地银行)不承担垫款、融资责任,但不排除出口地银行的融资可能性。如出口地银行愿意给予出口商融资,那么,远期汇票到期加利息付款的信用证也能像假远期信用证一样即期收汇。本案中,135 天利息及贴现费用由开证申请人承担,但开证行对这 135 天不承担垫款责任,该证应属于这种远期汇票到期加利息付款信用证。

目前,开证行开立这种远期汇票到期加利息付款信用证在实务中已屡见不鲜。开立这种信用证是因为进口商不能从其进口地银行处得到融资,于是通过开立远期汇票到期加利息付款信用证的方式,从受益人或其银行处获得融资。由于该信用证没有开证行的即期付款保证,故这种信用证不能确保出口商按合同成交情况获得款项,对出口商是不利的。出口商收到此类信用证,一定要查明合同成交情况,如案例中合同按提单日后 45 天付款,出口商应提出修改信用证,要求开证行承担提单日后 45 天的付款责任。否则,若出口地银行无法给予融资,只能由出口商按申请人承诺的利率,给予进口商额外 135 天的融资。

结论与启示

综上所述,本案中 A 银行授权 B 银行到期索偿的做法是正确的,B 银行对信用证远期性质的理解有偏差,造成了实际操作上的错误。

本案中,B 银行可以有两种做法:其一,B 银行不予办理贴现,它应该在汇票到期日即 20××年 1 月 27 日(按提单日起 180 天计算)按汇票金额加上 135 天利息向指定银行索偿,这 135 天利息是银行代出口商收取,是出口商为进口商融资的收益。其二,B 银行愿为出口商融资,它可以自议付日起至到期日计算出贴现利息(其中 135 天利息出口商可以从进口商处全部或部分获得补偿,其余由出口商负担),将汇票金额减去贴现利息先垫付给出口商,汇票到期后,按汇票金额加上 135 天利息向指定银行索偿,这 135 天利息是出口商融资收益。

实务中,进口商有融资需求却无法得到开证行融资时,其应与受益人沟通,由受益人在当地找到可以给予其融资的银行,再开立远期汇票到期加利息付款信用证。这样既能确保进口商获得融资,又能保证出口商按合同成交情况获得款项。从银行方面而言,通知行在审证时,如遇到这种包含特殊条款的远期信用证，应提醒出口商仔细对照销售合同，了解合同成交情况。同时，给予受益人具体指导，使其或提出修改信用证或选择合适的可以提供融资的银行进行交单，那么受益人就可以按合同成交情况获得款项了。开证行在开证时，可对付款条款进一步明确，如规定信用证付款期限为按提单日起 180 天，那就无懈可击了。

交通银行总行国际结算中心　陆敏

3
业务探讨篇

逐一案例细评述，贸易背景全展论

近年来，我国经济增速放缓并逐步进入周期性下行区间，产能过剩问题日趋显现。在“经济增速换挡期、结构调整阵痛期与前期刺激政策消化期”的叠压下，以产业金融为主导的银行资产业务紧随其后进入“风险集中爆发期”，金融资产质量明显下降，以贸易融资为主导的国际业务也未能幸免。

国际业务风险兼具多样化和复杂化特征，境内主体可通过其境外或离岸平台构建资金渠道迂回套利，逃避境内监管，风险潜伏期更长，隐蔽性更强。

虚构贸易背景套利

利用虚假贸易背景以及虚假物权凭证疯狂套利的行为始发于广东、福建等地，短时间内在全国迅速复制蔓延，造成2013年初我国外贸统计数据大幅虚增，外汇收支统计数据失衡，直接影响国家相关宏观产业政策的制定。为遏制资金空转，实体经济“脱实向虚”，国家外汇管理局于2013年4月对问题突出的转口贸易展开“严厉打击虚假转口贸易”的专项整治行动，外汇管理局上海分局提取上海地区60余家中外资银行的申报数据进行严格筛查，提取等值100万美元以上的转口贸易结算单据及收付汇凭证进行逐笔审核，核查面之广、数据量之大前所未有。经过三个多月的拉网式审查，一大批问题企业浮出水面，外汇局依据核查结果对问题企业追责，对于业务审核不严的银行也在合规管理考核中降级。由于客户群体相对固定，外汇局汇总的反面典型中虽无S银行案例，但并不代表S银行业务未受波及。

银行信用参与的结算或担保业务均被纳入贸易融资范畴。贸易融资业务的核心风险是物权风险，银行“展业三原则”中要求“了解你的业务(KYB)”即为银行必须落实贸易背景的真实性审核，而最直接有效的做法则是关注正本物权凭证的出具及流转，确保货物标的真实存在且物权发生实质性转移。据此，我们将虚构贸易背景套利划分为三种情形：虚假运输单据，虚假贸易背景；真实运输单据，虚假贸易背景；真实运输单据，“构造”贸易背景。

一、虚假运输单据，虚假贸易背景

此类转口或转卖业务无需真实物流匹配，单笔金额大，短时间内频繁交易，一般为窜改货权凭证内容，更有甚者直接伪造货权凭证。

案情介绍：某客户以全额保证金质押方式向S银行申请办理保付加签业务，其对应的贸易背景为该公司转口贸易项下的对外应付款，商品为小型机械设备，起运港为韩国釜山港，到货港为约旦，提单由一家香港货代公司签发。

S银行在受理该项业务时审核了该客户提交的全套贸易单据，包括基础交易合同(购货合同+销售合同)、商业发票、装箱单，客户经理上门核查提单正本并留存复印件。S银行在审核凭证表面真实性的前提下，对外开立付款保函，随后该客户凭S银行保付至海外分行办理境外融资，贴现款项通过其境外平台回流境内，在资金收付上构成转口贸易线下典型的先收后支。

之后公司多次要求S银行继续办理此类业务，但经营单位在深入了解客户的基本情况后，认为其注册资本、交易总量以及贸易方式等基本情况与其操作的业务总量不匹配而拒绝继续受理此类业务。两个月后该公司的另一块牌子(一套班子两块牌子)由于交易频繁且累积金额巨大而引起外汇局关注。经外汇局现场检查查证，该公司大量采用伪造提单的手法套用银行信用进行非法套利。由于涉案金额巨大且涉及多家外汇主办银行，公司法人已被送交司法机关，公司所有资产暂时冻结封存以配合调查，其中包括公司在S银行存入的保证金近4亿人民币。

为保证融资款项的及时归还，S银行一方面积极与监管机关沟通协调，说明保证金的性质与用途，引述国际惯例并类比相关司法解释，请其释放S银行封冻资金；另一方面做好垫款准备，确保海外分行融资业务不出现逾期。由于在保函到期日前司法调查尚未结束，S银行通过垫款的方式先行向海外分行垫付相关款项，后经S银行争取，监管部门同意解冻该部分保证金，S银行垫款资金得以偿还。

案例启示

1. 对企业资质应有所要求。

(1) 对企业资质设限：新设立企业自设立之日起2年以上；转口、转卖贸易交易标的应与企业经营业务相关；企业从事该转口商品交易至少1年以上。企业交易规模应与其经营实力相匹配，有相当的市场经验，管理及交易人员配备完整。

(2) 依照企业规模，其向银行提供的业务保证金超过企业现金流的，银行应出于审慎原则而主动规避；业务量超常规增长，同时在多家银行开户且短时间内业务过于频繁的，则应列为可疑。

2. 对贸易规律应有所掌握。

(1) 一般转口或转卖业务所涉及的商品均为大宗商品，如粮油类或有色金属类等资源型商品，而制成品的小型机械或集成电路芯片等商品的转口则较为可疑，需进一步查证。

(2) 关注商品产地与运输区间的合理性。转口贸易中一般出口地即为货物原产地，或者为知名的大宗货物集散地，而到货地即为货物实际需求地，若企业购入的转口货物并非出口地原产或有地理资源或技术优势的商品，则其运输区间可疑。

3. 对物权凭证的真实性必须严格审核。

(1) 经营单位必须通过船讯网站(提单)或实地查访(仓单)来查证物权凭证的真实性与有效性，国际部将通过路透或彭博系统的商品地图进行船运航线的辅助性验证。

(2) 无论何种基础结算方式，作为核心单据的全套物权凭证必须经银行流转，确保标的货物发生实质性转移。

(3) 转口贸易的货物从境外起运港直接发往目的港，发货人一般选择起运港当地的船公司或其货代，国内的货代极少有机会参与境外货运，因此由国内货代签发的转口贸易提单较大概率是假提单；船运航线未经船公司或货代签发的提单则应列为可疑。

二、真实运输单据，虚假贸易背景

开证申请人通过境内外错综复杂的多重交易平台，反复买卖同一批货物，并使用同一份物权凭证。事后证实，其第二次转卖业务完全是为套利而人为虚构的。

案情介绍：某公司在S银行开立的两份信用证项下收到受益人提交的正本物权凭证完全一致，即全套正本提单在第一份信用证项下提交后，在第二份信用证项下再次提交，经与S银行复印留底资料核对，判定为同一套正本提单重复提交。

S银行客户A为外高桥保税区注册企业，向S银行申请开立一份美元信用证，开证金额 USD1 057 000.00，来单金额 USD1 109 850.00。随后 A 公司将货物转卖给其香港关联公司 B，B 公司将该批货物销售给境内 C 公司，境内 C 公司开立给香港 B 公司的信用证金额为 USD1 102 500.00，即 A 公司＋B 公司在此单业务中亏损 USD7 350.00；境内 C 公司获得全套物权凭证后将提单转卖给新加坡 D 公司，至此贸易流应该告一段落，但此时 A 公司再次委托 S 银行向新加坡 D 公司开立一份跨境人民币信用证，开证金额为 CNY6 300 000.00；假设境内 C 公司是以成本价 USD1 102 500.00 将货物卖给新加坡 D 公司，按照 6 来设定人民币兑美元中间价，则新加坡 D 公司的购货成本 USD1 102 500.00×6，折合 CNY6 615 000.00，此单交易成功后，新加坡 D 公司亏损 CNY315 000.00，实际人民币对美元汇率中间价从未破 6，因此新加坡 D 公司的实际亏损远不止这些。A 公司称该笔货物购入后将再次转移至其香港关联公司 B 名下，随后再由 B 公司转卖给境内公司 E，并由其报关进口，A 公司承诺将向 S 银行提供相关口岸单据。三个月后，A 公司提供一份进境备案清单，备案清单所载经营单位为境内 F 公司。

上述提单所代表的货权在境内外 6 家公司(境外 2 家，境内 4 家)间相互抛售，表面看来交易主体间多数为独立的贸易实体，仅 A 公司与其香港平台 B 公司为关联企业。但其贸易所涉及的合同均有以下两个特征：(1)贸易合同表面真实；(2)价格普遍倒挂，最高达到 5%，套利意图十分明显。

目前上述两份信用证皆已正常到期，经营单位也帮助该公司对业务流程进行了重新梳理和设定。由于该公司对 S 银行坚持在提单背面作来单日期批注的做法十分不满(浙江省人行要求银行在提单正面做批注)，因此意图将通过提单进口的业务转至他行操作，仅留仓单交易在 S 银行叙作。

后续 S 银行在跟踪物流到港情况时发现，该公司提供的所谓进口报关单(称由境内买方 E 公司报关)根本无法查实，而同样的报关单号在境内 C 公司名下查证属实，由此判断，从 C 至 E 的转卖业务是完全的虚构贸易背景。基于上述事实，目前 S 银行已经停止受理该公司的开证申请。

案例启示

要求开证申请人在全套物权凭证上做背书以证明物权经其手流转交付，对于个别“上榜”企业可将“由银行在全套正本提单正面做已开证批注”作为业务受理的前置条件。

三、真实运输单据，“构造”贸易背景(W 型交易)

一份提单在不同银行间重复开证，多见于境内外关联企业交易。开证时申请人所提交的商业合同表面真实有效，但事后查验其整个交易流程，在该企业集团内部，同一批货物转口交易两次，即母公司与海外平台合作转口一次，子公司（开证申请人）与海外平台合作再转口一次，交易路线形似W。

案情介绍：某公司在S银行开立的转口信用证项下，由受益人提交的2/3正本海运提单已经他行作开证批注，调阅他行开证副本后核实两份信用证相关要素匹配，单据条款均为2/3正本提单经银行交单，初步判定该公司在S银行开立的转口信用证属关联企业间套用贸易背景重复开证。

该笔转口贸易商品为电解铜，公司向S银行申请以2/3提单开证时以日本到越南为近洋海运，为确保货物不滞港而将1/3提单直接在信用证外交付境外买方作为非全套提单开证的理由，同时公司向S银行提交未经他行批注的1/3提单复印件供S银行作真实性核查。S银行通过CARGO TRACK和彭博系统查询相关信息真实后决定受理其开证申请，但鉴于其境外交易对手均为关联企业，S银行特别要求公司承诺“不存在套用贸易背景办理转口业务的情况”，但实际交单时受益人提交的2/3正本提单正面即载有他行开证批注，而他行所开立的信用证则明确指向同一批货物。

从提单批注可知该批货物首次开证时间为2013/12/27，提单日期为2014/01/10，按他行信用证所载汇票期限“提单日后90天”推算，第一笔信用证付款时点为2014/04/10，通过第二次开证，公司可套用银行信用来填补第一笔信用证项下付款后的流动性缺口，延长其境内或境外端对银行资金的占用，形成资金调配上的“短贷长用”。通过对整个贸易流程的逆向推理，公司在核心单据“物权凭证”的运用上似乎有所设计。

由于信用证项下单证相符，考虑到公司及其担保方经营情况正常，因此银行决定先按照正常流程办理来单承兑，事后暂停受理该客户此类业务并排查存量业务，由客户经理提高查访频率以确保S银行信贷资产安全。目前该笔业务情况正常，将于近期完成对外支付。

案例启示

1. 转口贸易项下物权凭证直接交付第三方的，应加强贸易真实性审核。

2. 关联企业间易于构建转口转卖业务平台，银行端掌握的信息不完整、不对称，纯为套利而构建的合同很难界定其真假属性。

3. 转口贸易存在的基础源于：(1)市场信息不对称，需要中间商过渡；(2)卖方或者买方对于商品或交易权有垄断，只能从中间商处买入或者卖出。由于关联企业间交易不具备上述业务特征，采用转口贸易的方式进行结算极易遭受监管部门的质疑。

4. 非完全现金保证项下的转口转卖业务资金风险较大，其“短贷长用”的资金匹配方式可能危及S银行的授信业务安全。

四、代位监管要求趋严

除上述各存疑点的案例外，上级主管机关对银行代位监管的要求也日益加重，稍有不慎则将被监管机构追责。

案情介绍：某公司在跨境人民币转口贸易项下向S银行申请办理一笔“先预收款后预付款”中的预付货款汇出。业务受理过程中，S银行要求客户提交正本货权凭证，客户称此笔转口贸易付款属于预付款性质，付款时无法提交正本提单。

根据人行跨境人民币项下转口转卖业务操作的指导意见：“对于在收、付款时点企业无法提供正本物权凭证的，银行应要求企业在整个业务周期完成前予以补齐。”S银行要求公司书面承诺收到正本提单后立即提交S银行审核。在审核买入合同、卖出合同、发票、涉外收入申报单，以及公司出具的贸易真实性承诺书和相关情况说明后，S银行依照公司申请为其办理了汇出款业务。之后公司依约向S银行提交正本提单，S银行审验后存疑，但之前办理的预付货款已无法追回，因此S银行继续要求公司提交相应的交易证明文件，但该公司后续未提交任何补充资料，也未在S银行继续办理跨境人民币转口贸易项下收付款结算业务。

之后外汇局查证该客户在转口贸易项下使用假提单，并将该笔业务移交人行跨境办处理。尽管该笔涉嫌业务是该公司在S银行办理的唯一一笔跨境人民币转口业务，但监管机构仍认为结算银行未做好尽职审查。

案例启示

1. 即使是简单的预付款业务，即使是没有银行信用参与的汇款业务，若涉及转口转卖业务就必须查实物权凭证的真实性与有效性。

2. 外汇局推进贸易便利化措施(《关于印发货物贸易外汇管理法规有关问题的通知》，汇发[2012]38号)，并非让银行放弃或放松贸易的真实性审核，银行应根据实际情况要求请企业提交外管规定必须提交的资料来协助做好真实性审核。

3. 对于存疑业务要及时上报，对于事先承诺但事后不配合真实性审查的公司，银行应保留向上级监管机构举报的权利。

事实上监管机构对于转口业务的真实性审查从未结束。2015年5月初，外汇管理局再次启动转口贸易专项检查，重点核查2014年“严打”整治行动中已经“挂号”的问题企业以及代位监管不严、有“推波助澜”嫌疑的主办银行。外汇管理局地方分局某权威官员明确指出：此次专项检查在“自贸”的大背景下有其特殊含义，其立意在于提升上海地区外汇主办银行的尽职审查能力，加固银行代位监管的意识与素质，防止银行因市场竞争而主动放低合规性审核标准，以此来构建金融安全防护网，为争取更有利的“自贸”政策打下基础。由此可见，政策性风险已然成为银行主要业务风险之一。

通过离、在岸平台进行贸易欺诈

第一部分的实务案例可能尚未造成资金风险，而本案例所述及的贸易欺诈将造成客户的实际资金损失。

案情介绍：S银行客户W受境内贸易公司H委托代为进口塑料粒子，W公司随即按委托代理协议与供货商离岸公司J签订进口合同，货物存放于保税区仓库，双方约定以90天远期信用证方式进行结算，交货凭证为经离岸公司J签署的货物收据(DELIVERY ORDER)。为确认货物真实存在，W公司要求离岸公司J提供正本进境备案清单及仓储公司出具的物权归属证明(仓储公司盖章)，随后W公司协同H公司至仓库实地查看货物，并依据进口合同于2014/02/27与仓储公司签订仓储协议。

经单据审核与实地探访等方式确认货物属实后，W公司于2月28日指示S银行以离岸公司J为受益人，开具90天远期信用证；3月4日S银行收到交单，审核单据无不符点后提示W公司承兑；3月6日W公司至仓储公司联系货权转移事项并第二次确认货物；3月7日W公司在S银行出具的“到单承兑/付款通知书”上盖章确认承兑并承诺到期付款，S银行据此向W公司放单，当天W公司持单据中由离岸公司J签署的正本货物收据至仓储公司办理货权转移手续并第三次确认货物；3月10日W公司陪同S银行客户经理做贷后检查，实地查看已归属至W公司名下的货物并第四次确认货物；3月11日S银行向来单行发出承兑电文。

4月17日S银行突然接到W公司通知，称当日查库遇阻，且不能联系到之前签署仓储协议及办理货权转移的仓储公司负责人，货物已被封存，W公司已无法确保公司货权；次日S银行收到交单行电文，告知其在S银行已承兑信用证项下办理融资，请S银行履行开证行职责，按时付款。

得知上述情况后,S银行国际部与经营单位一同上门了解业务详情。据W公司介绍,自办理物权转移手续后,该批货物以W公司名义存放在仓库中,公司每周两次查库以确保货品安全;至4月17日交单行客户经理专程至W公司了解情况并告知受益人可能存在欺诈行为,W公司随即查库发现货物确实已被公安机关封存。

目前了解到的最新情况是:该批货物被离岸公司J以远期信用证的方式销售给境内多家公司,在开证行承兑后立即贴现,随即卷款消失,整体案值近亿元,其中W公司涉案金额131.33万美元;与W公司接洽业务的所谓仓储公司负责人身份存疑,该国际知名仓储物流公司告知"本公司并无此人";前期以该仓储公司名义出具的物权归属证明被指印章造假;交单行办理融资后作为善意受让第三人向S银行确权。

W公司目前仍在司法诉讼准备中。

案例启示

国际业务项下的欺诈方式更为隐蔽,不法分子段位更高,经过技术手段层层伪装后,仅依赖于银行端的单据审核已经很难识别其欺诈的本质,但银行端并不能因此而放松对单据的真实性审核要求。

内控不严造成授信业务风险

除上述由客户端引发的外部风险外,银行端内控问题也是导致授信业务风险的主要动因。

案情介绍

1. 某公司授信担保情况发生不利变化,客户经理已在授信系统中提交授信备忘录暂停其授信额度使用。但在授信额度暂停使用后,该客户经理仍擅自接受客户申请,发起开证业务流程。

2. 某公司法定代表人离职,客户经理在授信系统中提交授信备忘录说明该事项,但仅履行了报告义务,并未对该公司后续授信业务所涉相关合同文本的签章有效性作出说明与安排,导致公司法人签章失效的合同文本仍流入S银行办理信用证开立业务。

案例启示

1. 经营单位必须加强对客户经理基础授信业务的教育与再培训,授信业务是全行资产业务的根基,务必要扎实。

2. 建立有效的沟通机制，确保重要信息，特别是有关授信事项的重要信息能够在相关业务条线间沟通到位。

交通银行上海市分行　夏阳

保税区货权转移，总结经验防风险

伴随经济全球化进程快速发展，保税区作为我国经济对外开放程度最高、运作机制最便捷、税收政策最优惠的经济区域，正随着经济步伐快速发展。保税区具有进出口加工、国际贸易、保税仓储商品等功能，享有“免征、免税、保税”政策，实行“境内关外”运作方式。保税区仓储货物及货权转移方式日趋多元化，带动了业务量的蓬勃发展。从单据审核出发，如何还原交易背景全貌，为保税区企业提供结算和融资服务，支持保税区贸易的健康发展，避免沦为恶意套利套汇的工具，需要银行人员在实务中不断地思考和实践。

货物报关流转模式

传统意义上的货物进出口，即为货物从境外报关进口或向境外报关出口，货物未经过保税区，从境外报关进口原材料或货物到境内或国内生产加工的货物直接报关出口到境外。此类货物具有价格波动较小，货转次数少等特点，货权直接在买卖双方之间通过提单转寄完成。

而对于金属制品、农副产品、橡胶、原（燃）油等大宗商品，其价格波动较大，交易频繁，可依托大宗商品交易市场和金融衍生产品对冲价格下跌的风险。此类货物大多通过保税区入境仓储，通常经过多次货转。货权转移凭证一般有海关签发的备案清单、仓储公司开具的仓单或审批单详情等，单据上都会对货物名称、重量、仓储企业及货权转移等信息进行详细记录。现行的监管体系下，直接报关进出口的货物和只进境（或出境）不报关的货物，归属于海关不同的监管区域，适用不同的监管政策，而保税区的“境内关外”属性决定了其在国际贸易中的积极作用。

货权转移模式的沿革与扩展

根据海关规定，保税区的货物可以在区内企业之间转让、转移；双方当事人应当就转让、转移事项向海关备案。因此，保税区货权转移是指经过海关备案手续后，区内货物持有者将货物转移给另一企业的行为，货物在地理位置上未发生转移，只是货权完成转让。

凭借保税区“境内关外”的政策优势，为提高货转效率、降低交易成本，许多大宗商品交易商以保税区内注册企业或离岸公司的身份参与交易，从而衍生出“海关特殊监管区域及保税监管场所进出境物流货物”“离岸转手买卖”“转口货物”等交易方式。为适应市场需求，银行也在传统的信用证、跟单托收、赊销等结算方式的基础上推出封闭转单、仓单质押等产品。融资产品的便利，使得保税区内业务规模呈几何倍数增长。因此，保税区的货物仓储功能，已从传统的物资存储发展到物流节点和保税贸易。对于货权持有者来说，保税区仓储在仓储、调节价格、调节运输、控制物流成本、融资、物流供应链、贸易转口及增值服务等方面作用突出。与此同时，仓储便利及资金便利为保税区的货权转移提供了有利条件。

保税区货权转移功能的实现，有利于吸引大宗商品进境入区保税存储，带动了大宗商品交易的发展。大宗商品一般具有仓单标准化、交易集中化及双向交易和对冲机制灵活等特点，因此保税区的货权转移通常会伴随着多元化及多重化趋势，一批货物可能对应几手甚至十几手交易，可能经过几手货权转移后又回到最初的货物持有者手里。货物从境外进境后，在保税区内进行多种形式的货权转移，直至区外企业作为最终用户从保税区进口报关进入区外使用。

货权转移风险防范的思考与实践

保税区货权转移错综复杂的交易发展，不仅带动结算业务量飚升，也扩展出多种交易类型，如区内企业可以通过货权转移方式支付给境外企业、境内区外企业或其他区内企业。而伴随货权转移形成的资金流通常都需要借助银行的贸易融资来完成，因此对于银行来说，如何掌握货物流的真实性匹配收付汇资金流，采取何种防范措施应对保税区业务虚假交易，怎样保证此类业务下融资资金的安全，避免银行沦为企业恶意套利套汇、以融资为目的的贸易结算工具，已成为目前银行贸易融资发展面临的重要课题。

对于银行而言,贸易融资以其自偿性的特点一直被视为低风险高效率的业务品种,受到广泛重视,近年来各行都纷纷推出由贸易金融衍化出的创新融资产品,市场得到了长足的发展。但是在资本逐利的驱使下由贸易融资演变的融资贸易、虚构贸易、套利套汇等事件也不断显现。特别是以保税区货权转移为基础的贸易融资,因为货权转移的高效性更易被企业利用而进行虚构贸易套取资金。也因此造成了该类业务交易过程复杂,参与方众多,为银行审核贸易背景增加了难度。贸易背景不真实,将在根本上损害银行贸易融资的安全性及合规性。从以下案例所涉的问题,银行应当深刻反思自身业务处理流程,在此基础上重构保税区结算业务的审核原则。

2011 年,青岛某公司通过银行办理一笔保税区货转交易(转口货物),其作为中间商与境外上下游客户分别签订买卖合同,从上游客户购买一批存放于保税区的货物转卖给下游客户。该公司在银行开立见单后 90 天付款信用证,要求提交仓单、发票和箱单等单据。上游客户提交全套单据,开证行审单后承兑。该公司在到期日前收到了下游客户的货款并到期付汇。2013 年初,开证行在对转口货物业务进行排查时发现,该公司交易中提交的仓单涉嫌伪造,有套取银行信用的嫌疑。

对银行而言,仓单作为货权凭证在审核交易背景的真实性方面具有重要意义。虽然本案并未发生资金风险,但银行仍然无法回避交易背景问题引发的操作风险。上游卖家提交的仓单真实性存在问题,涉嫌伪造仓单。银行办理信用证承兑未对交易背景进行进一步核实,存在风险隐患。如果银行在收到来单后,对仓单进行查证,并同时要求客户提供进境备案清单等单据进行补充,应当可以及时发现问题,规避业务风险。对于本案发生的问题,银行可以根据提单、仓单、关单等单据中的要素相互比对,完成真实性审核。另外,还有一些仓单不仅标注船名,还显示货运提单号,在这样的情况下银行可以要求提供原始提单复印件并到相关网站核验,利用海关单据、仓储单据、货运单据等相互佐证,提高基础背景的审核效力。

在实务中,验证单据真伪,判断交易背景的真实性,意味着银行需要投入更多的精力,耗费更高的成本。因此,国际惯例中只要求银行审核单据表面一致性。但近年来,虚构贸易背景、伪造单据的案件频发,严重扰乱了金融秩序和市场规范,特别是最近因虚假仓单引发的案件对整个物流仓储及银行经营带来极大影响,仓单作为货权凭证的效力也受到了严重的质疑。银行只审核表面真实性往往会埋下重大风险隐患,这一处理原则也面临巨大挑战。如何将银行可获得的各类单据相互匹配，佐证货物流转过程，成为银行亟待解决的难题。

由于保税区货物流并未纳入外汇局总量核查，区内税收成本低廉，物流货转便捷等特点，容易被个别企业利用使之成为虚假贸易套利行为的高发工具。保税区交易对银行而言，存在区内交易参与方多，涉及业务环节复杂，业务风险点较多等问题，风险控制难度也随之增加。因此，对于保税区结算业务涉及的授信或担保，银行需要对客户进行尽职调查，了解并核实企业的生产经营、财务状况、行业特点以及市场等情况。与此同时，在业务处理过程中，银行不仅要注意交易单证的真实性及其与交易过程的一致性，还应对相应金额、期限与实际业务的相关及合理性进行审核，严格审查仓单、提单、进境备案清单及审批单详情等货权转移凭证对应的货物信息，落实单据的真实性和唯一性。

首先，确保单据的真实性和有效性，避免重复使用和伪造单证等问题的发生。对正本单据进行真实性溯源，成为银行处理业务的前提和有效的风险防控保障。第一，对正本仓单和提单要素进行审查，落实单据的真实性，追溯单据签发方，利用其官方网站、港口物流信息等资源进行多方面查实。对提单、仓单载明的货物重量与实际严重不符的，需要严控办理。第二，针对以仓单作为货权凭证的，为更充分了解货权转移过程，还应要求企业提供相应的进境备案清单作为补充，并在海关等相关机构核实单据的关联性和真实性。第三，货物只进行区内流转，在货权转移过程中未开具仓单，青岛地区海关通常会出具“审批单详情”，银行可以通过该类单据完整了解货物进境后流转全貌，从而对资金流与货物流进行匹配。但由于该类单据要素简单，仅为地区性货转凭证，极易造成信息不对称，核实难度加大，成为伪造单据的高发区域。因此，2014 年 7 月 1 日开始，青岛海关暂停使用该类凭证，针对区内货转统一使用备案清单，规范了货权管理，降低了银行的风险审查难度。

其次，保证单据的唯一性，避免重复融资虚假交易套取资金。在审核通过后，在正本单据上批注相应的币种、金额、重量、付汇日期等要素，并做好审查记录进行存档，是确保单据不再被重复使用的重要环节。特别值得关注的是，在以往的案件中，监管部门发现有个别企业利用多份正本单据及银行信息不对称等因素，分别在不同银行融资的情况。因此，对全套正本进行签注，并做好相应的物流信息登记，成为银行审慎经营业务处理的重点。另外，针对海关出具的单据往往涉及多次交易过程较为复杂的情况，在签发机关落实真实性后，应在单据上对货物流向、货物重量、付汇日期等进行批注，确保业务记录的完整性和还原性，方便银行厘清交易过程全貌。

再次，加强合规意识，严守外汇管理规定及内部操作规程。加大已有制度的贯彻力度,并针对从事此类交易的客户建立内部准入和退出机制,由指定客户经理定期走访,从客户的资信状况、资金回笼情况、市场波动、交易对手、交易标的和融资状况等方面密切关注,切实把好资金及货物的风险关。

综上所述,相对于一般结算业务来说,保税区货权转移项下的结算业务更加复杂,厘清真实背景防范业务风险的难度更高。因此,该业务对银行的风险控制能力及从业自律要求进一步提高。银行必须遵循"了解你的客户""了解你的业务""尽职审查"的展业三原则,在关注企业货物流向和资金流动时,不仅要审查单据的真实性,更应落实背景的真实性,以防范保税区业务的操作风险、资金风险、合规风险,确保银行相关业务的审慎稳健合法经营。

交通银行青岛分行　陈琛　王春成

警惕假转口业务，防控真套利风险

转口业务不是新业务，它的诞生及发展有一定的存在基础，但转口业务的不断演变与迅猛发展，使其渐渐脱离了原本正常的轨道。外汇局监管思路的调整进一步印证了近些年来转口业务几经沉浮的演变趋势。在2011年之前，转口政策历经几番松紧，直至外汇局汇发(2011)11号文制定了从严从紧的转口政策；2012年，国家推出了旨在促进贸易投资便利化的方针政策，监管当局也加快了本外币管理政策简政放权的步伐，货物贸易改革就是其中之一，相应地，转口监管要求转向全面松绑；进入2013年，随着贸易数据失真、跨境资金异常流动的情况出现，外汇局的汇发20号文及后续检查通知要求银行严格加强对转口业务的审查力度。

值得注意的是，汇发20号文并未一如既往地对转口业务再次进行详细严格的规定，但强调了银行应加强对客户及贸易真实性的甄别，进一步明确了外汇局将加大对银行、企业的核查检查及处罚力度。由此可见，监管当局寄希望于进一步推动贸易投资便利化、政策简政放权，但这并不意味着其对银行责任监管的弱化，相反，在监管强制性的明则细文减少之后，银行应主动平衡市场与风险之间的关系，合理制定顺应市场变化的、有责任意识的、合法合规的、风险可控的自主政策，避免银行自身风险及监管合规风险的发生。

本文将试着从以下六个方面分析转口业务的银行风险，抛砖引玉，期盼能够引发大家思考和探讨。

贸易背景真实性

贸易背景真实性事关银行的资金安全与监管的政策合规。首先，转口项下的货物通常为两头在外且不报关进境，银行难以把握货物是否存在，在风险暴露时银行通过物权凭证实施资产保全的操作难度也较大，监管当局则无法根据货物流的情况,对资金流的匹配情况加以判别,此种风险是转口业务的固有风险,也是基本特点。其次,企业利用转口业务的基本特点,联合关联公司进行交易,能够较为便利地实现套利套汇及融资圈钱的目的,通过套利套汇及融资所获得的款项若用于填补亏空、民间借贷、房地产融资、证券投机等领域,银行垫付资金的风险概率将成倍增加。同时,关联公司反复交易产生的资金流容易引起监管当局的关注,银行作为转口业务受理方将被牵连在内。

落实好贸易真实性审查工作的关键在于"了解客户",探析企业交易目的,严格区分交易性质,审慎评估交易风险。现阶段,企业办理转口业务的目的主要可分为三类:赚取转口收支差价、通过转口套利套汇、融资圈钱。交易目的及性质可通过企业基本面加以判断,即交易对手是否为关联公司且近期是否存在大量交易,交易产品是否有办理转口业务的必要且是否属于企业经营范围内,交易总量是否与企业经营规模匹配,交易期限是否吻合贸易期限需求,近两年内是否以其名义在银行办理过转口业务记录。而在同业代理和委托代理的转口项下,银行审核贸易真实性的范围还应包括实际申请人与交易委托方。针对上述不同交易性质的转口业务,银行应审慎评估交易风险,采取差别化政策,如支持赚取转口收支差价为目的的交易,在一定规模内限制办理套利套汇业务,禁止办理任何以融资圈钱为目的的交易等。

监管政策合规性 ▶

除贸易真实性风险外,监管政策合规性风险还主要体现在:

1. 未审核企业是否在合规名录内或未按照企业分类管理要求办理转口业务。目前,外汇局要求B类企业在办理转口交易时,同笔转口收支应同币种在同一家银行办理,不得办理转口收支日期间隔超过90天(不含)的转口业务,不得在转口支付前结汇或划转转口收入,申请办理转口收入金额超过相应支出金额20%(不含)的转口业务时,须提交外汇局签发的《登记表》。C类企业不得办理转口贸易。

2. 未参照外汇局的货物贸易企业分类标准为企业办理跨境人民币转口业务。人行尚未对跨境人民币业务的企业分类标准进行说明,但外汇局在货物贸易外汇管理答疑中,提及跨境人民币的企业可参照外汇局要求办理。企业因为种种原因被外汇局降级C类,无法办理外币转口业务,却可以无所限制地办理跨境人民币转口业务,这并不符合银行整体风险控制的要求。

单证风险

办理转口业务时，银行应做好转口单证真实有效性的查验、签注及审核工作。

审核转口买卖合同需注意合同制式是否雷同、转口收支差价倒挂/不足以覆盖银行费用/价差较小等，小的细节往往能够反映出企业办理转口业务的交易目的及性质。

涉及提单/租船提单/多式联运单据及仓单等物权单据转口的，提单/租船提单/多式联运单据应为全套正本，仓单则应为正本实名(即收款人名称应体现在抬头或背书处)且按照国家法律的规定设置仓单条款。当办理装运日早于转口开证日，且两者间隔超出了货物合理的运输期间的转口业务时，银行应格外警惕物权凭证是否已经用于提货。同时，物权凭证副本不应被接受，银行具有充足理由能够怀疑该转口业务是否具备真实的贸易背景，对于使用 D/O、D/N、C/R 等办理转口业务的，上述单据皆非法律与惯例所规定的物权凭证，也不应接受此条款安排。分行收到并接受满足上述要求的物权凭证时，应在单据上签注，签注内容包括银行标记和日期。签注目的在于防止企业使用相同单据在他行重复办理业务，银行若在审单过程中发现物权凭证已被签注，应要求企业给予合理的解释说明并在后续交易中时刻保持警惕。

信用证条款不应含有传真交单、接受一切不符点等可使用副本物权单据交单的措辞。信用证来单若涉及提交副本单据的，开证行应按照惯例要求，及时有效对外拒付，在未收到正本单据之前不得承付。对于疑似套汇套利的转口信用证开立，分行可酌情将兑付银行方式改为开证行承兑或延期付款。

严格区分转口与转卖业务

严格意义上，转口业务的货物运输区间应为两头境外且分属于不同国家地区或通过境内海关特殊监管区域运往第三国(不同于进境备案清单/进仓报关单的货物起运国)。涉及海关特殊监管区域内转口的，分行应要求企业提供相应的货物海关备案信息及仓储协议、物权证明等，并在办理该业务时对正本进出境备案清单/进出仓报关单进行签注且复印留存。对于最终目的地为国内的(货物在到达国内前转卖货权)、货物在境内海关特殊监管区域内流转或在境外同一国家地区流转等交易,应归类于转卖业务。按照严格标准划分转口及转卖业务的话,套利套汇融资交易将被大幅度压缩。

合理控制付款期限及收支间隔

付款期限及收支间隔越长越有利于套利套汇融资型转口业务的开展。通过调整付款期限及收支间隔,能够变相提高企业运作成本并进一步限制其套利套汇融资的规模,因此,在跨境人民币转口业务中,原则上付款期限不应超过180天,且转口收支间隔应小于90天。同时,对于先收后支型转口交易应不得办理进口方融资,且在办理先支后收融资业务时应提高警惕,将融资期限严格控制在收支间隔区间内。

同一银行办理收支并监控资金流向

银行办理外币或人民币转口贸易结算时,同一笔货物的转口收支须同币种在同一家银行办理,银行应进一步加强对转口收入资金流向监控,避免收入款项流入民间借贷、房地产融资、证券投机等领域。

交通银行总行国际部　于延涛

无单放货多风险，总结经验少损失

无单放货，是指未凭正本提单交付承运货物的行为。本文所探讨的无单放货风险，是指负责海上货物运输的承运人或者其代理人，在正本提单持有人指示缺失的情况下，基于各种原因放货，从而对提单持有人或者货方造成损害的行为。在货物贸易合同下，无单放货可能会导致出口商钱货两空，加之国际贸易合同所涉纠纷复杂，很难讨回公道。而在海上货物运输合同项下，出口商虽可以依据海商法等法律要求承运人等相关人员承担无单放货的法律责任，但其本身亦不可避免地要承担各种诉讼风险。

笔者通过对 2014 年至 2015 年两年间我国法院相关案件判决书的整理分析，归类出以下几种无单放货经常出现之原因和风险点，并通过对典型案件的重点分析，对出口商如何防范无单放货风险提出建议。

因承运人身份不明确导致的无单放货风险及防范建议 ▶

根据我国《海商法》，“承运人”是指本人或者委托他人以本人名义与托运人订立海上货物运输合同的人。出口方作为正本提单持有人，一定要弄清楚，其货物是否由承运人接管，其是否与承运人签订海上货物运输合同。实践中，许多出口商误将货代视为承运人，或者没有明晰承运人身份的意识，导致交付货物后，丧失了货物的控制权，容易发生无单放货风险，并加大了后续将无单放货纠纷诉诸法庭后，因诉讼主体不适格而导致败诉的风险。

在广州海事法院审理的珠海联进贸易有限公司诉利斯国际货物运输代理（上海）有限公司一案中，联进贸易作为出口商，要将一批货物运往摩洛哥，遂委托利斯国际办理货物出口运输，而货物的实际承运人是另一家公司，后货物被无单放货。法院判决认为“利斯仅仅代表承运人收取了涉案货物在起运港的操作费用，未以自己的名义承接涉案货物的运输，未以承运人身份签发过正本提单，原告最终选择不领取正本提单而采取电放形式后，也无证据证明利斯是接收电放指令的义务人，最终认定利斯与联进不存在海上货物运输合同关系”。

笔者认为该案中，联进败诉的主要原因在于对承运人身份识别上的疏忽大意。在办理海上货物运输事宜时，利斯提供给联进用于联络运输的邮件地址，包括后来利斯提供给联进的提单副本上，已经清楚表明实际承运人的公司名称，但联进仍坚信自己是在同利斯洽谈订立运输合同以及后续履行等事宜，而利斯却完全已为局外人。类似情况还有很多，比如在最高人民法院裁定的安徽欧力电器诉旅运国际货运代理(深圳)有限公司以及旅航物流有限公司一案中，欧力联系旅运要求其办理运输事宜，便坚定地认为旅运就是承运人，却忽视了很多细节都表明旅航物流才是真正的承运人。在这类情况下，出口商很容易陷入一个误区，即认为与之联系办理货物运输事宜的就是承运人，但实践中其往往既可能是出口商的代理人，也可能是实际承运人的代理人，甚至可能像利斯案中一样，仅仅是中间人。

正确识别真正的承运人，有时对出口商来说，确非易事。比如在山东省高级人民法院改判的青岛正天宇食品诉浦东国际货代一案中，浦东货代向正天宇签发了正本提单，虽然提单上表明其为承运人代理人，但青岛海事法院在一审判决中认为“浦东货代不能证明提单抬头所示承运人美国浦东公司合法存在且其已经取得美国浦东公司有效授权签发提单的情况下，浦东货代应作为承运人向正天宇公司承担无正本提单放货的民事责任”。而山东省高院在改判时则认为“正天宇公司即使向浦东货代订舱，浦东货代作为美国浦东公司的代理人向正天宇签发提单，并无不当，其签发的是美国浦东公司的提单，该提单在中华人民共和国交通部备案”，出口商最终败诉。但无论怎样，认定海上货物运输合同关系是否存在，是裁判无单放货行为是否发生的前提，如果出口商一开始在承运人身份确认上就存在过错，也只能师出无名、事故难成。

承运人身份认定失误，不仅仅是无单放货纠纷发生后能否胜诉的问题，更大的风险在于，出口商不知道实际承运人的资质、信誉，会使得无单放货风险发生的几率大大增加。尤其在 FOB 合同项下，进口商指定货代安排运输，可能选择的是出口商不熟悉、不了解资质的承运人，而如果承运人操作不规范，甚至可能出现与进口商沆瀣串通，损害出口方利益的情况。所以笔者认为，出口商防范无单放货风险的前提是要确定与自己订立海上货物运输合同的承运人身份及其资质，将货物的控制权牢牢掌握在自己手中。

进口地法律或者强制性法规导致的无单放货风险及防范建议

国际贸易中，国内出口商将货物交付海上运输运往另一国时，将承担一个很大的风险——不了解进口地的法律规定，不熟悉卸货港的实际操作方法，同时船公司或者承运人对因目的港海关放货政策而造成的损失可以免责，导致最终因无单放货产生的风险与后果只能出口商自己承担。

比如巴西海关自2013年5月6日起执行的“1.356/2013”号令中规定，进口商、收货人不再需要凭交付正本提单给海关、码头来提货，也就是说即使出口商仍持有全套正本提单，收货人或者进口商也能够在巴西无单提货。而有相似无单放货规定的国家不只巴西一个，部分中美洲国家海关同样有关于进口货物实行单方放货的政策，即由海关决定是否放货给收货人，而不是船东。

在上海市高级人民法院审理的上海展利箱包诉上海德澜国际物流有限公司一案中，涉案货物即被巴西桑多斯海关认定为“被遗弃货物”，由海关根据巴西桑多斯第6759/09号法令进行了封存，法院认定承运人无过错，也不承担无单放货的责任。再如上海市高级人民法院审理的地中海航运公司诉黄山一品茶案件中，地中海航运称其无单放货是根据目的港，即毛里塔尼亚法律，承运人需要向当地渔业与航运部门强制交货，其涉案货物系根据当地法院的命令由渔业与航运部对外进行交付。无论最终付诸诉讼时，承运人能否为其抗辩举证，但是此类无单放货的风险却真实存在。

而与所有货物可以不凭正本提单放货相对应的，是记名提单可以不凭正本提单，仅凭收货人身份交货的规定。如在上海海事法院审理的全胜国际投资有限公司与上海沂蒙洋物流有限公司一案中，承运人即是根据南非法律，将货物直接交付给记名提单下载明的收货人。再如我国最高法院曾经审理的美国总统轮船公司与菲达电器再审一案中，最高院适用美国《联邦提单法》，最终判决承运人对记名提单的无单放货行为无须承担法律责任。

这种因卸货港国家的法律规定导致的无单放货风险，笔者认为出口商予以应对的最好方法是防患于未然，做好事先防范措施。首先，尽职调查，充分了解货物进口地或者卸货港是否有相关法规，能够导致潜在的无单放货风险隐患，如发现有类似规定，建议出口商采用先付款后发货等结算方式以规避风险。其次，尽量避免使用记名提单。第三，出口商要对出口到这些国家的交易对手做到足够的资信调查，以防止货物在卸货港被无单放货，又收不回货款的情况发生，最大限度地降低自己钱货两空的风险。

代理人选择不当导致的无单放货风险及防范建议

订立海上货物运输合同的托运人与承运人，往往并不是自己实际履约，而是由其代理人在其授权范围内，代为行使权利义务，假使代理人选择不当，也可能导致无单放货风险的发生。

第一种情况是，出口商的货代，在没有得到货方指示的情况下，就直接指示承运人无单放货。对于承运人来说，货方代理人是有权发送指示的，所以即便代理人的指示超出了其委托人的授权范围，承运人也能依据表见代理规则来抗辩。此时作为提单托运人的出口商将有苦难言。

如在福建省高级人民法院审理的中荷(上海)货运代理有限公司与泉州海日星工艺美术有限公司诉讼案件中，中荷货代作为出口方海日星公司的货物代理人代为办理海上运输，在没有收到海日星电放保函的情况下，就直接指示承运人电放货物，同时还隐瞒海日星公司货物已经被电放的情况，这就将货方陷入一个很被动的境地。

对此笔者有三个建议：第一，了解交易对手原则，每一笔国际贸易都可能牵涉复杂，所以出口商选择己方货物代理人就应该像选择盟友一样去考核，不应让不诚信企业钻了空，盟友变敌人。第二，不要过于依赖自己的货物代理，比如上述海日星案件中，当货方了解到货物被滞留在卸货港时，就应该主动联系承运人了解情况，而不是一味依靠自己的代理人，这样可能会更加主动。第三，当意识到货物可能会出现滞期滞港的情况时，就应该妥善留存证据，比如，托运单、费用确认书、能够证明事实与意图的往来电子邮件等等，以备不测。海日星一案中，货方最终获得胜诉，证据留存得当也是很大的有利因素。

第二种情况是船舶代理人擅自无单放货。同第一种情况相比，船舶代理人的行为是更加在出口商控制范围以外的，船舶代理人一般在进口商所在地，有的甚至与进口商关系较深，此时出现无单放货的风险可能性很大，如在超特晶电子科技有限公司诉深圳外代国际货运有限公司一案中，就发生了承运人的船舶代理人在没有托运方与船方的指示下私自放货，直接签发小提单给进口商提货的情况。更有甚者，船舶代理人也可能是涉案货物的报关代理人，可能使用虚假提单和文件报关，协助收货人无单提货。

笔者认为，应对船舶代理人无单放货风险最重要的途径是要寻找资信靠得住的承运人来办理海运事项，同时在签订海上货物运输合同时要约定好承运人的无单放货赔偿责任范围，包括承运人应对其在卸货港的船舶代理人的行为负责等规避风险内容。

防范无单放货纠纷诉讼风险

涉及海上运输的国际出口贸易中，出口商应做好充足的预防措施防止非善意的无单放货风险发生，但是百密总有一疏，无单放货可能还是会因为各种原因发生，这时出口商可能要通过诉讼等渠道来寻求损失赔偿。但无单放货的海上货物运输合同诉讼，对出口商来说，有很大的诉讼风险，从笔者整理的84起案例来看，只有30%左右是出口商胜诉，其他几十起的案件，并不是没有发生无单放货的损害，但可能是因为各种其他原因，导致出口方败诉。下面笔者列举几条对出口商来说常见的诉讼风险，并提出相应的事前防范建议。

一、时效问题

根据我国《民法通则》规定，时效是向人民法院请求保护民事权利的诉讼期间，从权利人知道或者应当知道权利被侵害时起计算。根据我国《海商法》第257条规定：就海上货物运输向承运人要求赔偿的请求权，时效期间为一年，自承运人交付或者应当交付货物之日起计算。也就是说出口商要保证在知道或者应当知道承运人已经实施了无单放货行为起一年内主张自己的权利，否则即丧失胜诉权。

在港捷国际货运上诉山西杏花村国际贸易有限公司一案中，最高法院最终认定杏花村公司的起诉超过了诉讼时效，从而撤销了湖北省高级法院与武汉海事法院的判决，改判杏花村公司败诉。诉讼时效是个很重要的实体法问题，出口商应当予以重视，一旦知道了无单放货事实已经发生，就应当有一年时效的意识，以防止像本案杏花村公司一样，因为与承运人的沟通牵扯，而耽误了诉讼时效，此时即便有千万有利证据，也丧失了胜诉权。

二、管辖权与准据法适用问题

管辖权是指哪家法院可以对纠纷行使审判权。国际出口贸易项下的货物运输，进口商与卸货港在境外，属于含有涉外因素的合同纠纷，当事人可以协议选择管辖法院，只要该法院与纠纷符合最密切联系原则，否则可能导致发生问题时费时耗力地去另一国家参加诉讼，因为一般提单背面的格式条款中，会约定管辖法院。比如在欧利电器诉奥美泛亚国际一案中，双方在订立海上货物运输合同时未选择管辖法院，而提单背面条款中默认由香港法院管辖，出口方作为原告只能承担因承运人管辖权异议而带来的诉讼风险。

准据法是指法院在审理涉外案件时适用的法律。涉外合同纠纷，当事人可以依据意思自治原则，协议选择准据法，准据法的选择会导致适用的法律不同，从而产生不同的法律效果。比如上文提到的对于记名提单能否无单放货的问题，根据我国法律，记名提单的不可转让性不影响其所具有的提单特性，仍应坚持凭单放货。但如果适用美国法律审判，可能会导致相反的结果。

所以出口商在与承运人或其代理人签订海上货物运输合同时，一定要有选择管辖法院与准据法的意识，当然对出口商比较有利的是选择本国法院管辖，适用本国法律进行诉讼。

三、举证不力

无单放货诉讼，对出口商来说，另一个挑战在于举证。一方面涉案货物已经在境外，所涉及的取证问题会变得异常复杂；另一方面可能由于疏忽大意，对证据留存不当，导致诉诸法庭时，举证不力。

根据多件法院判决来看，货方作为原告诉称被告无单放货的证据，一般是凭涉案货物集装箱的流转信息和海关查询信息，证明集装箱已经离开目的港港区，空箱投入其他运输使用或者集装箱信息查询不着，以此推断货物被无单放货。但大多法院一般只将此种情形认定为初步证据，法院会听取承运人的抗辩意见，此时如果承运人有证据表明货物还在货方的支配范围下，比如海关货物报告，码头货物报告，卸货港口公证员到仓库清点、查验货物的公证文件，等等，法官可能认定无单放货事实不能成立。如在江阴岚富诉上海浦东货运一案中，法官认为“货物在拼箱出运的情况下，目的港的拆箱行为符合航运惯例，且 EDS 公司是涉案提单载明的通知方及美国国内运输段指示方，货物运抵目的港之后由 EDS 公司负责安排美国国内运输，故涉案货物被拆箱和清关的事实不足以证明涉案货物已交付收货人”。

除非货方能提供有力的证据来推翻承运人的证据，比如像美达可案件一样，货方直接持有收货人发给货方的证据，证明收货人确实在没有提单的情况下提取了货物，并且仍有款项未付，否则可能覆水难收。所以对于货方来说，在比较复杂的情势下，一定要弄清楚既成事实，掌握足够的证据，才能有胜诉的希望。

交通银行总行国际结算中心　宋莉

出口双保理业务，案例论风险防范

出口双保理业务是国际保理业务的一种，指出口保理商应出口商申请，在受让出口商应收账款的基础上，通过与进口保理商的合作，承担进口商信用风险并向出口商提供包括进口商资信调查、信用风险担保、出口保理融资和应收账款管理的综合性金融服务。

在出口双保理业务中，银行作为出口保理商面临的主要风险有：进口保理商信用风险、出口商履约风险及出口保理商操作风险。以下结合三个案例，讨论作为出口保理商如何防范相关风险。

案例回顾 ▶

一、案例 1：进口保理商信用风险

20××年，出口商 H 公司向 L 银行申请叙作以 L 银行为出口保理商的出口双保理业务，进口商为与 H 公司有着多年合作关系的 N 公司，产品为 H 公司代理 J 公司出口的服装。进口保理商 F 公司为 N 公司推荐。L 银行在取得 F 公司的循环保理额度后，书面通知 H 公司，H 公司在该保理额度范围内进行出口保理发票转让，转让后由 L 银行为其办理出口保理融资业务，H 公司在收到融资款后立即支付给 J 公司。发票到期后，F 公司将发票款项支付给 L 银行，L 银行进行出口保理融资还款，多余款项入 H 公司账户，同时释放保理额度。在业务办理过程中 L 银行了解到 F 公司 2007 年才加入 FCI，公司体量较小，抗风险能力不强，在 2008 年的金融危机中受到较大冲击。为防范 F 公司的信用风险，在取得 H 公司同意后，L 银行成功将进口保理商更换为规模较大且与其合作较为紧密的 W 公司，更换后 W 公司迅速批准了 H 公司增加保理额度的申请。

二、案例 2: 出口商履约风险

出口商S公司是C银行的出口保理客户,在一次发票转让中,C银行发现其提供的单据中包含贷记通知,在与S公司联系后得知,由于产品的质量问题,进出口双方的纠纷已经出现了较长时间,但是S公司一直没有通知C银行。C银行在得知该情况后,在转让发票的同时立即将产品质量的纠纷问题通知了进口保理商,很快进口保理商向C银行发出争议通知,并声明根据GRIF第27条"争议"第3款规定,对于其已核准的账款视作未受核准,并有权索回由于争议而被债务人拒付的金额。后来经过协商,S公司对所有涉及质量问题的发票进行大幅降价后,进口商才通过进口保理商向C银行付款。

三、案例 3: 出口保理商操作风险

G银行出口保理客户A公司与进口商B公司之间的出口双保理业务,从一开始就进行得非常顺利,业务量不断增长,但是偶尔出现B公司直接将款项通过电汇支付给A公司的情况。在与A公司联系后得知:由于B公司人员变动频繁,对其业务熟悉程度不够,偶尔存在不经过进口保理商I的间接付款情况,而A公司由于种种原因也无法在收到间接付款后及时通知G银行。G银行立即将这一情况通知了进口保理商,进口保理商表示将密切关注。一次在收到A公司的间接付款通知后,操作人员在业务系统办理出口保理销账交易时,将付款类型由"间接付款"误填为"正常付款"(通过进口保理商付款),造成系统没有联动通知进口保理商该笔发票已收款的信息,造成进口商已付款,但进口保理商仍向进口商催收的情况发生。

案例分析与风险防范

一、加强对进口保理商信用风险的管理,纳入额度管理

如果说进口商是出口商的交易对手,那么进口保理商就是银行的交易对手,因此要尽可能地了解交易对手。在实务中,除非出口商特别指定,都建议向联系比较密切的FCI成员申请出口保理额度。实务中若能通过FCI和进口保理商公开的信息,结合进口保理商对额度的核准速度、核准比例、付款速度、收费比例、争议处理等方面进行评估,以额度的方式体现出来,形成进口保理商信用风险的直观化,也是对进口保理商信用风险管理的有效手段之一。目前已有银行将进口保理商的信用风险纳入了额度管理的做法。

进口保理商对进口商信用风险的承担方式主要有两种，分别是进口保理商自身承担进口商的信用风险和通过进口保理商投保的方式由保险公司承担进口商的信用风险，建议优先选择能够自身承担进口商信用风险的进口保理商，这样在出现进口商无法付款时(没有争议)，由于没有第三方保险公司的介入，银行可以直接向进口保理商主张权利，而不必经过进口保理商再向保险公司要求索赔，时效性更高。此外，通过自身承担进口商信用风险的进口保理商对于进口商的了解更加充分，可以减少争议的发生。

案例 1 中，银行通过更换进口保理商，防范了进口保理商的信用风险，帮助 H 公司提高了出口保理结算额度和出口保理融资额度，为 H 公司出口保理业务量的增长创造了条件。

二、出口保理商应时刻关注叙作出口保理业务的出口商

案例 2 中尽管由于出口商 S 公司的原因，延误了银行获知商品纠纷的事实，但进口保理商仍会依据 GRIF 的 32 条："如果出口保理商严重违反了本规则的任何条款，结果严重影响了进口保理商对信用风险的评估及/或其收取账款的能力，进口保理商不应被要求进行担保付款。(IF THE EXPORT FACTOR HAS SUBSTANTIALLY BREACHED ANY PROVISION OF THESE RULES, THE IMPORT FACTOR SHALL NOT BE REQUIRED TO MAKE PAYMENT UNDER GUARANTEE TO THE EXTENT THAT THE BREACH HAS SERIOUSLY AFFECTED THE IMPORT FACTOR TO HIS DETRIMENT IN HIS APPRAISAL OF THE CREDIT RISK AND/OR HIS ABILITY TO COLLECT ANY RECEIVABLE.)"案例中由于产品质量问题产生的纠纷属于可能影响进口保理商对进口商信用风险评估的重大事项。鉴于此，一般情况下会约定："出口商或保理商受到争议通知时，应立即、最迟不超过次日，将已知的涉及有关应收账款的细节和争议的性质书面通知对方。"在这种情况下，如果进口保理商拒绝承担担保付款责任，银行可以以 S 公司未履行出口保理合同为由，同样不对 S 公司承担担保付款责任，并可以向 S 公司反转让相关发票，追回对应发票项下的融资。

同时，在选择出口保理客户时，应注意保理业务对应产品是否是出口商的主营业务，产品是否为品质稳定、规格标准的不易产生纠纷的产品，注意审核交易合同中是否有质量问题的认定方式等条款。审核进出口双方的历史交易记录及付款情况等，出现降价的，及时了解原因，判断是否存在质量原因等出口商违约的潜在因素等。

三、重视对出口保理业务中特殊情况的处理

由于出口保理销账交易中大多数情况下都选择“正常付款”,因此偶尔发生的间接付款就造成了案例3中情况发生,使银行违反了GRIF28条规定:“出口保理商代表自己及其供应商保证他将通知进口保理商由供应商或他自己收到的任何与已转让账款有关的付款。(THE EXPORT FACTOR UNDERTAKES FOR HIMSELF AND ON BEHALF OF HIS SUPPLIER THAT HE WILL INFORM THE IMPORT FACTOR OF ANY PAYMENT RECEIVED BY THE SUPPLIER OR THE EXPORT FACTOR CONCERNING ANY ASSIGNED RECEIVABLE.)”

为了防范这种操作风险,首先应避免间接付款的情况出现,出口双保理业务的特点决定了保理项下的付款应通过进口保理商正常付款的方式完成,正常付款便于银行监控,在叙作出口保理融资时能及时进行出口保理融资还款,使银行融资款项的还款来源得到保证。银行在得知间接付款发生时,应立即书面通知出口商,说明间接付款将给出口商带来的风险和不利,使出口商主动敦促进口商正常付款;立即通过系统或邮件等文字方式通知进口保理商,提醒进口保理商告诫进口商避免间接付款的发生。其次在实务操作中,对于间接付款的情况,操作人员应保持警惕,在业务系统办理出口保理销账交易时,根据实际情况做出正确选择。

交通银行江苏省分行　尤胜圣

国内证产品虽好，收益下风险当防

案例背景

A公司与B公司为关联公司。A公司于20××年1月3日向B公司开立第一个1亿元6个月期限国内信用证，按2个月的贸易周期，3月3日A公司可回笼货款，B公司向银行申请国内证融资贴现，获得融资款项1亿元，这样A公司和B公司将2亿元货款挪用于房地产开发。接着A公司于5月3日向B公司开立第二个1亿元的6个月期限信用证，B公司又可以融资1亿元投资房地产，而A公司该笔业务7月3日就可以回笼货款，A公司用于支付第一个信用证，B公司可归还第一笔银行融资款项，而不需要将3月3日挪用于房地产开发的资金抽回。然后，A公司9月3日向B公司开立第三个1亿元的6个月期限信用证，与其相对应的第三笔回笼货款可用于第二个信用证的到期还款，B公司又可以融资1亿元。A公司于次年1月3日向B公司开立第四个1亿元的6个月期限信用证，与其对应的第四笔回笼货款可用于第三个信用证到期还款。如此持续开证，自20××年3月3日起挪用的2亿元资金及后续B公司融资的资金都可以被长期用于房地产开发。

背景分析

2011年以来，随着宏观经济政策面的紧缩，国内信贷市场规模紧张，监管部门对各银行的监管越来越严，银票贴现价格飙升不下，国内信用证逐渐被众多企业所接受，成为国内贸易融资不可或缺的一部分。而国内证业务经济资本占用系数低，其部分融资品种不占客户授信规模，银行除获得低风险融资利息收入、保证金存款外,还可取得可观的手续费收入,相对国际证,风险较低等优势使得各银行积极推动营销国内证业务,以此拓宽中间业务的收入渠道,可谓收益日渐增长,而企业在这个过程中也不是无利可图,从降低银行承兑汇票的成本上开始渐渐利用国内证这一渠道进行资金的套取和牟利。

目前来讲,多种迹象表明,国内信用证逐渐脱离真实商品交易的正常发展轨道而变成了一种贸易融资的工具。具体表现在该业务脱离了真实的商品交易,一些关联企业开证较多,这与信用证主要用于陌生系统之间的交易是相违背的。从实际市场情况来看,企业对国内信用证的结算需求并不强烈,主要业务需求来自国内信用证配套的多种融资产品。同时信用证当天开立、当天交单和当天融资付款的这种现象也比较普遍。主要因为国内信用证融资授信条件较贷款宽松,办理手续较贷款便捷。无论是企业还是营销人员都存在着利用信用证融资的冲动,尤其一些合作关系密切的买卖双方或关联企业,也越来越热衷使用国内信用证的融资功能来套取资金,导致重复融资、资金回流、伪造或变造单据、虚构贸易背景等问题层出不穷。由于缺乏物权凭证、缺少监管等制约,企业容易卷入非法集资、高息贷款、金融诈骗的漩涡,银行在管理上也面临一系列难题。

国内证业务方面面临以下的主要风险点:

一、虚假的贸易风险

一些企业在资金链趋紧的情况下,积极将目光投向国内信用证的融资功能,利用议付、押汇、卖方风险参与、卖方福费廷等,通过与交易对手合作融通资金,弥补流动资金的缺口。例如信用证项下的贸易融资期限与货物销售款的回笼周期不匹配,有的远远超过货款回笼期,由于银行一般无货权保障,所以难以对该项货物及回笼资金使用进行有效控制,资金被企业用于周转或被挪用。因虚假、欺诈等贸易背景的不真实而产生的风险成为国内信用证业务主要风险的源头。国内信用证业务有相当比例是买卖双方均为同一家银行的客户(甚至是同一分支机构),大部分企业还是同系统开户的供应链上下游的交易,这意味着风险无法转移,银行只能牢牢把控买卖双方的风险。

有些买卖双方是关联企业,开证人利用其关联企业能轻易地获得银行信用,通过不同的往来关系在银行开立国内信用证并成功申请到融资额度,通过融资获得资金并迅速转入同一公司以便其资金周转,这样关联公司互相勾结,通过签订虚假购销合同,虚构商品交易;或者双方通过签订虚高价格的购销合同来骗取银行开立信用证,然后双方伪造单据或变造货物收据,利用国内证项下的贸易融资来诈骗银行资金,像笔者之前列举案例便如是,等到银行发觉,诈骗者已携款逃跑或者已宣告破产。由于银行无法掌握真正的货权或者即使银行拥有物权，也可能因为之前的货价高估而无法归还款项。

二、业务涉及的单据风险

1. 失实的贸易背景和无货权的单据

国内信用证是基于买卖双方真实的贸易背景，由卖方提供与信用证描述相符的单据，并遵守中国人民银行在 1997 年发布的《国内信用证结算办法》。相对于国际信用证适用的规则标准、条款以及单据来说，国内信用证对单据的要求相对简单，其核心单据为增值税发票，一般不要求代表货权的提单、保险单以及第三方检验证书等单据。而且国内贸易中，货物运输多采用铁路运输和公路运输两种方式，海洋运输并不多见，因此运输单据多为受益人开立的提货单，或者申请人开立的货物收据，很少有第三方提供的单据，并且运输单据由于缺乏统一规范的格式，多数由买方或卖方自行设计印制，有的只是在空白纸张上打印，有的是手写的。此外，该类单据容易伪造，对银行认定贸易背景真实性造成困难，无法有效控制该项业务的风险。除此之外，甚至在买卖双方赊销或买方已收到卖方发运货物的情况下，买方仍申请开证，继而产生许多单据风险。主要表现为：增值税发票日期或验货时间早于信用证签发日期；货物已在信用证开立前入库；发票不能备注证明信用证号甚至不能提供发票正本。

2. 提交相同单据资料重复融资

由于银行间信息的不对称性、银行之间的竞争关系以及银行内部的保密需要，故而不会公开其融资客户单据的相关信息，有关国内信用证相关信息查询功能有限，导致相同单据重复提交难以找到参照物对比，只能凭验证出具的增值税发票是否存在。再者国内银行在鉴别票据真伪、持票人签字和票据印鉴方面不能准确把握和辨识，增加了业务的操作风险。

3. 选择融资产品，绕过单据不符点之后的贸易融资

某些企业在申请开立国内信用证之时，已经无法避免单据不符点的产生，然而依然照交单据。某些银行在收到单据之时没有严格审核单据，对存在不符点的单据按相符单据正常出单之后申请融资，或更有甚者，单据的货物描述中货物的数量、类型和单价严重不符，申请人仍然接受单据之后申请融资。融资产品不选择议付这种必须单据相符的产品，而转作押汇、福费廷等等取得资金。

三、监管制度方面的法律风险

国内证相关的法律和制度不健全。目前我国规范国内证业务的规章制度只

有人民银行制定的《国内信用证结算办法》(以下简称《办法》)。虽然该《办法》目前正根据市场情况进行修订,但《办法》只是部门性的规章制度,立法层次较低,导致约束性相对不足;而且没有制定具体的实施细则,导致银行无操作标准可供参考,而其他的法律、行政法规、司法解释均没有涉及国内证业务。《最高人民法院关于审理信用证纠纷案件若干问题的规定》仅适用于国际贸易中的信用证,而不适用于规范国内信用证业务。这种监管制度的不完善决定国内信用证的广泛使用会存在较大的法律风险,也不利于银行和贸易双方把握司法标准。除了人民银行《国内信用证结算业务会计核算办法》和在《刑法》中增加了信用证诈骗犯罪的内容之外,相关法律也没有明确规定国内证诈骗罪的条件,监管部门甚至没有出台相关配套办法和解释细则。由于没有统一的操作标准,银行如要严格审查业务的真实性谨防诈骗,则本身处于被动地位,容易导致纠纷。

四、银行方面的准入风险和把控风险

银行在客户准入方面并没有把国内证的准入门槛与国际信用证客户相等同。很多银行客户经理认为国内证只是简单的银行承兑汇票替代品,国内证的操作流程完全可以简化不要,只要按照银行承兑汇票的贴现流程即可,发票和相应单据均可后补,对于贸易背景并没有按照贸易流程进行核实,甚至出现银行客户经理为了可观的中间业务收入和存款这些收益,与客户联手进行贸易背景的虚构来进行国内证的开立和融资。

贷后监控方面更是形同虚设,增值税发票的核实、融资款项的使用渠道和流向、还款资金的来源是否符合都不再重要,从而导致衍生出来的案例层出不穷,例如A公司开立信用证后所提交的增值税发票虽为当月开立,但在与B公司勾结、在银行取得融资后,便将当月开立增值税发票注销,使增值税发票成为虚票。

风险防范的策略

一、建立和完善内控制度,加强国内信用证贸易背景真实性审查

在了解客户经营行为的动机和财务状况之余,了解国内商品的市场行情。信用证业务是单据交易而非货物交易,银行办理这一类业务需要遵照单证一致、单单相符的惯例和准则。单据和货物是否相符不单是进出口商双方的事情,更关系到银行,因此银行需要了解贸易背景的真实性。能否做到不了解的行业不入,不了解的客户不做,严禁开立不具有真实贸易背景的国内信用证至关紧要。

银行不得为关联企业、房地产开发项目、固定资产投资项目开立国内信用证。在落实授信担保和接受开证申请人开立国内信用证前，应就担保问题进行充分协商。除开证保证金外，银行还可以考虑让申请人提供抵押或保证担保等。为客户开立信用证前，应详细了解客户的实力、信誉等情况，调查并确认信用证项下基础交易的真实、合法、有效性，严格审核客户提交增值税发票的真伪——需通过开发增值税发票业务核查系统全程监控保证单据流、物流、现金流相互对应一致。银行应跟踪信用证项下的贸易上下游关系，对企业非主营业务及关联交易开证或办理融资予以严格控制，同时应建立国内信用证业务的风险预警机制，在定期监控或查访报告中必须对客户的经营状况和业务规模是否与授信业务量相吻合作出说明，并进一步核实交易背景真实性。

二、从单证操作上控制风险

在单据操作上从严把关，对信用证条款的完善性进行补充使单据规范化，严格审单标准，确保单单一致、单证一致。单证人员还可以对增值税发票进行规范的批注，以及对运输单据格式的出具方式和查证也予以规范，必要时做好标记。建议银行尽可能通过电子扫描方式留存全套融资档案备查。各大银行应建立银行间开证信息定期披露制度，通过开证信用定期通报，开证行能够及时掌握开证申请人在各家银行的垫款情况，从而对企业提出科学的授信额度，减少垫款风险。

三、采取措施，合理规避法律风险

为防范合规操作风险，商业银行应加强国内信用证业务的培训，普及相关业务知识，提高人员素质，谨防操作风险。银行应加强国内证合同文本的审核与管理，确保手续完备与合规，特别注意在单证不符但是开证申请人同意付款的情况下，应谨慎处理银行的付款责任问题。因为国内信用证融资抵押的货权凭证很多都不受法律保护，因此，商业银行在货权抵押凭证的选择上要谨慎，尤其不能放松对其他担保物的风险审查。银行应制定具体的实施细则和管理规定，理顺业务办理流程，严格按流程要求操作，防范风险。由于信用证诈骗罪的条件不明，因此，银行要严格审查业务的真实性，谨防诈骗案发生时处于被动地位。

四、银行谨慎融资并做好贷前和贷后审查工作

每个银行都有不同的风险评级体系，一定要控制在合适的范围内。对客户融资信息进行实时动态的管理、跟踪和监控，实时获取客户资信程度、经营现状、

财务情况等信息，切实做好几个阶段的融资审查。

国内信用证的迅猛发展带给银行和企业的不仅仅是利益的增长，同时也带来了更多的风险，控制好风险才能让国内证健康发展，否则国内证的肆意变形和利益驱使，将逐渐使银行成为风险的重灾区。

交通银行广东省分行　陈英英　关健妤　张蕾

保函见索应即付，欺诈交单使免责

案例经过

20××年4月21日，中国沈阳K公司为履行与印度D公司的出口设备销售合同，向Z银行沈阳市分行提出开立保函申请，Z银行应其申请开立以印度D公司为受益人，金额为USD237 500.00的见索即付银行预付款保函，保函有效期至20××年11月18日，适用于URDG458；并在文本中约定，如Z银行收到印度D公司关于中国K公司违反销售合同的声明，需在7个工作日内向D公司支付保函款项。

5月9日，印度D公司根据合同向中国K公司汇付了合同总金额10%的预付款USD23 750.00。

5月26日至6月8日，中国K公司收到预付款后，先后交付销售合同项下设备图纸及资料，印度D公司对交付的图纸及资料没有提出异议。

6月17日，为组建设备，印度D公司委托中国天津Y公司与济南R公司签订《技术合作协议书》，天津Y公司与济南R公司在协议书上约定由济南R公司提交组建设备的技术设计，中国K公司以主要设备供货方的身份作为该技术协议的第三方在协议上签字，主要承担督促、协调、配合的义务。

11月7日，印度D公司向中国K公司表示没有收到济南R公司的初步技术规格说明书，声称中国K公司未能履行销售合同规定的提供技术资料义务，要求解除合同并要求赔付保函金额。

11月16日，印度D公司以K公司违反合同为由，委托印度银行向Z银行索款，要求Z银行赔付保额款项USD237 500.00。

11月17日，中国K公司向沈阳法院提起诉讼。次年3月10日，天津Y公司以印度银行要求D公司以“此票结清”为由向中国K公司发送信函索取合同总金额10%的预付款，并要求K公司将款项退回印度D公司账户。中国K公司认为在不存在违反销售合同的情况下，印度D公司捏造虚假事实，故意向Z

银行作出虚假陈述,谎称违约骗取保函项下款项,故向沈阳市中级人民法院提起诉讼,请求判决Z银行终止支付保函金额。

法院经审理认为保函提及的唯一基础交易是销售合同,中国K公司并未违反销售合同,《技术合作协议书》是独立于销售合同的新合同,不构成保函的基础交易,印度D公司因《技术合作协议书》项下发生的争议不应成为其在保函项下索款的合法理由。印度D公司将基础交易之外的其他交易产生的争议纳入保函担保范围,故意告知银行虚假情况并试图诱使银行向其支付保函款项的行为已构成保函欺诈,故判决Z银行应终止向印度D公司支付保函项下的款项。

案例分析

本案自法院受理到结案,其间经历了两年多的时间,最终根据法院判决保函予以止付。

本案的焦点主要集中在以下几个方面:

一、本案的管辖地

关于本案的管辖法院,根据URDG458第28条规定,由开出保函的担保人营业所在地国家或者开出保函的分支机构所在地国家有管辖权的法院行使管辖权。本案中开立保函的申请人、开立保函的担保人均在沈阳市,并且沈阳市也是本案纠纷的最密切联系地,因此无论是根据保函当事各方约定适用的URDG458,还是根据中国法律关于涉外民商事案件管辖权的相关规定,沈阳市中级人民法院均对本案享有管辖权。

二、本案的适用法律

本保函适用URDG458,根据URDG458第27条规定,本案件应当适用担保人营业所在地的法律即中国法律。保函欺诈属于侵权法上的问题,依据我国的冲突法律规范,侵权行为应适用侵权行为地国家的法律。印度D公司向银行索取保函项下款项的结果地在中国,中国是案件的侵权行为结果地,因此同样适用中华人民共和国的法律。

三、欺诈行为的成立

本案保函项下的基础合同是印度D公司与中国K公司之间签订的销售合

同，其仅对在该合同项下中国K公司应当履行的义务具有担保效力。依据案件中双方提供的证据可以认定中国K公司已经先后交付给印度D公司设备相关的图纸及资料，印度D公司对交付的图纸及资料并没有提出异议，中国K公司履行了符合销售合同中应当履行的图纸及资料的交付义务。而印度D公司提交的证据不能证明中国K公司存在销售合同项下的违约事实，亦未指出中国K公司存在保函基础交易下其他违约事实和提交其他证明中国K公司存在保函基础合同项下违约行为的证据。《技术合作协议书》与保函基础合同的销售合同相独立，不构成保函的基础交易。印度D公司在索赔函中陈述的中国K公司违反合同义务与事实不符，不能成立。我国最高人民法院《关于贯彻执行〈中华人民共和国民法通则〉若干问题的意见（试行）》第68条规定："一方当事人故意告知对方虚假情况，或者故意隐瞒真实情况，诱使对方当事人作出错误意思表示的，可以认定为欺诈行为。"本案中，印度D公司向银行作出中国K公司在基础合同项下违约的陈述不符合真实情况，其向银行作出虚假陈述以索取保函项下款项的行为已构成保函欺诈。

四、"欺诈例外"的适用

本案中，中国K公司向印度D公司开出的保函为见索即付保函。依据国际商会URDG458的规定，见索即付保函是独立保函，独立于基础合同，不受基础合同约束，只要符合保函索赔条件，担保人（银行、保险公司等）就应当支付保函项下款项。

然而，保函的这种独立性在为经济交易带来方便的同时，也在一定程度上为受益人进行欺诈性索款提供了方便，因而国际惯例同时也指出了关于"欺诈例外"的适用情形，即在保函受益人明知保函申请人没有违约而仍隐瞒真实情况，故意告知第三人虚假情况，试图诱使第三人向其作出保函项下的付款，即构成保函欺诈。

由于印度D公司企图以其他合同义务来混淆保函基础合同义务，故意虚假陈述保函申请人违约以恶意索偿保函款项，因此已构成保函欺诈，其行为违反了民事活动中应遵循的诚实信用原则，印度D公司索取保函项下款项的行为属无效民事行为，因此法院判决Z银行沈阳市分行终止向印度D公司支付保函项下的款项，也即适用独立保函的"欺诈例外"。

保函欺诈相关规定

一、国际惯例关于保函独立性和“欺诈例外”的规定

URDG758 第 5 条规定：“保函本质上独立于基础关系和保函申请，担保人完全不受这些关系的影响或约束。”URDG758 第 6 条规定：“担保人处理的是单据，而不是单据可能涉及的货物、服务或履约行为。”此条表明担保人在独立保函项下的付款完全取决于保函的条款及所规定单据的提交，反映出了独立保函的单据化特征，是对第 5 条规定的独立性总原则的具体应用。这就使得担保银行在处理独立保函业务时，就如同处理信用证业务一样，只负责审核单据的“表面一致性”。只要提交的单据与保函条款符合表面相符且单据之间没有冲突，那么担保银行就必须付款，而完全无需对客观事实作任何调查。保函的独立性原则给予受益人最大的利益保障。在独立保函纠纷发生时，担保银行往往会根据保函独立性原则及“先赔付、后争议”的国际惯例，向受益人支付保函项下索赔的款项，同时会依照与申请人签订的委托合同追偿垫付款项。这样一来，申请人在保函纠纷中就陷入了十分被动不利的境地。可以说 URDG758 延续了保函的独立性，而独立、严格的担保责任在为见索即付保函赢得独立的法律地位的同时，也为受益人进行“欺诈”提供了便利。

URDG758 没有明确定义欺诈的相关规定，但国际商会出版的《国际商会见索即付保函统一规则 URDG758 指南》P3 表明，一般而言，在保函解付之前，仅在申请人根据适用法律能够证实索赔为明显欺诈的情况下，担保人才应暂不付款。1995 年通过的《联合国独立保证与备用信用证公约》弥补了 URDG758 的不足，第 19 条明确了独立保函的“欺诈例外原则”，赋予了担保人拒绝付款的权利。《公约》中，担保人付款义务的例外包括以下情形：(1)有任何单据非真实或系伪造；(2)索赔要求与支持性单据，无法形成对付款的正当理由；(3)从保函的类型及目的可断定，索赔无依据，善意行事的担保人有权不付款给受益人。

二、各国对保函欺诈的法律规定

目前，各国尤其是担保制度较为完善的国家，在法律上都承认独立担保中的“欺诈例外”原则，但在实践中的做法不尽相同。在认定受益人欺诈方面，各国并未形成统一的概念与标准，欺诈认定很大程度上是基于各国法官对案件的事实分析和权衡。多数欧美国家法院在受益人保函欺诈的证明责任上，对申请人的要求较为严苛。例如，英国法将独立保函与跟单信用证一样对待，在判例实践中

形成了“欺诈例外”的两个要件：一是受益人存在明显的欺诈，二是银行对受益人欺诈知情。法国最高法院在判例中将欺诈界定为能够且应该通过审查基础交易合同及其履行情况得以确定的受益人权利的明显缺失。在美国，由于独立担保的形式主要用于备用信用证，在处理独立担保中的欺诈问题时，一般会借鉴信用证“欺诈例外”的相关规定。

在有权受理的前提下，我国尚无关于保函止付的法律规定，最高人民法院《关于审理信用证纠纷案件若干问题的规定》中关于欺诈止付的相关规定不能直接适用于见索即付保函。我国司法对独立保函的欺诈法律问题，主要是以民法的诚实信用原则作为基本的法律依据。近期最高人民法院下发的《关于严格规范银行独立保函纠纷案件审理　切实保障国际金融交易秩序的指导意见(征求意见稿)》指出，“保函欺诈及止付标准应直接适用我国法律”，将独立保函受益人欺诈索赔的认定纳入国内公共政策的范畴，将欺诈止付纳入国内诉讼程序的范畴，适用法院地法律。

保函欺诈防范措施

时至今日，上述案例对于银行和企业在见索即付保函方面的开立和操作仍有重要指导意义。

近年来，我国有越来越多的企业“走出去”，从事对外出口和跨国经营，更大程度地参与国际分工和市场竞争，然而在“走出去”的过程中，我国企业也面临一定的政治、法律和商业风险，在后金融危机时期的国际经济背景下，投资环境也日益复杂，独立保函纠纷尤其是与欺诈索赔相关的法律纠纷呈现增多的趋势，因而正确了解和掌握保函独立性和“欺诈例外”原则对于我国企业和银行也越来越重要。在保函日常业务中，申请人和担保银行可着重关注以下几个方面：

首先，保函应争取选择适用中国法律和受中国法院管辖。

当时本案保函适用 URDG458，2010 年国际商会修订出版了 URDG758，其中对于法律适用和管辖地的规定基本沿用了 URDG458 的规则。如 URDG758 第 34 条和第 35 条对于保函适用法律和管辖地的规定如下：除非另有约定，保函的适用法律为担保人开立保函的分支机构或营业场所所在地的法律，保函项下的争议应当由担保人开立保函的分支机构或营业场所所在地有管辖权的法院专属管辖。这规定基本与 URDG458 一致，因而 URDG458 中关于法律适用和管辖地的规定仍可沿用至今。

因此,如开立保函之时就规定保函适用URDG,则除非有其他规定,否则自动适用担保人开立保函的分支机构所在地法律和法院管辖。如保函适用国外法律,则在国外法院进行诉讼一般都会存在当地法律规定、诉讼程序、语言、所在国本国保护等方面的困难和障碍,而适用中国法律和受中国法院管辖,则从诉讼的便利性、成本以及对法律熟悉程度等因素方面,都有利于申请人遭遇保函欺诈时能及时向法院提起诉讼。上述案例中保函适用中国法律和受中国法院管辖,相对于英美法系对于欺诈证明严苛的认定,中国法院在保函欺诈的认定标准上,特别是在判断是否满足采取保全措施的条件上,与欧美发达国家法院的认定相比应该说是相对宽松的,这对申请人而言当然是有利的。

如受益人要求规定适用其国家法律、受其法律管辖时,可建议将保函修改为适用第三国法律,如英国、瑞典法律等,并受其管辖,因上述国家法律相对比较完善。同时,建议选择仲裁作为保函争端解决方式,我国"走出去"企业应在保函中尽量约定仲裁条款,选择仲裁作为解决纠纷的方式。因为与诉讼相比,仲裁不易受到一国司法或政府权力的干预,且具有在域外执行的便利性。具体而言,仲裁可以为解决纠纷选择适用的法律或规则,不仅可以选择适用民商事实体法,还可以适用行业习惯规则,甚至在友好仲裁或当事人同意的情况下,仅依据公平原则而不适用任何具体实体法的规定,而且仲裁裁决易于得到他国的承认与执行。为了尽可能约定对我国企业有利的仲裁条款,在磋商争议解决条款时应尽量选择在中国法院诉讼,或由中国仲裁机构仲裁,适用中国法律解决纠纷,以避免语言沟通障碍、法律观念差异和国外地方保护主义的风险,降低纠纷解决成本。如果不能在保函约定上述条款,则应尽可能选择我国法律作为仲裁条款准据法,或者约定我国作为仲裁地,达到适用我国法律的目的。

其次,申请人和担保银行应在保函条款及索赔单据的设置方面多下功夫,从源头上防范独立保函的欺诈风险:

1. 保函选择适当的付款条件。保函的付款条件主要有三种:(1)见索即付,即受益人只要向担保人出具简单的索赔请求书,担保人即须付款;(2)凭第三方出具的单据付款,即受益人出具索赔请求书和由第三方出具的条件化单据,例如质检合格证书等;(3)凭受益人提交的仲裁裁决或法院判决付款。URDG和ISP98均要求独立保函索赔时需随附上述单据。在保函条款中,申请人应尽量选择第二种或第三种付款条件,以制约受益人对索赔权利的滥用。

2. 保函明确所依据的基础合同。尽管保函独立于基础合同,但是银行承担担保责任的范围是以基础合同为依据,保函责任的承担必须以基础合同为参照。所以在保函中应有关于基础合同内容的条款。在保函中明确基础合同的内容也有助于避免受益人以双方的其他合同争议为由进行欺诈索赔。

3. 保函尽量避免转开。在保函的开立方式上尽量争取由国内银行直开保函，从而避免转开或转递保函中的一些中间环节产生的风险，同时也能减少保函手续费。如果只能选择转开保函，需高度重视转开行的选择。由于转开行是直接向受益人承担付款责任的一方，如果转开行的审查不严格或对受益人有所偏向，那么转开行很可能以“单据表面相符”为由对保函款项进行赔付，使申请人面临被动局面。

4. 保函明确索赔单据。保函中明确规定受益人应提交单据的具体名称、种类、签署人、提交的时间及具体方式等细节。同时，尽量争取加入受益人应提交申请人违约的相关证明这一类的书面文件材料，增加受益人在提交索赔所需的有关单据和文件方面的难度。而且保函索赔单据尤其应避免提交汇票，因为银行承兑汇票在市场上便于流通、转让，法院会保护善意持票人的正当权益，造成担保银行作为付款人无法对善意持票人提出抗辩和拒付。

最后，申请人在履行合同的过程中，应尽量留存所有与基础合同履约相关的证明材料，例如发货单、运输单据、对方的验收证明等，并且应在合同履行过程中及时与受益人就合同履行情况进行确认，取得相关书面材料，如会议纪要、往来邮件等。上述证据除了能在保函欺诈事后救济中用于向法院证明受益人存在欺诈外，还能在受益人打算恶意索赔前，给其带来心理压力，迫使其打消欺诈索赔的念头。如本案例中的中国K公司在案审中提交了大量书面证据，包括与印度D公司之间的往来邮件等，这些都有助于取得法院的支持，最终保护了自己的权益。在保函有效期内，申请人应与担保银行保持畅通的联系渠道，保证能及时得知任何有问题的保函索偿。一旦确认保函受益人存在保函欺诈，申请人必须立即向有管辖权的法院提起诉讼，要求止付保函款项，并通知担保银行，从而可以在最短时间内有效采取行动维护自己的合法权益。

交通银行总行国际部　粘嘉文

制裁利剑悬头上，免责条款论是非

从一则实务谈起

20××年3月，国内某银行开出信用证，47A附加条款第6条规定制裁免责如下："鉴于联合国、欧盟、美国及其他国家或机构发布实施的制裁条例，我行对于单据的任何延误或未退还、未付款或其他适用于我行的法律、制裁条例或法院命令规定的作为或不作为予以免责。"

通知行为德国某银行，在收到该份信用证后，连发了两个报文请求开证行删除该制裁免责条款，并引用了国际商会（以下简称ICC）的相关文件："请参考ICC银行技术委员会于2010年3月26日发布的470/1129REV文件，当事人应避免在适用ICC规则的交易中加入会对银行确定承诺或交易的不可撤销性产生质疑的条款。在此，我们请求删除47A第6条。"

开证行按操作规定将报文反馈申请人，询问其是否出具担保函删除该条款，但申请人没有同意。通知行由于没有等到所期待的信用证修改，其主管银行风险的高级地区经理再次通过代理行关系向开证行的代理行部门发送邮件，希望开证行尽快予以回复，否则他们将无法处理这份信用证。后经买卖双方直接沟通，最终申请人同意删除该制裁免责条款。

国际制裁背景

在本案中，开证行为什么要在信用证中加入制裁免责条款？理由是否充分？首先来了解一下本案中提及的国际制裁都有哪些。

联合国制裁。安理会可根据《联合国宪章》采取强制执行措施，以"维护或者恢复国际和平与安全"。其制裁行为在20世纪90年代中期逐渐由以前的全面制裁转向定向制裁，即有选择性地针对那些对违反国际法规负有直接责任的个人或非国家实体实施制裁，如统治阶层、官方机构、经济实体或个人，而不再把整个国家作为制裁对象，以避免全面制裁造成新的人道主义灾难。联合国制裁属于国际公约，在国家层面需通过立法的转化来认可和接受。

欧盟制裁。其为欧盟依照《欧盟条约》第 11 款“共同外交与安全政策”设立的框架做出。欧盟主要针对个人、实体、政府实施定向制裁，不针对整个国家进行全面的贸易禁运和金融制裁。2014 年以来，克里米亚公投入俄以及乌克兰的冲突局势，导致西方与俄罗斯的关系进一步恶化。由于欧盟和俄的地缘经济关系，欧盟制裁再度引起国际社会广泛关注。尤其是马航 MH17 事件后，欧盟将制裁内容瞄准了俄国的经济行业，但在冲击俄罗斯经济的同时也给欧盟国家的经济带来不小压力。

美国 OFAC 制裁。美国财政部海外资产控制办公室(OFAC)是美国一切经济和贸易制裁的管理者和执行者。其制裁范围广，不仅包括针对伊朗、古巴、叙利亚、苏丹的全面制裁，还包括二十几个非全面制裁程序，并不定期公布受到制裁的实体和个人名单。“9・11”事件发生以后，美国颁布了《爱国者法案》，赋予了美国政府可将“手”伸及世界所有金融机构和企业的资产并使其在美国的功能“瘫痪”的能力。该法律施行“长臂管辖原则”(LONG ARM JURISDICTION)，明确规定，如果某一外国人或者某一根据外国法律设立的金融机构参与了洗钱活动，只要对其依照《美国联邦民事诉讼规则》或者所在地的法律送达了诉讼文书，美国法院即可对其行使长臂司法管辖权。由于法案的广泛性以及条款的严厉性，它影响了所有与美国有直接或间接业务接触的金融机构。

进入 21 世纪后，反恐融资成为反洗钱的一个重要领域，反洗钱合作也越来越国际化。我国也于 2006 年颁布了《中华人民共和国反洗钱法》，并陆续颁布了《金融机构反洗钱规定》《金融机构大额交易和可疑交易报告管理办法》《金融机构报告涉嫌恐怖融资的可疑交易管理办法》等相关法规。2014 年 8 月，央行召开了反洗钱形势通报会，副行长李东荣提出要求，要坚持以风险为导向，完善内控制度和系统建设，高度重视反恐怖融资工作。

对制裁免责的不同观点 ▶

赞同方：银行拥有决定权。

主张制裁免责有理的理由主要有三点：

第一，银行需要极力避免严厉的制裁处罚。上述国际上主要的反洗钱制裁中尤以美国制裁最为严厉,执行力度最大。在最近的一次处罚中,法国巴黎银行由于被美国指控为苏丹、伊朗和古巴三国转移资金而被迫支付了89亿美元的天价罚金。对外国金融机构来讲,如果涉嫌制裁违规,除了面临OFAC巨额罚款,还很可能被冻结在美国金融系统的一切资产,切断与美国金融系统的一切合作关系,甚至是直接被放入黑名单。

第二,银行应建立自身的合规要求和流程。在国际贸易和结算中,如果进出口交易相关方,包括买卖双方、往来银行、运输区间、船只、承运人、产地等在黑名单上,则该笔业务可能面临单据扣押、退单甚至款项冻结、止付的风险。由于面临越来越严峻的合规风险,参与国际金融业务的银行大多数都参照国际标准建立了自身的合规管理体系。

第三,银行并不是处理制裁问题的专家。为切实保护银行利益,防范因客户的业务受制裁而使银行卷入纠纷,银行理应在信用证中加入制裁免责条款。知名信用证专家金·辛德伯格认为,“制裁问题不是银行造成的,但是银行必须保证合规。诀窍就在于我们需要在采取必要措施和不损害贸易的融资工具之间寻找一个平衡点”,这既是法律法规和监管的要求,也是现实的需要。

综上所述,开证行有理由依据内部的政策规定在信用证中加入制裁免责条款,但是如何合理措辞值得认真考虑。

反对方:破坏信用证根基。

信用证实务中存在“欺诈例外”和“欺诈例外的例外”这一对概念。前者指在基础交易存在欺诈的情况下,可以构成信用证独立性的例外。后者指当存在善意第三方时,法院不应当止付。那么,对于制裁来说,是否存在“制裁例外”和“制裁例外的例外”的概念呢?如果开证行频繁地借助制裁免责条款进行拒付或退单,“制裁例外”同“欺诈例外”的不当使用一样,也会动摇信用证独立性的根基。

至于“制裁例外的例外”,是否有善意第三方应得到保护呢?笔者认为,制裁情况下,不存在“制裁例外的例外”。与欺诈不同,此时不存在善意第三方,不论当事银行是否知情,只要违反了制裁法律,则必须承担法律后果。假设存在“制裁例外的例外”,那么银行就很可能以不知情为借口逃避制裁法律的约束,这是和全球日益严格和规范的反洗钱趋势背道而驰的。然而,UCP600第2、4条规定,“信用证是一项不可撤销的安排,是开证行对相符交单予以承付的确定承诺”,以及“信用证与基础合同是相互独立的……银行与该合同无关,且不受其约束”。UCP600第34条更规定了银行对单据的形式和法律效力等一系列免责事项。如果开证行仅依据单据表面的疑似黑名单信息就立即凭制裁免责条款予以拒付或退单,未免显得有些武断。而随着国际反洗钱和制裁形势的日益严峻，法律施加于融资工具的影响可能愈加严重。因此，在强调信用证独立性的同时，也应促进完善与制裁相关的国际法和国内法，在信用证独立性受到影响的情况下，至少能有法可依。

商会观点：审慎对待 ▶

ICC 的 470/1129REV 文件对有关制裁免责条款的问题给出了具体的指导意见。2014 年，ICC 发布了有关此问题的最新意见 470/1238 文件。该意见与以往 ICC 所持的观点基本一脉相承，但更为简洁有力，可归纳为以下要点：

第一，ICC 认为这是一个政治、法律问题，超出了其管辖范围。虽然 ICC 认为制裁可能会限制银行根据 ICC 规则履行其角色的能力，但同时也指出，由于国际银行面临多样的司法管辖区域带来的不同的制裁制度，这些银行可能会受到互相冲突的监管要求。因此可通过制定内部政策，以减轻这方面的法律风险，一些银行已经选择使用制裁免责条款。由于制裁法律和法规通常被认为是强制性的，超出 ICC 规则对该文件的适用，所以制裁超出了 ICC 的管辖范围。

第二，ICC 尚未制定出此类制裁免责条款的标准，只是给出了几个制裁免责条款的常见表述。从这些表述中我们看到，ICC 希望此类条款只是用来提供信息。如果信用证的制裁免责条款允许开证行根据其内部政策和审慎水平来决定是否承付，并超出法律和监管对开证行的要求，就会动摇信用证的不可撤销性和独立性。在这种情况下，指定银行的风险就不仅包括开证行和国家风险，还将包括与制裁有关的银行内部政策可能导致的无法得到偿付的风险。这会导致其成本的增加、付款的延迟和争议的发生。

最后，ICC 给从业者的建议是：(1)银行应避免在开出的信用证中加入超出法律或监管要求的制裁免责条款，并应认识到此类条款的风险；(2)在适用 ICC 规则的信用证中，从业者应避免加入动摇信用证的不可撤销性和独立性，或影响银行确定付款承诺或承付责任的条款，否则将最终损害信用证的完整性和信誉，对国际贸易产生负面影响。

实务中的操作建议 ▶

一是要审度条款措辞。UCP 的规定属于国际惯例的范畴，不能凌驾于法律之上,而有关制裁的法律、法规则属于法律范畴,是必须强制遵守的。根据 ICC 的意见,开证行要注意使这种条款是信息性的,不要超过法律和法规的规定,使指定银行陷入不可知之中,影响信用证的独立性和不可撤销性,影响信用证的融资功能。

二是要落实合规检查。只有将合规检查落实在国际结算的具体环节中,才能防患于未然。结合本案,如果是新客户,银行在业务受理环节就要本着"了解你的客户(KYC)"的原则对客户进行身份识别和尽职调查。在开证环节,不仅需对系统栏位信息及信用证全文进行检索,还应对信用证中未体现的其他当事方(如转口贸易的下家、代理合同的被代理方等)以及合同中出现但信用证中未予详尽的某些内容(如货描的细节尤其是产地、品名以及运输路线等)进行合规筛查;在来单环节,需对开证时未知的运输信息如承运人、船名、装卸货港等进行检查。如果开证行在此环节疏于检查,对外作出承兑并释放了单据,付款之前才发现黑名单信息,将会陷入非常尴尬的局面:付与不付都可能使银行面临法律风险和声誉风险。目前,银行一般使用系统服务商提供的黑名单筛查系统进行检测。如果在系统筛查时命中,还需要业务人员通过要素比对进一步判断命中的质量,以确定是否确为黑名单;如果业务人员无法确定,则需提交本行的反洗钱合规部门进行确认。总之,系统检测和人工评估都很重要,系统服务商要确保黑名单信息的及时更新,银行业务人员则要具有反洗钱方面的知识和技能。这就需要对银行业务人员进行充分培训,并在银行内部建立起一线业务部门、二线合规部门、三线审计部门的三道反洗钱防线。

三是要尽可能避免法律冲突。在实务中,欧盟国家通知行经常会要求开证行将信用证中的制裁免责条款删除,他们开出的信用证中也往往不含制裁免责条款,比如本案中的这家德国银行。究其原因,德国联邦法律中的《外贸法规》第 1 章第 7 条对于"抵制声明"做出规定,"禁止在外贸和付款交易中发布居民参与对另一国抵制(BOYCOTT)的声明"。德国银行往往无法议付含有此类条款的信用证,否则将与当地法律发生冲突。实际上,由于制裁措施是以法律形式存在的,因此信用证文本无论是否明确载有制裁免责条款,都不会影响到制裁的法律效力;此外,欧盟国家的银行也普遍遵循 OFAC 制裁规定,对受制裁对象进行严格控制。有鉴于此,在尽责的合规检查基础上,出于对等考虑,本案中开证行可以考虑不经申请人担保单方面删去制裁免责条款。

交通银行总行国际结算中心　江齐　周晋

跨境担保出新规，业务发展换思路

跨境担保作为推进跨境贸易、获得境内外资金等方面最为有效的手段，近年来得到快速发展，现行外汇管理规定已不能满足市场的需求。在简政放权和扩大资本项目对外开放背景下，国家外汇局于 2014 年 5 月 19 日出台了《关于发布〈跨境担保外汇管理规定〉的通知》(汇发[2014]29 号，下称《新规》)，《新规》包括《跨境担保外汇管理规定》《操作指引》和《废止法规目录》，意图通过改善跨境担保管理体系，来满足市场对于跨境担保灵活性、确定性、便利性的内在需求，促进跨境投融资过程中担保行为的使用，进一步释放资金通过担保实现跨境利用的空间。

《新规》的主要变化 ▶

一、全面覆盖跨境的担保

出台《新规》前，按照担保人主体划分，涉外的担保分为对外担保和外保内贷。前者为境内担保人开立，被担保人和受益人至少一方位于境外；后者为境外担保人开立，被担保人和受益人位于境内。对外担保和外保内贷业务分别由《关于境内机构对外担保管理问题的通知》(汇发[2010]39 号)、《外债登记管理办法》(汇发[2013]19 号)、《关于在部分地区试行小额外保内贷业务有关外汇管理问题的通知》(汇发[2013]40 号)管理，是由担保人以保证、抵押、质押等形式对受益人作出承诺。

《新规》调整了跨境担保的分类，扩大了跨境担保的范围，凡满足“符合法律的形式要求、以付款为担保履约方式、对国际收支可能产生重要影响”条件的即为跨境担保，不再限定为保证和抵质押的形式，从而改变了以往以当事人所在地及担保方式作为判断担保类型的划分方式，充分反映了外汇局全面规范担保项下跨境资金流动的外汇管理目标。

此次调整除将原有管理政策项下对外担保和外保内贷业务纳入《新规》统一管理外，还将接受境外抵质押物的国内担保业务（例如交行办理国内保函接受境外抵押物）、接受境内抵质押物的国外担保（例如新加坡公司以中国房产抵押在新加坡借款）纳入跨境担保管理对象，并且可能导致原管理政策项下不明确属于跨境担保管理对象的担保方式（例如资产回购承诺、对债权人作出的备用贷款支持承诺等具有担保性质的有约束力的承诺）被纳入跨境担保进行管理。

二、取消跨境担保额度控制和事前审批

原有管理政策项下跨境担保最大的限制为融资性对外担保额度及外保内贷额度的控制，鉴于人民银行《关于跨境人民币对外保函相关问题的请示的复函》放开了跨境人民币融资性担保，外汇局在融资性对外担保上控制力减弱。面对境内外融资需求的逐年增加，为顺应市场快速发展的局面，《新规》取消了跨境担保的额度控制、担保签约和履约的事前审批和核准事项，改为以事后登记为跨境担保的主要管理方式，为境内外融资提供了极大便利。

三、担保的有效性不以外汇局手续作为生效要件

《新规》废止了外汇局 2001 年发布的“转发和执行《最高人民法院关于适用〈中华人民共和国担保法〉若干问题的解释》的通知”，并明确规定外汇局对跨境担保合同的核准、登记或备案情况以及本规定明确的其他管理事项与管理要求，不构成跨境担保合同的生效要件。至此，外汇局将外汇管理与跨境担保交易合同的有效性判定脱钩，显示了其以上位法为先、尊重国际惯例和市场需求、转变职能的思路及政策走向。

四、《新规》的控制措施

《新规》消减了额度控制并简化了行政手续，便利了跨境担保活动，推进了担保项下资本项目可兑换水平。但是，外汇局仍然极为关注大额、集中的担保履约而引发的对外债权和债务急剧上升对国际收支造成的风险，《新规》应对的主要措施有：一是外汇局全面掌握新签约跨境担保数据；二是加大担保人基础交易的审核责任；三是违约后暂停新签约；四是设定资金用途；五是通过债权债务登记、非现场核查和外汇检查等手段，加强对违规担保行为的监测；六是明确了违反《新规》的罚则。

跨境担保形式的界定和管理

《新规》将跨境担保分为“内保外贷”“外保内贷”和“其他形式跨境担保”三类，除前两类外，其他所有融资性跨境担保和非融资性跨境担保均纳入“其他形式跨境担保”并按其规定办理。

1. 内保外贷要求担保人注册在境内，债务人（被担保人）和债权人（受益人）注册在境外。这种担保结构常见于中国境内公司为其境外关联公司的境外贷款自行提供或通过银行提供的担保。

在管理上，《新规》规定，银行担保人通过系统报送数据，非银行担保人需要签署担保合同后办理签约登记；履约时，银行担保人自行办理，非银行担保人凭登记文件至银行办理，履约后形成对外债权的，需要办理对外债权登记。担保项下资金的用途，《新规》沿用原有禁止资金调入境内使用的监管思路，扩大了限制资金使用的范围，涉及支付货物或服务贸易项下预付款、境外发债、境外投资及衍生产品项下支付义务。

2. 外保内贷要求担保人注册在境外，债务人（被担保人）和债权人（受益人）注册在境内。这种担保结构常见于境外注册的公司为其中国境内的关联公司向中国境内银行借取的本外币贷款自行提供或通过境外银行提供的担保。

在管理上，《新规》简化了流程，由境内金融机构向外汇局集中报送外保内贷业务的相关数据；境内金融机构可直接与境外担保人办理担保履约收款；履约时，债务人应当办理外债登记，但不再直接占用债务人的外债额度，而是规定只有当境内债务人因外保内贷项下担保履约形成的对外负债中的未偿本金余额超过其上年度末经审计的净资产数额的，超过部分才需要占用其自身的外债额度。

3. 其他形式的跨境担保以可形成跨境收支为依据，只要当事人或担保物涉外即可，包括除了内保外贷和外保内贷以外的融资性跨境担保，以及非融资性跨境担保。主要是境内借款人向境外金融机构借款自行提供或通过银行提供的担保，或者境外借款人（通常是境内企业的境外关联公司）向境内金融机构借款自行提供或通过境外银行提供的担保。

在管理上，《新规》取消了担保签约环节的限制，但其他融资性跨境担保项下的债权债务仍应符合担保行为相关的外债、直接投资及证券投资等管理规定。

银行需关注的问题 ▶

《新规》通过放宽主体资质要求、解除额度数量限制，以及取消事前审批核准、推行事后登记等管理措施的改善，使得跨境担保变得更为便捷，将极大促进跨境担保业务的发展。但是，《新规》在简化业务手续的同时却加重了银行的责任。

1.《新规》关于内保外贷业务的规定体现了外汇局促进"走出去"企业境外融资的同时严防资金回流的政策方针。根据《跨境担保外汇管理规定》第 12 条及《操作指引》的相应规定，担保人对债务人主体资格、担保项下资金用途、预计的还款资金来源、担保履约的可能性及相关交易背景负有审查义务，对是否符合境内外相关法律法规进行尽职调查，并以适当方式监督债务人按照其申明的用途使用担保项下资金。《操作指引》第四部分第 7 条规定，担保人违反规定未尽此项责任的，外汇局根据《外汇管理条例》第 43 条给予警告，处违法金额 30%以下的罚款；债务人将担保项下资金直接或间接调回境内使用的，外汇局按照《条例》第 41 条对担保人进行处罚，处违法金额 30%以下的罚款；情节严重的，处违法金额 30%以上等值以下的罚款。

上述可见，《新规》对银行（内保外贷项下的担保人大多为银行等金融机构）提出了非常高的审查要求及监督责任。然而，境内银行在实务中无法控制境外债务人担保项下贷款的实际用途，给银行内保外贷业务造成了难点和合规风险。银行在今后业务中，应要求申请人提供详尽的内保外贷背景资料，至少由申请人出具资金用途的书面声明；银行系统内合作办理内保外贷业务的，可由贷款行提供资金用途跟踪信息。

2. 根据《跨境担保外汇管理规定》第 19 条及《操作指引》相应条款规定，外保内贷业务发生担保履约的，在境内债务人偿清其对境外担保人的债务之前，未经外汇局批准，境内债务人应暂停签订新的外保内贷合同；已经签订外保内贷合同但尚未提款或尚未全部提款的，未经所在地外汇局批准，境内债务人应暂停办理新的提款。

虽然《新规》只规定了债务人违反上述规定的罚则，但是银行在今后外保内贷业务中应在办理外保内贷前以及每次提款前均应要求债务人提供外保内贷业务的债务违约、外债登记、债务清偿情况，并计算债务人未偿本金余额是否超过其上年度末经审计的净资产数额及短债额度之和。

3. 在办理跨境担保项下的直贷业务时，虽然按照其他形式跨境担保办理，但《新规》并没有取消、反而声明担保项下对外债权或外债需要事前办理审批或登记手续的，应当办理相关手续。也就是说，对于外资企业，应在其投注差内办理业务；对于中资企业，应获得外汇局同意其向境外借款的批复。

4. 履约率问题。《新规》没有出现“履约率”的表述，并不代表没有履约率考核。相反，“履约”控制是外汇局控制措施的重要一环。《新规》规定，担保人、债务人不得在明知或者应知担保履约义务确定发生的情况下签订跨境担保合同。担保人、被担保人明知或者应知担保履约义务确定发生的情况下仍然签订跨境担保合同的，外汇局将根据《外汇管理条例》第43条给予警告，处违法金额30%以下的罚款。

银行在办理业务中不应协助企业以跨境担保作为汇入汇出资金的渠道，以免承担合规风险。

5. 其他银行操作问题。内保外贷业务履约和履约后清收结汇，银行作为担保人可自行办理；非银行作为担保人，分别凭担保登记文件和对外债权登记文件在银行办理履约和结汇。

外保内贷业务履约可由境内金融机构直接办理，但是如担保履约资金与担保项下债务提款币种不一致而需要办理结汇或购汇的，由其分行或总行汇总自身及下属分支机构的担保履约款结汇（或购汇）申请后，向其所在地外汇局集中提出申请。

其他形式跨境担保在履约和购汇结汇时，银行作为担保人或债权人，可自行办理；非银行机构作为境内担保人或境内债权人申请汇出或收取担保履约款时，可直接向境内银行提出申请；银行在审核担保履约真实性、合规性并留存必要材料后，担保人或债权人可以办理相关购汇、结汇和跨境收支。

未来监控政策展望

《新规》无疑将促进境内外的融资行为，如出现大量内保外贷项下资金调回境内使用，或企业通过跨境担保履约将资金流入境外，对国际收支造成风险时，外汇局可能再度对内保外贷额度和外保内贷额度进行控制。

外汇局在《新规》征求意见稿中提出对类融资性的非融资性跨境担保进行约束，但《新规》删除了此部分内容。目前，外汇局在不断了解此类业务，不排除在深入了解此类业务的结构、规模及对国际收支影响后，外汇局重新予以规范的可能性。

交通银行总行国际部　贺亦颖

新政策宽严相济，深解析实体为本

2014年6月1日起生效的《跨境担保管理规定》及其操作指引（汇发[2014]29号），对跨境担保业务进行了重新梳理和规范，体现了简政放权、转变职能、事后监管及强化风控的管理思路，对银行跨境担保业务有着重大影响。本文试从实务操作角度，结合政策演进分析，对其中的外保内贷政策进行解析，希望能起到抛砖引玉、启迪思路的作用。

什么是"外保内贷"

根据《跨境担保管理规定》第17条，外保内贷是指：

境内非金融机构从境内金融机构借用贷款或获得授信额度，在同时满足以下条件的前提下，可以接受境外机构或个人提供的担保，并自行签订外保内贷合同：

1. 债务人为在境内注册经营的非金融机构。

2. 债权人为在境内注册经营的金融机构。

3. 担保标的为金融机构提供的本外币贷款（不包括委托贷款）或有约束力的授信额度。

4. 担保形式符合境内、外法律法规。

未经批准，境内机构不得超出上述范围办理外保内贷业务。

也就是说，债务人、债权人、担保标的、担保形式同时符合上述规定的业务就是外保内贷业务。

政策变化简析

外保内贷业务最早见于《关于加强境内金融机构外汇担保项下人民币贷款业务管理的通知》(银发[1998]458 号)，后几经修改，在 2013 年发布的《外债登记管理办法》(汇发[2013]19 号)中基本定型。下面通过一个简表来描述新政策较之于旧政策的主要变化：

外保内贷新旧政策对照表

	2014 年跨境担保新规	旧政策
债务人	境内非金融机构	仅限于资本金已按期足额到位且未减资、撤资的外商投资企业；经外汇局批准获得外保内贷额度的中资企业
债权人	境内金融机构	境内金融机构
担保人	境外机构或个人	境外机构或个人
担保标的	本外币贷款(不包括委托贷款)或有约束力的授信额度	本外币普通贷款或金融机构给予的授信额度
保证形式	担保形式符合境内外法律法规	保证、中国法律法规允许提供或接受的抵押或质押
担保币种	本外币	本外币
保证合同生效	签约即生效	签约即生效
担保登记	贷款银行通过资本项目管理系统集中登记	贷款银行通过资本项目管理系统集中登记
担保费支付	比照服务贸易规定办理	凭外汇局核准件办理
资金使用	无限制性规定	可用于满足固定资产投资和流动资金需求，但不得用于购汇
担保额度	境内债务人因外保内贷项下担保履约形成的对外负债，其未偿本金余额不得超过其上年度末经审计的净资产数额。超出上述限额的，须占用其自身的外债额度；外债额度仍然不够的，按未经批准擅自对外借款进行处理。	1. 外资企业：担保履约产生的对外负债应视同短期外债(按债务人实际发生的对境外担保人的外债本金余额计算)纳入“投注差”或外债额度控制 2. 中资企业：外汇局核准额度内

续表

	2014 年跨境担保新规	旧政策
履约	1. 可自行办理对外履约收款 2. 履约涉及结售汇的，经外汇局核准后办理	1. 可自行办理对外履约收款 2. 履约涉及结售汇的，经外汇局核准后办理
履约后登记	境内债务人应在担保履约后 15 个工作日内到所在地外汇局办理短期外债签约登记及相关信息备案	债务人须在履约日后 15 日内到所在地外汇局办理外债登记手续
监管重点	担保人、债务人不得在明知或者应知担保履约义务确定发生的情况下签订跨境担保合同	是否在规定额度内开展业务，同时设定履约率考核
文件依据	汇发〔2014〕29 号	银发〔1998〕458 号、银发〔1999〕223 号、汇发〔2005〕26 号、汇发〔2013〕19 号

从上表可以很清楚地看到，与以往的政策相比，外保内贷新政有如下重大调整：

1. 债务人：从满足条件的外资企业及获批准的中资企业，扩展到所有境内非金融机构。

2. 担保费支付：从逐笔经外汇局批准，调整为按服务贸易支付规定办理。

3. 贷款资金使用：原规定限制了不可用于购汇，但新政策在外管层面对资金用途没有任何限制。

4. 担保额度：原规定对于外商投资企业将履约形成的外债纳入企业外债规模进行管理，对中资企业则单独核定额度，新规定统一规定为外保内贷项下履约后形成的未偿还外债本金不超过其上年净资产(不纳入企业外债规模管理)。

5. 监管重点：新规定对担保履约有更严格的规定，要求担保人、债务人不得在明知或者应知担保履约义务确定发生的情况下签订跨境担保合同，而原规定侧重额度管理，对于履约是否发生的关注度并不高(仅设置了履约率考核)。

外保内贷新政对银行实务的影响

一、扩大客户范围

新政策将可办理外保内贷业务的主体范围扩大至所有境内非金融机构，大幅降低了外保内贷业务的准入门槛，为境内机构的境内融资提供了更多便利，也为银行提供了更多的目标客户。

需要特别提醒注意的是，虽然新政降低了准入门槛，但涉及房地产的外保内贷业务仍需高度谨慎。因为限制外资房地产企业办理外债登记及外债结汇核准手续的相关文件（汇发[2007]30 号《国家外汇管理局综合司关于下发第一批通过商务部备案的外商投资房地产项目名单的通知》、汇综复[2007]118 号《国家外汇管理局综合司关于外商投资房地产企业外债登记有关问题的批复》）依然有效，一旦发生境外履约，则可能因债务人无法办理外债登记而导致外汇局不批准履约资金结/售汇，产生授信风险。

二、强化业务自律

新政策明确规定，担保人、债务人不得在明知或者应知担保履约义务确定发生的情况下签订跨境担保合同。这要求银行在办理外保内贷业务时，必须要加强对贷款项目本身的审核，注重第一还款来源分析，而不能因为有境外担保就疏于贷款项目本身的审核。同时，银行在接受境外担保时，要关注担保额度与企业上年末净资产的关系。如果依赖境外担保批准贷款，或者未根据企业净资产合理控制担保额度，那么即便境外履约，也存在外汇局不予审批履约资金结/售汇，或不予办理履约后债务人外债登记的风险。

三、注重程序合规

新政策整合并明确了外保内贷业务的程序要求。首先，签订外保内贷合同后，债权银行应集中办理债权登记；其次，如发生境外履约，债务人应先办理债务登记，债权银行再办理履约资金结/售汇审批手续；第三，如果发生境外履约的且债务人未对外清偿完毕的，债务人不得签订新的外保内贷合同，债权人对原合同下未提款部分暂停提款。

银行必须严格遵守上述程序要求，否则将导致违规风险。

小结

从上述分析我们可以看出，外保内贷新政一方面放宽准入，使得境内非金融机构享有均等的业务便利，相应拓展了银行业务空间；另一方面严格了银行管理要求，强化了贷款业务的实需与风险可控，引导外保内贷业务回归实体经济，体现了外汇政策服务实体经济的精神。

银行应深刻理解外汇管理改革的本义，认真履行代位监管职责，充分运用政策张力，推动自身外汇业务稳健发展。

交通银行海南省分行　吴庆华

跨境担保新政策，机遇挑战直面对

国家外汇管理局继2014年2月公开发布“征求意见稿”，并广泛征求社会各方意见后，终于在2014年5月中旬正式出台了《跨境担保外汇管理规定》及操作指引。该规定统一了前期出台的各项跨境担保外汇管理法规，有关内容如界定监管责任边界、数量控制范围及重点、主要管理手段等均较之前的管理条例做出重大改革，以进一步支持居民与非居民间开展以正常经营活动为基础的跨境担保行为为目的，旨在更好地激发市场活力，推进我国资本项目总体可兑换水平。

笔者认为，国家外汇管理局是在充分考虑市场需求并做好充足准备的基础上才正式发布跨境担保新政的。原因如下：一是，2012～2013年间，境内各商业银行依据中国人民银行推进跨境人民币业务的支持政策，开展了大量跨境人民币内保外贷业务，反映出境内市场对此类跨境担保存在旺盛需求。在开展业务时，境内各商业银行普遍依照外汇局已出台的跨境担保规定谨慎操作，业务的开放并未对境内金融市场造成干扰。在“放流出、限流入”的管理思路下，给予境内商业银行更大的自由度办理内保外贷业务，支持境内企业走出去是必然趋势。二是，外汇局建设的资本项目信息系统已于2013年5月在所有境内商业银行进行推广。该系统与境内各家商业银行的日常操作系统对接，每一工作日操作系统发生的资本项目业务基础数据将自动导入资本项目信息系统，国家外汇局可以实现对跨境资本流动的每日统计监测，对干扰境内市场的异常跨境资本流动可及时采取防控措施。

充分的准备为推进跨境担保政策改革奠定了良好的基础。新政一方面为企业、银行等市场主体减负松绑，同时又把担保人(包括金融机构)开展尽职调查及合规经营的要求贯穿始终，新的“游戏规则”对境内企业及金融机构的未来发展和业务开展都将产生深远影响。现将跨境担保新政与境内商业银行未来的发展规划及内部组织管理密切相关的内容阐述如下：

登记为主，取消内保外贷数量控制

如前所述，前期境内大量跨境人民币内保外贷业务的稳步运行，为监管当局完全取消对内保外贷业务的数量控制奠定了良好的基础。自 2014 年 6 月 1 日起，所有境内商业银行将站在同一起跑线上展开此项业务的竞争。

机遇往往青睐有准备的人。较早部署海外机构扩张的银行其实已占据业务发展的先机。境内银行在开展内保外贷业务时，首选的合作模式是境内外分行联动，这样既可以“肥水不流外人田”，又较易实现境内担保人和境外债权人各自利益目标的统一。境内多家商业银行早在 20 世纪 80、90 年代即开始海外扩张的布局，迄今海外分支机构发展最多的银行分支机构已达到 600 多家。境内银行在海外机构的纷纷开设，为解决国内企业在不同国家和地区设立的境外关联公司的融资问题提供了方便的渠道。同时，为境内银行作为担保人开展尽职调查，境外债权银行跨越当地监管对非当地注册企业最高贷款限额的门槛创造了良好条件。

另一方面，此项规定的推出，将直接促进境内商业银行改善财务状况，降低不良贷款率，获得稳定的可持续经营能力，由此提高本行的公认评级，争取境外银行的同业授信，以实现在尚未拓展海外分支机构的国家或地区与当地银行开展内保外贷业务的合作。

尽职调查贯彻业务的始终

操作指引多处明确了银行尽职审查的责任。新政第 12 条规定：“担保人办理内保外贷业务时，应对债务人主体资格、担保项下资金用途、预计的还款资金来源、担保履约的可能性及相关交易背景进行审核，对是否符合境内、外相关法律法规进行尽职调查，并以适当方式监督债务人按照其申明的用途使用担保项下资金。”新政第 28 条规定：“担保人、债务人、债权人向境内银行申请办理与跨境担保相关的购付汇或收结汇业务时，境内银行应当对跨境担保交易的背景进行尽职审查。”对境内银行尽职审查责任的一再强调，意味着：

1. 虽然内保外贷业务相关债务人和债权人的注册地均在境外，即授信主体和授信终审权归属境外，但境内银行作为担保人，对该笔基于境内担保办理的境外授信业务的合规性承担主要责任。

2. 在对境（内）外授信主体进行合规性审查的过程中，境内商业银行具备与境外（担保人）债权人等同的否决权。

3. 境内商业银行作为担保人，需与境外债权人共同落实贷款“三查”制度。对于外汇局明确需严格审查的内保外贷项下资金用途，为了方便监督债务人按照其申明的用途使用贷款资金，贷款的发放宜采用受托支付的方式。

4. 境内商业银行需谨慎选择合作办理跨境担保业务的境外债权人或担保人，以免因境外债权人或担保人未尽责或漠视境内监管而影响境内商业银行后续业务的开展。

满足中资企业需求，为银行提供更多商机

新政实际将中资企业和外商投资企业的待遇拉平，不具备“投注差”的中资企业将在同等条件下与外商投资企业一起享受境内银行给予的资金或授信支持。并且，新政进一步调高外商投资企业允许承担的对外负债总额，即由原来的企业自身外债额度为限调整到上年末经审计的净资产数额与自身外债额度之和。对中、外资企业外保内贷政策的进一步“松绑”，将使境内商业银行面临更多的外保内贷项下资金或授信需求。

新政还明确，担保履约后境内企业应到外汇局办理外债签约登记及备案，在此之前，境内企业可与境外无限制签订外保内贷合同，即外债登记及备案以实际发生担保履约为前提。这将对境内商业银行在外保内贷担保方式下的授信额度管理提出考验。企业自身净资产和现有外债规模之和不应是银行核定企业外保内贷项下授信规模的唯一标尺，授信主体以往合约的执行情况及未来的偿还能力也应是银行授信额度规模管理的重要指标。特别对于一些资产规模较小、外债规模有限，但在行业内声誉高、以往合同履约记录良好、未来还款能力有保障的企业来说，境内商业银行应考虑基于其良好的“信用记录”，分阶段地为其提供超越企业净资产和投注差总额的阶梯式授信支持。

在国家监管当局推动简政放权和逐步开放资本项目的大环境下，跨境担保新政为境内商业银行和企业带来机遇和便利的同时，对涉及各方也提出新的挑战。深刻理解政策规定，及时调整业务发展规划，完善内部制度建设，是境内商业银行今后大力发展跨境担保业务应做好的充分准备。

交通银行上海市分行　朱奕华

付款责任新惯例，比较研究促推广

2013年4月15日至18日，国际商会(ICC)银行委员会在葡萄牙里斯本市召开春季会议。在该次会议上，各国家委员会通过表决全票通过《银行付款责任统一惯例》(URBPO)，并于2013年7月1日正式生效。

URBPO是国际商会为了进一步推广银行付款责任(BPO)这一适应国际贸易发展趋势和科学技术发展的新产品而推出的一套规则体系，规范了银行BPO业务发展和操作流程。可以预见，URBPO的出台，将对银行相关业务实践产生深远的影响。加强对URBPO的研究学习，有助于国际业务工作人员加深对BPO产品本身的理解，有助于银行更好地掌握和运用国际惯例，也有助于更好地运用客户需求推广BPO产品，扩大客户受众面，促进业务发展。下面笔者仅从URBPO与UCP600的比较角度谈几点自身学习BPO的体会。

从URBPO与UCP600的比较看BPO的特点 ▶

一、URBPO与UCP600的相同点

1. 框架体系大致相同

通过比较可以看到，URBPO与UCP600在框架体系上有着类似的结构与很好的对应关系。UCP600全文共39条，大致可分为五个部分：(1)关于UCP600适用范围和基本定义(ART1～3)；(2)关于信用证两大基本原则(ART4～5)；(3)关于信用证如何运作及单据审核事宜(ART6～32)；(4)关于银行免责事项的说明(ART33～37)；(5)关于信用证转让和款项让渡事宜(ART38～39)。与此类似，URBPO虽然只有16条，但大致也可分为如下五个部分：(1)关于URBPO适用范围和基本定义(ART1～5)；(2)关于BPO两大基本原则(ART6～7)；(3)关于BPO产品的具体运作(ART8～11)；(4)关于银行免责事项的说明(ART12～14)；(5)关于适用法律和款项让渡事宜(ART15～16)。这

一相同点不仅说明国际商会在草拟 BPO 统一惯例时对惯例的一致性和继承性作了充分的考虑，更重要的是提示我们 BPO 与信用证这两种产品在某些层面很可能具有一致的特性。

2. 运行逻辑相同

正如 UCP600 是一套关于信用证如何运作的规范体系，URBPO 也是一套关于 BPO 产品运作的规范体系。作为信用证开立时的一个选项，可以选择适用 UCP600，也可以选择其他适用规则（如 UCP500、EUCP 等），但必须在信用证文本中明确表明。若是电开信用证，SWIFT 组织在 2006 年 11 月升级了 MT700、MT710、MT720 格式，在报文中增加了 40E APPLICABLE RULES 栏位，通过该种方式来表明其适用何种规则。更早些时候，SWIFT 关于以上三类报文格式的使用规则中明确规定："除非另有规定，所开立的跟单信用证将遵循现时有效的巴黎国际商会制定的《跟单信用证统一惯例》。"同时，在信用证开立时，也可明确修改和排除 UCP600 的某些规则，即部分适用 UCP600。综上所述，UCP600 作为一种信用证结算方式下的运作规则，开证时可有完全适用、部分适用和不适用 UCP600 三种选择。但一经选择适用，则 UCP600 对信用证所有当事方均有约束力。

在 URBPO 中，我们可以看到上述运行逻辑基本一致：在已建立的基础信息付款责任段中或各参加行在独立的银行协议中明确表明受 URBPO 约束，则适用 URBPO。银行也可通过对已建立的基础信息或参加行独立协议进行修改或排除来选择地适用 URBPO。但一经选择适用，则 URBPO 对所有参加行均具有约束力。

特别地，鉴于现时生效的 URBPO 为国际商会最新发布的统一惯例，是为 1.0 版本。URBPO 在第 2 条 B 款中特别规定了若已建立的基础信息或参加银行独立协议中未表明适用的银行付款责任版本，则将适用于基础信息匹配建立时有效的银行付款责任版本，从而为日后修改预留了空间。在规则本身中就明确这一点，应当说这是 URBPO 比 UCP600 更加严密之处。

3. 产品特征相同

众所周知，UCP600 的第 4 条和第 5 条揭示了信用证两大重要原则，即独立性和抽象性原则。一是强调信用证与基础交易等合同互相独立，二是强调了银行在信用证项下处理的是单据而非货物、服务或履约行为。通过对比可以得出，URBPO 同样在第 6 和第 7 条，用几乎相同的措辞揭示了 BPO 的两大原则：即独立性和抽象性原则。URBPO 强调的一是 BPO 产品与基础交易等合同互相独立，二是参加行在 BPO 项下处理的是数据信息（DATA），而非单据、货物、服务或履约行为。由此可见,独立性和抽象性是BPO与信用证均具有的两大重要特征,是两个产品赖以正常运作的重要基石,故在统一惯例中均单独设置条款进行表述说明,这对认识BPO有一定的启发意义。

值得一提的是,信用证另一条重要原则,即"欺诈例外"原则并未在UCP600中进行说明。欺诈例外原则在国外是通过普通法体系中法院判例和延续票据法上善意第三人制度得以确立,在国内是通过最高法院发布指导意见的形式加以明确的。无独有偶,URBPO也未提及欺诈事宜。但可以预期,随着BPO产品的逐步运用和推广,将无法避免出现买卖双方串通银行发送虚假伪造信息给交易匹配应用(TMA)导致数据匹配的结果进而承担行被迫履行BPO项下付款责任的问题,这将有待于国内外业务与司法实践进一步完善这方面的规定。

4. 对银行保护态度一致

出于对银行开展相关业务的保护,UCP600和URBPO均在相关条款中规定了银行对若干内容免责:比如UCP600中关于单据有效性、信息传递、条款翻译和解释、不可抗力、被指示方行为等方面的银行免责条款,URBPO中关于对数据有效性、不可抗力和交易匹配应用的失效的免责条款,此处不赘。

5. 与法律的关系一致

关于国际商会颁布的国际惯例和法律的效力孰为优先的问题,也是长期以来大家较为关注的焦点。UCP600中并未正面涉及UCP600与法律的关系问题,仅在第39条关于款项让渡等处使用了"根据所适用的法律"的措辞。但根据商业银行长期以来的业务实践,我们可以知道,国内法律是优先于UCP600的,若UCP600和相关法律冲突,则优先适用相关法律,而UCP600的相关冲突条款则被自动排除或者自动失效。国内外法院在信用证项下颁发止付令这一现象间接证明了国内法律要高于UCP600,另根据ICC R305意见也指出当地法律效力凌驾于UCP600之上。

与UCP600不同的是,URBPO就惯例与法律的关系问题特别单设了第15条,明确了法律优先于惯例适用——当且仅当法律未禁止的范围内,URBPO才对适用法律进行补充(URBPO ART15 B),同时又规定了承担行(OBLIGOR BANK)若因适用法律或监管要求无法履行其BPO项下的责任则得以免责(URBPO ART15 C),这从某种程度上是对URBPO第10条承担行的责任条款进行了某种程度的排除或使之失效。

由此可见,UCP600和URBPO在与适用法律的关系这一问题上具有一致性,即优先适用法律,在法律未规定的范围内适用惯例作为对法律的一种补充。

6. 银行的付款责任相同

通过比较 UCP600 和 URBPO 可以发现，银行在信用证和 BPO 项下都需要承担第一性付款责任，即银行的付款责任相同。在信用证项下，只要单证相符，开证行、接受指定的指定银行和保兑行必须要承担付款责任；在 BPO 项下，当发运后提交的数据信息与已建立的基础信息产生数据匹配（DATA MATCH）后，承担行也必须履行付款责任。可以看出，银行无论是在信用证项下还是 BPO 项下所承担的付款责任都是第一性的。若 BPO 是远期付款的，按照外汇局的规定，超过 90 天的已经产生数据匹配结果即 BPO 生效，但未付款部分的金额仍然需纳入短债额度管理。

二、URBPO 与 UCP600 的不同点

需要指出的是，BPO 与信用证作为两种不同的产品，各自的惯例必定存在众多差异，本文无意逐一罗列其中的不同点，仅选取几个笔者认为有助于更好地理解 BPO 的重要不同点分别阐述如下：

1. 采用的信息格式不同

在 UCP600 中，并未明确规定信用证开立所应采用的具体格式信息。目前，银行普遍采用 SWIFT 组织提供的 MT7XX 的格式报文来处理信用证项下各类业务的需求，如 MT700、MT710、MT720 等用于信用证的开立、转递、转让，MT734 用于银行拒付，等等，但是这也并非绝对，如我们在实务中遇到过一些国外银行以 MTN98、MTN99 开来的信用证。与 UCP600 不同的是，URBPO 直接在惯例中规定 BPO 必须采用经过国际标准组织（ISO）登记的标准 ISO20022 贸易服务管理（TSMT）格式信息，采用其他任何格式的信息均表明不受 URBPO 约束（URBPO ART2 CI）。根据 BPO 业务的不同阶段，共有 50 类分别满足不同功能的信息报文。

URBPO 之所以对 BPO 业务的信息格式作出如此严格统一的规定，这与 BPO 承担行在“数据信息匹配后即承担银行付款责任”这一中心概念是紧密相关的。第一，在产品特质方面，BPO 产品要求标准化的信息格式。BPO 产品的关键是“数据信息匹配”，这就要求不同信息的类型、格式、栏位等要素要标准化，否则交易匹配应用（TMA）系统无法进行快速地比对。具体来看，要求买方银行与卖方银行输入的信息（即初次匹配时），以及发运后提交的信息与已建立的基础信息（即二次匹配时）等需要采用同样的格式。第二，在技术保障层面，客观上要求信息交互采用标准化的信息格式。由于 BPO 需在 SWIFT 组织开发的贸易服务平台（TRADE SERVICES UTILITY，以下简称 TSU）上进行运作，而

TSU 则是为了能在最短的时间内进行数据匹配并向每个参加行发送数据匹配或错配报告或其他各种不同类别的通知，客观上要求在其平台上传递信息的格式趋向标准统一化，因为标准的格式信息有助于 TSU 降低不同格式的信息之间的识别误差，加快匹配速度，提高运作效率。

2. 内容侧重点不同

如前文所述，在 UCP600 的五大部分中，第三部分关于信用证如何运作及单据审核事宜(ART6～32)占去了主要的篇幅；而在 URBPO 中，关于 BPO 产品如何运作的内容(URBPO ART9～11)相比 UCP600 有所减少，与之形成鲜明对比的是关于一般定义和信息类型(URBPO ART3～4)的定义占据了主导地位，约占了 1/4 的篇幅。

两个惯例内容之所以显出上述不同的侧重点，根源在于信用证与 BPO 两个产品的根本差别。尽管前文已述及银行无论在信用证项下还是 BPO 项下均承担第一性付款责任，但在信用证项下，开证行、指定银行、保兑行(如有)承担付款责任的前提是相符交单，而相符交单则包括与信用证条款、UCP600 和国际标准银行实务三者一致。而如何来判断相符交单，则是开证行、指定银行、保兑行(如有)的责任和义务，UCP600 为了要解决信用证如何运作以及银行如何审单的问题，自然将惯例的侧重点放在此，尤其是各类单据的审核问题上。在银行付款责任项下，承担行付款责任的履行前提是发运后提交的基础信息与已建立的基础信息(即二次匹配)产生数据匹配的结果，或数据错配(DATA MISMATCH)但为承担行接受。由此可见，URBPO 并不关注信息是否匹配的问题[这一任务已交由交易匹配应用(TMA)去完成]，而是关注信息如何匹配的问题[包括信息如何从各参加行传递到交易匹配应用(TMA)，交易匹配应用(TMA)又如何发送至各参加行]。鉴于此，清晰地定义 BPO 运作中各相关方、专有名词(诸如已建立的基础信息、付款责任段、数据匹配/错配)尤其是各类信息的含义就显得尤为重要，所以 URBPO 不惜用了将近 1/4 的篇幅来做这项工作，这是十分必要的。

3. 当事人及受益人不同

根据 UCP600 的规定，信用证项下存在开证行与受益人两个基本的当事人，还存在诸如通知行、保兑行、偿付行、指定银行、转让行等等其他当事人。信用证项下的受益人，往往是基础交易项下的出口商或充当其代理人等角色的企业。信用证项下开证行的付款责任体现为银行对企业客户不可撤销的确定承诺。URBPO 尽管并未明确述及 BPO 的当事人，但可以推断 BPO 的基本当事人即为承担行和接收行，买方银行、卖方银行可为 BPO 的其他当事人。但惯例中明确规定了银行付款责任的受益人是接收行(RECIPIENT BANK)，且始终是基础交易中的卖方银行(URBPO ART2)。BPO项下承担行的付款责任体现为承担行对接收行不可撤销的确定承诺。

受益人和当事人不同，这是BPO区别于信用证的一个重要标志。BPO将信用证项下银行与客户的关系转变为银行之间的关系，从某种程度上说是一种进步，因其能有助于最大限度地杜绝银企纠纷，将原先信用证项下潜在的问题转移至银行间的平台来解决，由于有银行信誉的保证，可尽量地减少不必要的摩擦与纠纷。

4. “审单”模式不同

BPO与信用证项下银行都承担第一性付款责任。进一步看，两者都是一种有条件的付款承诺，且其付款条件均体现为“交单信息”与“既有信息”一致。(在信用证项下，“交单信息”体现为受益人提交的单据，“既有信息”体现为信用证、UCP600和国际标准银行实务；在BPO项下，“交单信息”体现为发运后提交的数据组合信息，“既有信息”体现为已建立的基础信息。)所以，从某种意义上看，银行付款责任是一种特殊形式的信用证，但它也具有其特别之处。BPO项下其实也需要“审单”，只不过审单的动作交由交易匹配应用(TMA)系统去完成，信用证项下开证行、指定银行、保兑行(如有)的审单责任和义务转移至交易匹配应用(TMA)系统，银行的人工审单转变为BPO项下的TMA的“电子审单”，正是这些特别之处，体现出了BPO这一新产品的优势：第一，由电子系统代替人工审单，大大提高了工作效率，节约了时间；第二，降低了因各家银行审单标准不一致而导致的不符点争议，促进了买卖双方的贸易进程；第三，银行员工从大量繁琐的审单工作解放出来，节省了人力成本。

BPO产品推广的几点思考 ▶

前面归纳总结了BPO与信用证产品的异同，基于此我们可以进而讨论BPO产品在推广中所需要关注的几个问题：

一、着重突出BPO对买卖方的益处

银行向客户推介BPO产品时，应重点突出BPO产品对买卖双方的益处。分别来看，应对买卖双方采取不同的营销策略。

在对买方营销时，应着重强调BPO与信用证相比所具有的优势，将其视为信用证的替代方案：一是应强调其快捷、安全和便利性，有助于企业提高工作效

率，节省人力成本，降低财务费用(建议 BPO 定价时应适当低于目前开证费用)。二是应强调其与信用证同样具有银行第一性付款责任的保障，可为买方增强其在贸易中的谈判地位。

在对卖方营销时，应着重强调 BPO 对改善卖方现金流和授信条件、拓展融资渠道的突出优势。由于 BPO 项下只要数据产生匹配结果后承担行即承担第一性付款责任，卖方银行即可凭借生效的 BPO 为卖方提供融资而无需占用卖方的授信额度。从理论上来说，买卖双方通过 O/A、D/A、D/P 或信用证结算方式进行的交易，卖方银行均可通过占用 BPO 承担行的同业授信额度来为卖方提供融资，从而极大地改善了卖方的现金流和授信条件，有助于其扩展融资渠道。从这个意义上说，BPO 在一定程度上有助于解决长期以来困扰业界的中小企业出口商融资难问题。

二、有的放矢寻找 BPO 潜在客户

在 BPO 推广过程中，建议银行应重点摸排以下四类客户成为 BPO 的潜在目标客户：

一是中小企业出口商/卖方。如上文所述，中小企业出口商/卖方受自身经营条件和业务规模限制，较难获取银行授信，却又存在较为迫切的融资需求，利用 BPO 可以改善其现金流和授信条件。

二是大型进口商/买方及其上游企业。银行可以以供应链的核心企业为抓手，重点摸排其上游链属企业，由于核心企业往往比较强势，链属企业赊销后无法及时获取款项，需要通过 BPO 帮助其获得融资。

三是双方贸易关系稳定，愿意寻找 LC 替代方案的企业。有些贸易双方企业长期采用信用证结算，贸易关系稳定，可推荐其采用 BPO 产品，节约人力成本，降低财务成本。

四是存在大量小额订单往来的买卖双方企业。有些客户有长期的贸易往来，贸易流量较多，但单笔金额较少，以往的结算方式较为繁琐且耗费时间、精力，采用 BPO 结算后有助于企业提高业务效率。

三、充分重视系统环境安全性

由于 BPO 的关键在于数据信息匹配，而数据信息的传输与匹配完全依赖于 SWIFT 组织开发的 TSU 系统，故此 TSU 系统自身与银行自身及与其交互的业务系统的安全性就至关重要。若系统因技术故障或遭受黑客攻击，则将出现数据无法提交、无法匹配，信息无法传输等种种后果，拖延买卖双方贸易进程，不利

于 BPO 业务的进一步推广工作。

四、合理合规地开展 BPO 业务

BPO 业务通过科学技术发展，采用电子信息交互匹配的过程为买卖双方贸易结算提供了便利，降低了各参与方的风险，同时还提了融资的便利。银行通过 BPO 可以降低人力资源成本、提高业务处理效率、增加中间业务收入、拓展新的业务模式，但仍需秉持了解你的客户（KYC）、了解你的业务（KYB）和“尽职审查”（DUE DILIGENCE）三原则，合理合规地开展 BPO 业务。BPO 的确在某种程度上为银行提供了便利，但并非一劳永逸地解构了银行所有责任和义务。银行开展 BPO 业务并非万事大吉，一些固有的责任和义务银行仍需切实履行，诸如对企业基本经营情况的了解、贸易背景真实性的审核、业务的风险防控措施、高风险国家地区业务的处理、反洗钱、反恐融资等等，要防止 BPO 沦为不良企业实施诈骗、洗钱等犯罪行为的工具和手段。

五、促进银行间 BPO 的应用推广

根据相关资料显示，截至 2013 年 10 月 31 日，全球在 TSU-BPO 平台上真正做过 BPO 业务的银行只有 7 家，目前国内只有中国银行有 BPO 业务的经验。无论是国内还是国际，BPO 业务都有待于进一步推广，吸收更多的银行加入到这个银行间的平台中来，分享、交流有关 BPO 的业务经验、案例和想法，BPO 业务才能真正得到发展。

交通银行总行国际部　徐达

后记

为总结业务经验、分享研究成果，进一步提升交通银行国际结算实务与理论水平，针对近年来我行在业务处理过程中遇到的典型案例和问题，我们组织全行国际业务条线骨干人员编写了《国际结算实务案例精析(2016)》一书。本书的出版，不仅是对全行国际结算业务经验的阶段总结，也是对全行国际结算实务与理论水平的集中展示。

本书从案例素材征集到书稿编辑完成，历时近一年。我们坚持“去伪存真、去粗取精”的原则，悉心对案例进行筛选、点评、修改和编辑，最终选定50篇优秀案例编撰成书。本书内容全部来自近年的真实业务案例，向读者全面介绍了国际结算业务领域的典型案例和热点问题，通过详细地探讨和启发，可使读者逐步掌握分析问题的思路和方法，从而切实提高解决实际问题的能力。

本书作者来自交通银行总行国际业务部、总行国际结算中心、北京市分行、山西省分行、上海市分行、江苏省分行、山东省分行、青岛分行、湖北省分行、广东省分行和海南省分行。总行国际部张明伟负责书籍出版的具体组织联络工作，并与总行国际部杨艳、粘嘉文、俞蕾承担了文字编辑工作。本书全部内容由袁洋、付之琳审稿、定稿，由刘阳终审。在此，我们向本书编写过程中付出大量心血和智慧的集体和个人表示衷心感谢！向大力支持本书出版的上海远东出版社表示衷心感谢！

最后，希望我们的努力，能够对读者在实践中深刻理解和妥善处理国际结算问题有所裨益。由于编者的水平和精力有限，本书难免会有错误、疏漏或者不尽如人意之处，敬请广大读者和业内专家惠予批评指正。

编委会

2015年11月